社会变迁中的婚居模式
——基于鲁西北一个村落的实地研究

于光君◎著

/中/华/女/子/学/院/学/术/文/库/

中国社会科学出版社

图书在版编目(CIP)数据

社会变迁中的婚居模式：基于鲁西北一个村落的实地研究／于光君著.
—北京：中国社会科学出版社，2017.8
ISBN 978 - 7 - 5203 - 0598 - 3

Ⅰ.①社…　Ⅱ.①于…　Ⅲ.①婚姻问题 - 研究 - 中国　Ⅳ.①D669.1

中国版本图书馆 CIP 数据核字(2017)第 126537 号

出 版 人	赵剑英
责任编辑	任　明
特约编辑	芮　信
责任校对	刘　娟
责任印制	李寡寡

出　　版	中国社会科学出版社
社　　址	北京鼓楼西大街甲 158 号
邮　　编	100720
网　　址	http：//www.csspw.cn
发 行 部	010 - 84083685
门 市 部	010 - 84029450
经　　销	新华书店及其他书店

印刷装订	北京市兴怀印刷厂
版　　次	2017 年 8 月第 1 版
印　　次	2017 年 8 月第 1 次印刷

开　　本	710×1000　1/16
印　　张	16.25
插　　页	2
字　　数	268 千字
定　　价	75.00 元

总　序

　　岁月如歌，芳华凝香，由宋庆龄、何香凝、蔡畅、邓颖超、康克清等革命前辈于 1949 年创设的"新中国妇女职业学校"发展而来的中华女子学院，已经建设成为一所独具特色的普通高等学校。学校积极承担高等学校职能，秉承引领先进性别文化、推进男女平等、服务妇女发展、服务妇女国际交流与政府外交的重要使命，坚持走"学科立校、科研强校、特色兴校"之路，正在为建成一流女子大学和妇女教育研究中心、妇女理论研究中心、妇女干部培训中心、国际妇女教育交流中心而奋发努力。

　　1995 年第四次世界妇女大会以来，性别研究和社会性别主流化在国内方兴未艾，我校抓住机会，积极组织开展妇女/性别研究，努力在此领域打造优势和特色，已取得显著成效。我校在大陆第一个设立女性学系，设立中国妇女发展研究中心、中国妇女人权研究中心，建设中国女性图书馆，率先招收女性学专业本科生和以妇女服务、妇女维权为研究方向的社会工作专业硕士研究生；我校还首批入选全国妇联与中国妇女研究会批准的妇女/性别研究与培训基地，成为中国妇女研究会妇女教育专业委员会、中国婚姻家庭法学研究会秘书处单位。

　　长期以来，我校教师承接了诸多国家级、省部级课题和国务院妇儿工委、全国妇联等部门委托的研究任务，在妇女/性别基础理论、妇女与法律、妇女与教育、妇女与参与决策和管理、妇女与经济、妇女与社会保障、妇女与健康等多个领域作出了颇有建树的研究，取得了丰硕的研究成果，为推进实现男女平等基本国策的步伐、推动社会性别主流化、促进妇女儿童发展与权益保障作出了积极的努力。

　　作为一所普通高等学校，我校也着力加强法学、管理学、教育学、经济学、艺术学、文学等学科和专业建设，鼓励教师将社会性别视角引入不同学科的研究，大力支持教师开展各自所在学科和专业的研究。特别是近年来，通过引进来、走出去等多种措施加强师资队伍建设，我校教师的科研能力与学术水平有了较好的提升，在不同学科领域，不少教师都获得了可喜的科研成果，值得鼓励和支持。

我校组织编撰的"妇女教育发展蓝皮书"系列已由社会科学文献出版社出版发行，并获得良好反响。为展示和推广我校教师在妇女/性别领域和其他学科领域的研究成果，学校特组织编撰《中华女子学院性别研究丛书》和《中华女子学院学术文库》两套系列丛书，并委托中国社会科学出版社统一出版发行。性别研究丛书将集中出版我校教师在妇女/性别理论、妇女发展的重大问题、跨学科、多学科研究妇女/性别问题等多个方面的著作；学术文库将收录我校教师在法学、管理学、教育学、经济学、艺术学、文学等学科领域有代表性的论著。入选丛书的著作，都经过校内外专家评审，有的是教师承担国家级、省部级课题或者专项委托课题的研究成果，有的是作者在修改、完善的博士论文的基础上而形成的成果，均具有一定的学术水准和质量。

上述丛书或文库是我校学科与科研建设成效的展示，也是献给中国妇女发展与高等教育事业的一份薄礼。"君子以文会友，以友辅仁。"我们期望，这两套丛书的出版发行，能够为关注妇女/性别研究和妇女发展的各界朋友提供一个窗口，能够为中华女子学院与学界的交流与合作提供一个平台。女子高等学校的建设与发展，为中国高等教育事业和妇女教育事业的发展增添了亮色，我们愿意继续努力，为这一事业不断添砖加瓦，也诚请社会各界继续对中华女子学院给予指导、关心、支持和鞭策。

是为序。

中华女子学院党委书记、院长　张李玺

2013 年 12 月 30 日

序　言

　　中国快速的经济发展，给社会和文化生活都带来了深远的变化，推动了中国传统的变革。中国传统社会的婚居模式基本上是从夫居和从妻居这两种模式。从夫居是主要的婚居模式，从"招婿代子，延续香火"这个角度看，从妻居是一种变相的从夫居。从夫居是以男系为主，必然导致对男孩的偏好，而对男孩的偏好又进一步强化了从夫居这种婚居模式。近代以来，中国社会开始发生巨大变革，但是，婚居模式依然保持了基本的稳定性，这种稳定性一直延续到中国农村实行改革开放。上个世纪八十年代初开始，农村计划生育政策的实施、联产承包责任制的实行、乡镇企业的发展和农村城镇化的推进等一系列事件使中国农村社会发生了巨大的变化，农民职业开始出现多元化的趋势，农民收入在多元化的基础上有所提高，农民的养老观念和生育观念开始发生变化。一种不同于传统招婿婚的新的婚居模式——新户型从妻居在城镇化水平较高的农村开始出现，在这种新的婚居模式中，夫妻之间以及夫妻与各自原生家庭和双方原生家庭的关系出现了一些变化，家庭中的性别关系纳入了一些现代化的元素。自新世纪以来，国家不再允许农村审批新的宅基地，国家推动的合村并居以及国家住房政策的改革所引发的房地产市场的蓬勃发展，为新户居这种新的婚居模式的产生创造了条件。在这种婚居模式中，夫妻与双方原生家庭的空间距离、社会距离和心理距离都呈现出等距化的趋势，夫妻能够在相互合作的基础上履行对双方家庭的责任和义务，这势必对夫妻之间的关系和家庭成员之间的关系产生一定影响。

　　于光君博士以自己十分熟悉的村庄作为个案，历时性地考察了新中国成立以来该村庄婚居模式的嬗变过程，以及在农村变革中所产生的新的婚居模式，详细分析了各种婚居模式中的家庭关系和性别关系，在一个村落的舞台上展示了具体的、立体的、动态的性别关系。作者在研究中发现了长期存在于农村社会和农民心中的"根"观念，认为这是在传统农业社会中产生并一直延续到现在的文化现象，并称之为"根"文化。儿子是"根"，要传宗接代，延续香火，女儿不是"根"，女儿要替别人家传宗接代，延续别人家的香火。从夫居与男孩偏好之间互构关系的建立是以"根"文化的存续为前提的。农村社会的变革不断消解着延续了几千年的"根"文化。在"根"文化被消解的同时，农村自身也被消解着，这对农村社会公领域和私领域中的性别关系同样产生一定的影响。

于光君博士长期以来一直从事与农村相关的家庭/文化研究，已经出版了很多的研究成果，在本书中，他从社会变迁的角度，透过一个男性的视角，来深入考察农村婚居模式的变化，从研究度角度来看，具有一定的创新性；在婚居模式的变化中考察家庭关系和夫妻/性别关系的变化，特别是从传统的家庭文化习俗中来解读性别关系，也是性别研究的一种新思路。我们希望，本研究发现能够进一步帮助人们理解当代中国农村的家庭关系、夫妻关系和性别关系。同时，我们还希望，能有更多的学者，特别是男性学者能够关注并研究家庭/性别问题，不断推进家庭/性别研究的发展。

谨此为序

中国社会工作教育协会副会长
中国妇女研究会妇女教育专业委员会秘书长
中华女子学院副校长、教授
刘梦
2016 年 7 月 28 日北京

致　　谢

　　这部著作得以出版首先要感谢中华女子学院的领导和学校学术委员会的各位评委老师。为了发挥行业特色院校的专业优势，进一步推动性别研究工作，中华女子学院划拨专项资金出版性别研究丛书，这项出版计划激发了我的研究热情，使得我能够把深思已久的研究进行下去。校学术委员会的各位评委老师以极大的信任和热情支持这部书稿通过了学校的评审，能够获得学校的出版资助，在此深表感谢。学校科研处具体组织了这项工作，科研处的领导和老师们为了这部著作的出版也做了很多工作，对他们的辛勤工作表示感谢。

　　还要感谢我家乡的村庄和生活在这个村庄的乡亲们。

　　还要感谢中国社会科学出版社的领导和为这部著作的出版做了大量工作的编辑、校对等所有工作人员，感谢责任编辑任明先生。

于光君

2016 年 8 月 1 日于北京

目　录

第一章　绪论 ……………………………………………………（1）

第一节　研究的缘起 ……………………………………………（1）

第二节　研究目的与意义 ………………………………………（5）

　　一　研究目的 ………………………………………………（5）

　　二　研究意义 ………………………………………………（6）

第三节　研究现状述评 …………………………………………（9）

第四节　研究方法 ………………………………………………（11）

　　一　个案研究与社区研究 …………………………………（11）

　　二　质的研究 ………………………………………………（13）

　　三　资料收集方法 …………………………………………（13）

　　四　资料分析 ………………………………………………（16）

　　五　分析框架 ………………………………………………（16）

　　六　研究方法的局限 ………………………………………（17）

　　七　研究伦理问题 …………………………………………（17）

第五节　研究个案的基本情况 …………………………………（17）

　　一　于庄的概况 ……………………………………………（17）

　　二　于庄的节日风俗和文化 ………………………………（18）

　　三　辈分与称呼 ……………………………………………（26）

第二章　改革开放前于庄的婚居模式 …………………………（29）

第一节　改革开放前于庄的社会状况和一般社员的家庭生活
　　　　状况 ………………………………………………………（29）

　　一　改革开放前于庄的基本社会状况 ……………………（29）

　　二　普通社员的家庭生活 …………………………………（47）

　　三　人口结构与人口流动 …………………………………（54）

　　四　子女性别结构与家庭行动策略 …………………………（57）

　　五　性行为的失范及其社会后果 …………………………（69）

第二节　从夫居 …………………………………………………（79）

　　一　婚姻观和择偶标准 ……………………………………（80）

　　二　找对象 …………………………………………………（82）

　　三　相亲 ……………………………………………………（86）

　　四　打听 ……………………………………………………（87）

　　五　订婚 ……………………………………………………（89）

　　六　"认家" …………………………………………………（93）

　　七　登记 ……………………………………………………（94）

　　八　定日子 …………………………………………………（95）

　　九　会亲家 …………………………………………………（95）

　　十　结婚 ……………………………………………………（96）

　　十一　婚后生活 …………………………………………（100）

　　十二　家庭关系 …………………………………………（104）

　　十三　离婚与再婚 ………………………………………（122）

　　十四　赡养老人 …………………………………………（126）

　　十五　最后的分家 ………………………………………（129）

第三节　从妻居 ………………………………………………（130）

　　一　招赘婚 ………………………………………………（130）

　　二　地头趴 ………………………………………………（139）

第四节　其他类型的婚居模式 ………………………………（145）

　　一　独居 …………………………………………………（145）

　　二　离婚不离家的婚居模式 ……………………………（151）

　　三　转亲和换亲 …………………………………………（153）

　　四　其他类型 ……………………………………………（155）

第三章　社会变革与新户型从妻居的产生 …………………（157）

第一节　家庭联产承包责任制后于庄的社会结构和社会关系 …（157）

　　一　社会结构的变化 ……………………………………（158）

　　二　社会变革中生育性别偏好的显现 …………………（164）

第二节　于庄的城镇化 ………………………………………（168）

一　政府的推动和乡镇企业村办企业的发展形成于庄城镇
　　化的合力 ……………………………………………（168）
二　城镇化与房屋租赁市场的形成 …………………（170）
三　城镇化对村民生产和生活的影响 ………………（171）
四　城镇化与于庄人口结构和人口流动的变化 ……（174）
五　城镇化背景下传统婚居模式的变化 ……………（176）
第三节　城镇化与新户型从妻居 …………………………（187）
一　新户型从妻居产生的条件 ………………………（187）
二　新户型从妻居的几个案例 ………………………（191）
三　新户型从妻居家庭关系分析 ……………………（198）
四　新户型从妻居当事人的困惑 ……………………（201）
第四节　养老观念与生育观念的变化 ……………………（203）
一　养老观念与养老模式的变化 ……………………（203）
二　生育观念和生育行为的变化 ……………………（207）
第五节　"自己人"和"外人"界限的变化 ………………（209）

第四章　新世纪以来于庄的变化 ………………………（212）
第一节　新世纪以来于庄的社会与经济 …………………（212）
一　不再批准新的宅基地 ……………………………（212）
二　村办企业的衰落 …………………………………（213）
三　第三产业勃兴 ……………………………………（214）
四　人口结构的变化 …………………………………（214）
五　于庄人生活方式的变化 …………………………（215）
六　教育资源流失 ……………………………………（215）
第二节　年轻一代的婚姻观与择偶标准 …………………（216）
第三节　于庄年轻一代父母的养老观念 …………………（217）
一　女儿和儿子一样都能养老 ………………………（218）
二　只要有钱就能自己靠自己养老 …………………（218）
第四节　传统婚居模式的变化 ……………………………（218）
一　从夫居的变化 ……………………………………（218）
二　从妻居的变化 ……………………………………（219）
三　新户型从妻居的变化 ……………………………（220）

第五章　新户居 ·· （221）

　　第一节　新户居形成的条件 ························· （221）

　　　一　城乡房地产市场的发展为新户居的形成提供了现实
　　　　　条件 ··· （222）

　　　二　村民职业和收入的多元化具备了购买商品房的经济
　　　　　实力 ··· （225）

　　　三　教育资源向城镇的集中是新户居形成的一个重要条件 ··· （226）

　　第二节　新户居的类型 ····························· （226）

　　　一　丈夫原生家庭购买商品房作为婚房 ············· （227）

　　　二　妻子原生家庭购买商品房作为婚房 ············· （229）

　　　三　双方家庭共同出资购买商品房作为婚房 ········· （231）

　　第三节　新户居的家庭关系 ······················· （233）

第六章　研究结论 ···································· （234）

　　　一　婚居模式随着社会的发展而变化 ··············· （234）

　　　二　农村社会的性别关系随婚居模式的变化而变化 ··· （236）

　　　三　农村的"根"文化逐渐被消解 ················· （238）

　　　四　农村差序格局的非性别化 ····················· （242）

参考文献 ·· （244）

第一章

绪　论

第一节　研究的缘起

生在农村，长在农村，农村生活的方方面面就像五谷杂粮一样滋养着笔者的身躯，熏染着笔者的灵魂。说自己熟悉农村人的生活，理解农村人的精神世界绝不是故弄玄虚，也不是矫揉造作，因为自己就是一个地地道道的农村人。农民的梦想就是不再是农民。这个素朴的农民梦想激励着笔者考上师范，走上三尺讲台，历经曲折与艰辛，最终又走上了社会学专业学习的道路，承载着童年乐趣和梦想的村庄也自然而然地成了笔者社会学田野工作的基地。中华女子学院女性学系对笔者的垂爱使笔者获得社会学学位后在女性学系谋得一席教职，加入女性学这个新兴的专业队伍中，进入女性与性别研究的领域，开始关注与女性和性别有关的问题。在不断地学习与思考的过程中，逐步认识到这样一种现象，对性别平等理想的追求不自觉地掩盖了对社会生活中性别关系多样化的认识。性别关系作为一种社会关系不是抽象地、孤立地存在的，而是附着在一定的社会设置之上，在具体的社会生活中体现出来的，并且随着社会的发展而不断变化。性别平等作为性别关系的理想状态只是一种价值准则和价值导向，性别平等与多样化的性别关系就好像是经济学中的价格与价值之间的关系一样，价格始终围绕价值上下波动。因此，研究社会生活中的性别关系最好要找到一种合适的承载性别关系的社会载体，通过研究这种载体的变化来认识性别关系的变化。在笔者的生活经历中，感受最深的一种社会变化是农村婚居模式的变化。改革开放后，中国农村发生了巨大的变化，沿袭了几千年的婚居模式开始发生变化，更为重要的是，随着农村社会的发展变化出现了一些前所未有的新的婚居模式。像中国千千万万个村庄一样，笔者"生于斯长于斯"的村庄也经历着这场社会变革，传统的婚居模式增添了新的内涵，适应新的社会生活的婚居模式应运而生。笔者亲自感受和目睹了家乡村庄所发生的这些变化，这些变化激发了笔者的学术兴趣，家乡的村庄再一次成为田野工作的地点，使笔者能够以村里人和研究者的双重身份进行实地调查。作为村里人，多年的生活经历和生活感受为这项研究提供了丰富的第一手资料，每一次和村里人不经意的聊天都是一次访谈，都是一次收集资料的机会，胜过一个外来研究者对村里人刻意进行的访谈；作为研究者，觉得如果不把这么多年积累的第一手资料用来进行学术研究就是一种巨大的浪费。正如李银河所说，"统计学不能保障研究的真实性，数学也不能保障研究的真实性。能够保障研究真实性的东西只有一个，就是我们胸中的求知欲望。假如我们相信知识不是恢宏气势，也不是主张提倡，而是有关实际存在的信息，就总能够发现一点东西。"① 为了推动性别研究，中华女子学院和中国社会科学出版社合作出版性别系列丛书，这件事更是激励着笔者要做这项研究。

　　回溯历史才能更好地实现历史与现实的对话。

　　近代以前的中国社会是传统社会。传统的中国社会是一个以农耕文明为主的社会，与这种文明形态相适应的婚居模式必然是以男系为主的从夫居，而从妻居则是一种变相的从夫居，是从夫居的另一种表现形态而已。与这种文明形态和婚居模式相适应的社会结构和人际关系结构则是以男系为主的差序格局。性别成为社会劳动分工最直观和最简单易行的标准，"男主外，女主内""男耕女织"是对这种分工状况的概括性描述。在这种文明形态中，把人置于天地之间，从天地阴阳的角度理解男女两性之间的关系。天为父，为男性，为尊，主阳刚；地为母，为女性，为卑，主阴柔。"男女有别""男尊女卑"成为日常生活中最朴素的性别观念。在农耕文明的传统社会中，家国同构，"修身、齐家、治国、平天下"成为一种理想的修持路径。女性的品德和修养被认为对于男性主导的家庭的团结和睦有着重要的作用，"三从四德"成为规范女性观念与行为的基本准则，孝女贤妻良母成为社会期望女性在家庭生活中扮演的理想角色。在人口是一种重要资源的传统社会中，从夫居这种婚居模式更彰显男性在传宗接代、延续香火、养老等方面的价值。在医疗水平普遍较低的情况下，面对较高的死亡率，鼓励生育成为国家的价值导向，积极生育，尤其是积极

----

① 李银河：《生育与村落文化》，内蒙古大学出版社 2009 年版，"序言"第 9 页。

生育男孩成为家庭的一种必然选择，生育孩子的性别与母亲在家庭中的地位相关联，母以子贵。这些婚居模式、性别关系、性别分工、性别规范和生育观念、生育行为在当时具有一定的合理性，符合当时人们社会生活和家庭生活的逻辑。漫长的传统社会一直在延续着这些性别观念、性别分工和婚居模式。虽然历经几千年的变迁，但是直到近代，婚居模式的类型基本保持稳定，社会结构和人际关系结构也依然没有发生质的变化，性别规范、性别关系、性别分工和生育观念、生育行为也没有发生大的变化。

近代以来，整个世界发生了巨大的变化。文艺复兴、启蒙运动、工业革命等历史事件改变了西方社会的历史发展进程，也影响了中国社会的发展进程，并且成为导致中国近代社会转型的重要外在因素。源自西方社会的自由、民主、平等、科学等思想观念逐渐成为普世性的价值观念，经过辛亥革命、新文化运动和五四运动等社会政治革命的推动，也成为主导中国社会发展的价值观念。伴随着西学东渐之风而来的是女权主义思想，以追求女性解放和男女平等为目标的女权主义思想逐渐被中国先进的知识分子所接受、传播和践行。为了建设一个自由、民主、平等、先进的新社会，批判传统社会，将传统社会污名化为一个落后与愚昧的社会是一种必然的逻辑，也是现实批判的需要。传统社会被认为是男权制的社会，传统社会中的女性被设想为生活在水深火热之中，受男性的压迫和摧残。将传统社会的落后、愚昧与女性的被压迫、被摧残捆绑在一起，视为一体之物，认为改造了传统社会，妇女自然而然就解放了。所以，社会解放与妇女解放是天然地联系在一起的。在表征落后社会的传统文化被批判和否定的同时，传统社会中形成的性别观念、性别分工、性别关系和规范女性观念和行为的规则也开始受到批判和质疑，"男尊女卑""三从四德"成为传统社会中存在男女不平等现象的有力证据。男女平等成为处理和评判性别关系的基本准则，男女平等也成为建设先进性别文化的指导原则。推陈出新是社会发展的必然，由于受革命的冲动而产生的强烈情绪化的影响，对传统本应理性的辩证批判变成了对传统盲目的彻底否定，优秀传统文化的传承又一次出现了断裂，传统社会中的性别关系被简单地质点化为男尊女卑而被彻底否定。女性被鼓励走出家门走向社会，但是，传统的婚居模式依然没有发生本质性的变化。

自新中国成立以来，党和政府一直在致力于推动男女平等，制定了一系列法律、法规和制度保障男女平等的实现。体现男女平等原则的新婚姻法的颁布实施对于改善和塑造以夫妻两性为核心的性别关系起了积极的作用。党和政府鼓励女性走出家门走向社会，积极参加社会主义建设，并为女性走向社会提供条件和机会。全国妇联提出的"四自精神"成为新时代女性摆脱依附走向独立的精神力量。"妇女能顶半边天"成为推动女性积极主动地彰显自身能力的精神力量，也成为男女平等的一个有力的现实证据。在 1995 年召开的第四次世界妇女大会上，中国政府宣布男女平等是中国的基本国策。上述这些因素或多或少地影响着性别观念和性别关系的变化，对于推动男女平等基本国策的实现发挥着积极的作用。但是，在从夫居依然是主要的婚居模式的时候，和男性相比，女性义务的履行、女性权利的实现都受到很大的制约。因为男女结婚所组成的新家庭与双方原生家庭的空间距离、社会距离和心理距离是不同的，新婚夫妻所组成的新家庭成为丈夫原生家庭而不是妻子原生家庭的一部分，是丈夫而不是妻子原生家庭的延伸。由于受居住地域和居住空间的制约，已婚女性不能很好地履行赡养年老父母的义务，也不能很好地实现对父母遗产的继承，尤其是不能实现对父母不动产的继承。男女之间依然存在事实上的不平等。自20 世纪 80 年代末实行改革开放以来，中国农村社会发生了巨大的变化。家庭联产承包责任制政策的落实、乡镇企业的发展、农村城镇化的推进、计划生育政策的实施等一系列事件改变了中国农村社会的结构和中国农民的生活方式。实行家庭联产承包责任制以后，农村社会结构和社会关系发生了变化，以生产队为单位的集体劳动被以家庭为单位的个体劳动所代替，农民自主支配的时间增多，农民的生活空间变大，生活和生产的自由程度与自主程度提高，婚姻的形式和内容也或多或少发生了变化。乡镇企业的发展改变了农村的产业结构、社会结构和农民的收入结构，农村的产业结构、农民的收入结构呈现出多元化的趋势。乡镇企业的发展推动了农村城镇化的进程，农村城镇景观的改造与建设改变了农民的居住空间，萌发了房屋出租市场，农民的生活空间和生活视野不断扩大，居住的地域和居住空间不再和身份紧密联系在一起，传统的婚居模式不断受到挑战，适应新的社会生活的婚居模式应运而生。

国家住房政策的改革和房地产经济的发展促进了中国房地产业的发展。城镇房地产的开发和合村并居所建设的新社区也为农民在本村庄以外的地方购买商品房组建新的家庭提供了机会，房地产市场的发展以及房地产开发商为销售房产所做的广告宣传影响并改变着农民传统的住房观念，农民货币收入的增加也为改善住房条件过上像城里人那样的生活提供了可能。如果这个梦想不能在自己身上实现，至少可以通过努力在孩子身上实现，因此，给孩子在城里或新社区买个婚房成为一种追求，并逐渐成为一种时尚。对城市生活的向往以及在城市居住可以为工作、上学提供较农村更为便利的条件成了另一种新的婚居模式产生的动力。中国农村的婚居模式呈现出多元化的发展趋势。新的婚居模式的产生改变了人们的生育偏好、生育观念、生育行为和养老观念、养老行为，导致了性别观念、性别关系和性别规范的变化。

如何理解婚居模式的变化以及婚居模式变化所引起的性别关系的变化？这些变化是否在朝着性别平等的方向发展？如何理解性别平等？性别平等是否只有一种模式？在日常生活中，性别关系呈现出多样性的特征，社会性别平等的模式也不是唯一的，而是多种多样的，性别平等呈现出明显的地方性特征和时代性特征。在女性主义的视域中性别关系被简单地类型化为平等和不平等这两种非此即彼、近乎对立的状态。这种二元对立的思维方式掩盖了现实社会生活中性别关系的丰富多样性，无助于我们以价值中立的视角客观地审视日常生活中的性别关系。抽象地谈论某个问题可能无助于问题的解决，做一个实证的研究更能说明问题。就笔者的实际情况来说，做一个较大规模和较大范围的研究可能力不从心，选择一个自己熟悉的村庄做一个个案研究是一种很现实的做法。

第二节　研究目的与意义

一　研究目的

本研究通过对一个处于城镇化进程中的农村村落的实地研究，力求在具体的社会生活中，在社会变迁的历程中研究婚居模式的变化以及由此引起的性别关系的变化。性别关系作为一种社会关系是具体的、丰富的，而不是抽象的和单一的，不能把性别关系简单地、抽象地理解为只有性别平等和性别不平等这两种情况。把对性别关系的考察和研究与具体的社会生活联系起来，研究性别关系的丰富内涵，考察性别关系的地方性和时代性特点。

具体说，本研究有以下几个目的。

1. 通过实地研究，探究农村社会变迁与婚居模式变化之间的关系

农村社会变迁对传统婚居模式产生了怎样的影响？农村社会变迁又催生了怎样的婚居模式？农村社会变迁导致农村社会结构的变化，社会结构的变化使传统的婚居模式发生了嬗变，同时，也为新的婚居模式的产生提供了条件。本研究试图从社会学的角度探讨农村社会变迁导致婚居模式变化的社会过程。

2. 通过实地研究，探究婚居模式与性别关系、性别秩序之间的关系

家庭是基本的单位，每个人都生活在一定的家庭中，成年后通过婚姻关系组建自己新的家庭，生儿育女、繁衍生息。组建自己新的家庭需要一定的居住空间和生存条件，在婚姻关系中，根据男女哪一方原生家庭提供居住空间和生存条件而分成不同的婚居模式，在不同的婚居模式中，男女双方距离自己原生家庭的空间距离、社会距离和心理距离是不同的，家庭关系和性别关系是存在差异的。本研究力图通过阐释不同婚居模式中家庭关系和性别关系的不同，揭示出不同的婚居模式所呈现出的性别关系之间的差异。

3. 通过实地研究，探究推进先进性别文化建设所需具备的社会条件和社会基础

先进性别文化是以男女平等为核心的性别文化，建设先进性别文化，实现性别的真正平等是需要一定社会条件与社会基础的。传统农业社会的社会结构、经济结构决定了婚居模式必然是以"从夫居"为主的婚居模式，在这种婚居模式中，由于女性角色的变化和居住空间的变化，女性权利的实现受到诸多现实客观条件的制约，男女平等作为一种抽象的可能性难以实现成为具体的现实性。通过考察传统婚居模式与适应新的社会生活而产生的新的婚居模式中性别关系的不同，探究推进先进性别文化建设需要具备什么样的社会条件，什么样的婚居模式有利于性别平等关系的建构和先进性别文化的建设。

二 研究意义

1. 本研究对于丰富社会性别理论的内容具有重要意义

中国传统社会是"男女有别"的以男系家庭为中心的"差序格局"的社会，在这个社会中，财富和资本的传承是按照男系进行的，因此，从夫居是主要的婚居模式，男女性别关系被概括为"男尊女卑"。在女性主

义看来，中国传统社会的性别关系和性别秩序是不利于女性的。肇始于西方社会文化语境中的女性主义理论都有一个基本的预设，那就是：女性是一个受压迫、受歧视的性别群体。女性在政治、经济、文化、思想、伦理等各个领域都处于与男性不平等的地位，即使在家庭这样的私人领域中，女性也处于与男性不平等的地位。女性主义认为，这一性别秩序既不是普遍存在的，也不是永不改变的，因为它并不是"自然形成"的，而是由社会和文化人为地建构起来的。① 女性主义认为男权制是造成男女不平等的根源，只有消灭男权制才有可能实现性别平等。女性主义只是建构了一个抽象的"男权制"的概念并进行批判，并且把丰富的性别关系只理解为平等与不平等两种情况，把现实生活中异常丰富的性别关系简单化了。其实，性别关系的建构与运作，不是单一的和一成不变的，它会随着时间和空间格局的变化而动态式改变，也会源于不同群体的特征性而呈现出多元化，更会由于阶级、种族、族群、民族、地缘、血缘、业缘等其他社会关系而千差万别，丰富多彩。② 通过对一个村庄婚居模式嬗变过程的历时性研究，考察性别关系的动态变化过程，对于历史性地、生活化地而不是抽象地理解性别关系，丰富社会性别理论的内容具有重要的意义。

2. 对于促进男女平等基本国策的实现具有重要意义

近代中国社会的转型使中国的社会结构、经济结构、思想观念等都发生了很大的变化。西学东渐，西方民主、平等、自由的思想以及女性主义思想在中国社会的传播促进了中国妇女解放运动的发展，女性被鼓励走出家门，参与社会活动和政治活动，与男性一样接受学校教育。男女平等已经成为社会的主流思想。新文化运动以及随之而来的五四运动进一步促进了男女平等思想的发展，女性进一步得到解放。新中国成立后，族权和夫权被消灭，随着政府主导的妇女解放运动的发展，男女平等的思想进一步深入人心。社会主义公有制的建立，为实现男女平等提供了现实的条件。1995 年第四次世界妇女大会，中国政府开始提出男女平等是基本国策，男女平等在法律制度等方面得到了很好的体现。在农村社会，由于社会结构、经济结构等因素的制约，婚居模式还是以从夫居为主。在这种婚居模

---

① 李银河：《女性主义》，山东人民出版社 2005 年版，第 1 页。

② 马林英：《社会性别多样性研究——基于凉彝族性别关系变迁考察》，民族出版社 2013年版，"导论"第 2 页。

式中，法律赋予女性的合法权益不能得到很好的实现，歧视性性别偏好依然存在，男女平等有待进一步推进。所以，研究一个村庄婚居模式的嬗变过程，考察各种婚居模式中性别关系的特点，探讨哪种婚居模式更有利于平等性别关系的建构，对于进一步促进男女平等基本国策的实现具有重要的意义。

3. 对于促进女性学学科建设具有一定的意义

西方女权主义运动的兴起使得妇女问题被纳入学术视野中，促使学术界开始关注妇女问题的研究，所以，对妇女问题进行学术研究肇始于西方社会。对妇女问题的研究作为一种学术范式传入中国后，把妇女研究理解为女性学，把女性学定义为一门跨学科的学科，并致力于女性学学科和专业的建设工作。中华女子学院利用自己的行业特色优势和资源优势在全国率先建立了第一个女性学系。女性学作为一门新兴学科与西方女权主义的兴起、发展有着某种内在的联系，女性学是西方女权主义运动在学术上的延伸，但是，女性学与女权主义是两个完全不同的概念。尽管如此，女性学作为一门新兴学科从开始诞生就带有西方文化的特质和烙印。毋庸置疑，女权主义对于中国妇女解放和发展提供了有价值的思想，但是，女性学必须中国化以后才能把女性学理论与中国实际相结合，才能更好地回答和解决中国女性发展中的问题，才能更好地为中国妇女发展事业做出贡献。因此，女性学传入中国并在中国兴起与发展后面临着一个中国化的问题。如何更好地实现女性学的中国化？一是要实现与中国的优秀传统文化对话，不能从西方女性主义的立场出发把中国传统文化与父权制画等号而加以彻底否定，要历史主义地研究中国历史中的女性、女性生活以及性别关系，不能以现在的价值标准去评判历史事实，应该把历史事实放在当时的历史背景下去评判。这样才不至于把历史上丰富多彩的女性生活概括为是一种受压迫、受奴役的生活，不至于把内涵丰富的性别关系概括为"男尊女卑"而加以彻底否定与批判，不至于把"三从四德"当作束缚禁锢女性的历史垃圾而彻底抛弃。应该客观评价历史上女性的生活，整体动态把握历史中的性别关系，汲取女性道德的合理要素，为当下女性的发展提供有价值的文化元素。二是要实现与中国现实社会生活的对话，真正了解中国社会中女性的生活，了解她们发展中的真实问题与现实困惑，不能把某些女性的利益与要求当作所有女性的利益与要求。了解现实社会生活中丰富的性别关系，不能以性别平等与不平等这种二分的思维模式去看待现实生活中的性别关系。对一个农村村落进行实地研究，在社会生活与社会变革的背景下，以婚居模式为载体深入考察性别关系，对于深刻理解性别关系的内涵，促进女性学的学科发展具有重要意义。

4. 对于促进社会主义和谐社会建设具有重要意义

夫妻关系是家庭关系的核心和主轴，家庭是社会的基本单位。以夫妻关系为主的性别关系和谐是家庭关系和谐的核心，家庭关系和谐是整个社会和谐的基础。性别关系平等是性别关系和谐的前提，没有平等的性别关系就不会有和谐的性别关系。而家庭内部私领域性别关系的平等又是社会公共领域性别关系的平等的基础。家庭内部私领域性别关系的状况又是和一定的婚居模式相关联的。通过实地研究的方式，探讨婚居模式与性别关系的关系，对于实现男女平等，建设和谐的性别关系，建设和谐的家庭，建设社会主义和谐社会具有重要意义。

第三节　研究现状述评

婚居模式是指婚姻当事者双方婚后居住地的选择和居所的安置由何方原生家庭负责，婚姻当事者双方与各自原生家庭和对方家庭的关系，以及婚后所生子女姓氏随父还是随母的一种较为稳定的婚后居住模式。中国历史上一直存在"嫁娶式"婚姻和"招赘式"婚姻两种婚姻制度，与之相应，也存在从夫居和从妻居两种婚居模式。婚居模式存在城乡之别，城市里的婚居模式可以分为从夫居、从妻居和新户居三种类型，而传统乡村社会中的婚居模式则分为从夫居和从妻居两种类型。由于中国农村一直维持着父系家族制度，再加上高生育率时代没有儿子的家庭比例很低，从妻居的招婿婚姻在中国的历史和现实中都比较少。尽管20世纪50年代以后，传统的父系家族制度和婚姻风俗发生了一些变化，但从夫居的嫁娶婚在当前的中国农村仍占绝对主导地位。20世纪80年代以后，计划生育政策导致的低生育率使独男户和独女户同时增多，再加上父系家族制度和儒家文化的影响，从妻居的招赘婚在中国农村没有太大的变化。

在我国，婚居模式的变化受经济、文化等多种因素的影响。麀立（1988）从农村变革的社会背景中探讨婚居模式的嬗变，但其最终落脚点是探讨婚居模式与生育模式的关系。杨菊华（2008）探讨了社会经济因素对婚居模式的影响，社会经济条件的改善与从夫居呈负相关，与从妻居呈正相关。20世纪90年代的婚居模式稳定大于变迁，从夫居的习俗依然流行，且呈上升趋势，而从妻居仍旧十分罕见。文化传承和经济因素共同制约妇女对婚后居住地的选择，一方面，传统文化依然通过婚居模式而延续着；另一方面，教育程度的提高、家庭经济条件的改善和都市化进程的深入提供了变化的信息。社会经济的发展赋予妇女更大的自主性和选择权，使她们可能突破传统的从夫居习俗，增加与父母同住的机会。钟祥虎、范晓颖（2008）认为婚居模式随着社会的发展而嬗变，其结果是从妻居的招婿婚增多，并从社会学的角度探讨了招婿婚是男女双方理性化行为的选择结果，是涉及男女双方、双方家庭甚至是双方家族的事情，其间充满了各种博弈和商讨。王燕锋（2008）研究了城市化对婚居模式的影响，农村城市化带来招婿婚姻的增多，农民在向市民转型的过程中出现了一种与市民身份相悖的招赘婚。城市化过程中，农村集体利益重新调整分配格局，为尽可能多地占分配份额，独生女家庭或有女无子家庭决定招婿，以保证新的集体利益分配所得不会少于其他家庭。但是，农村的外嫁女与招婿女在享受村庄集体利益方面存在权利差异。外嫁女与招婿女在村里享有不同的话语权，招婿女在维护家庭权益方面是主要角色或父母的得力助手，村庄习俗认可其独当一面。但外嫁女在帮助父母维护家庭权益方面的话语权被习俗否认，习俗认为外嫁女非村庄成员，无权过问村庄大小事务。城市化进程中招婿婚姻增多主要是出于家庭经济利益的考虑，并保障父母在村庄生活中的安全感。此外，招婿婚具有传统意义上的承嗣、养老送终功能。招婿婚的负功能，表现为还将带来村庄治理等更为复杂的问题。王华（2006）考察了一种新出现的婚居模式"两头奔"，并对其产生的原因和所带来的影响作了详细分析。"两头奔"的婚居模式原先是畲族特有的婚俗，后来逐渐扩展到浙北、苏南、苏中偏东一带。"两头奔"是传统婚居模式中的一种变式，是在嫁娶婚和招婿婚之间采取的一种妥协方式。于光君（2014，2015）探讨了农村婚居模式与性别偏好之间的关系，认为农村以从夫居为主的婚居模式必然出现生育的男孩偏好，而男孩偏好又进一步强化了从夫居这种婚居模式。婚居模式与性别文化之间存在一种较强的互构关系。农村城镇化催生新的婚居模式，改变农村传统的"根"文化，消解了生育的男孩偏好。

　　综上所述，目前学术界关于婚居模式的研究中，对城市婚居模式的研究较少，相对较多的研究关注农村的婚居模式，而且多数研究已经注意到经济、文化、风俗是影响婚居模式嬗变的重要因素，但对婚居模式嬗变的研究只局限在招婿婚数量的增减上，而缺少对农村社会变革中新出现的与传统的婚居模式有质的不同的新型婚居模式的研究和考察。在对婚居模式的考察中，没有进一步考察婚居模式的变化所引起的性别关系的变化，没有进一步考察婚居模式与歧视性性别偏好之间的关系，没有进一步考察婚居模式与实现男女平等基本国策之间的关系。本研究以于庄为个案，采用实地研究的方式，在具体丰富的社会生活背景下，深入考察婚居模式与性别之间的关系。

第四节　研究方法

针对要说明的问题直接去做实地工作，比之追求研究方法的精微奥妙和掌握更多的文献，有时更能解决问题。[①] 因此，本研究采用实地研究的研究方式，通过观察法、访谈法收集资料，并对资料进行定性分析。实地研究是一种深入研究现象的生活背景中，以参与观察和无结构访谈的方式收集资料，并通过对这些资料的定性分析来理解和解释现象的社会研究方式。实地研究方式的特征是强调"实地"，即研究者一定要深入所研究对象的社会生活环境，且要在其中生活相当长一段时间，靠观察、询问、感受和领悟，去理解所研究的现象。实地研究可以说是参与观察与个案研究的合称。从研究背景和对象范围上看，个案研究是实地研究的特征；从研究方式和资料收集方法上看，参与观察是实地研究的突出特点。[②] 本研究以于庄为个案，考察在于庄这个生活舞台上社会变革与婚居模式变化的关系，以及婚居模式的变化与性别关系变化之间的关系，并对这种变化做一个历时性的研究。

一　个案研究与社区研究

本研究是一种个案研究。个案研究是对一个个人、事件、社会集团或

---

① 李银河：《生育与村落文化》，内蒙古大学出版社 2009 年版，第 4 页。
② 风笑天：《社会学研究方法》，中国人民大学出版社 2001 年第 3 版，第 256 页。

社区所进行的深入全面的研究。个案研究的特点是研究焦点特别集中，对研究对象的了解特别深入、详细，通过对研究对象进行深入的洞察，能够获得非常丰富、生动、具体、详细的资料，能够较好地反映出事件发生、发展及变化的过程。通过对研究对象进行深入的解剖，彻底把握研究对象的全貌，并具有抽样方法无法做到的社会实在性。个案研究作为一种从整体上对一个研究对象进行详细考察的方法，在社会学研究中得到了广泛而有效的运用。

当研究的个案是一个社区时，通常又称为社区研究。社区是人们在社会中赖以生存的一种重要形式，同时社区也是构建整个社会的一个重要单位。它与人们的社会生活以及整个社会的发展都有密不可分的关系。社区研究中，研究者通常采用参与观察、访谈，以及收集当地现有文献资料等方法来收集资料。而且，研究者通常要在该社区生活一段时间，参与当地人的社会生活。

关于农村的村落社区是否构成社会学研究的基本单位这个问题，美国的施坚雅提出标准集镇理论，认为人们生活的基本单位是市场集镇而不是村落，因此，村落在社区研究中的地位并不重要。[1] 黄宗智通过对日本"满铁"调查资料的进一步分析研究后认为，村落作为一个独立的社会研究分析的单位至少是适用于中国华北的情况的。黄宗智的结论有力地回应了施坚雅的标准集镇理论。[2] 布朗也认为研究中国最适宜的研究单位是村落。[3] 本研究是一项社区研究，以社会变革中的农村社区为研究的对象。村落是人类社会最基本和最原始形态的社区形式，是一个有着完善组织系统的社会单元。从这种意义上说，村落是认识和解读社会现象最重要的分析单位。尤其是对于一个处于变革进程中的农业村落来说，通过进行微型社区研究，可以更好地透视农村社会发展的轨迹。本研究以于庄这个村落社区为个案，通过深入的研究力求发现社会变革与婚居模式的深层社会关联，阐释农村社会变革所导致的婚居模式的变化及由此带来的性别关系的变化。

---

[1] Skinner G. William, *1964－1965*, *Marketing and Social Structure in Rural China*, Journal of Asian Studies, 24. 1：pp. 3－44, 24. 2：pp. 195－228, 24. 3：pp. 363－99.

[2] Huang Philip, C. C., *The Peasant Economy and Social Change in North China*, Stanford University Press, 1985, pp. 220－224.

[3] 布朗：《对于中国乡村生活社会学调查的建议》，《社会学界》1936 年第 9 期。

二 质的研究

本研究的基本方法是质的研究方法。质的研究方法是一种新形式的定性研究，继承了传统定性研究的优点，突破了定性研究的某些局限，内涵和外延比定性研究都有较大的丰富和扩展。陈向明采取"文化本位"的方式给质的研究下了一个定义："质的研究是以研究者本人作为研究工具，在自然情形下采用多种资料收集方法对社会现象进行整体性探究，使用归纳法分析资料和形成理论，通过与研究对象互动对其行为和意义建构获得解释性理解的一种活动。"①

本研究采用质的研究方法，从实地调查中收集所需的资料，对自然发生的事件进行观察，描述事件发展中各种行为的发生。本研究将努力实现文献资料与实证研究相结合，主观感受与客观观察相结合，事件描述与理论阐释相结合。在社会学的"质的研究"方法中一直存在如何处理和使用个案调查和访谈资料的问题。在这方面，存在两种调查原材料的加工方法，一种是费孝通的"文本概括法"，另一种是林耀华的"文学概括法"。本研究着力吸收两种方法之精华。

三 资料收集方法

实地研究必须深入实地。因此，"实地"的选择对于实地研究是很重要的。在实地的选择方面有一个与研究者熟悉程度有关的问题。研究者应该选择自己熟悉的"实地"还是选择自己不熟悉的"实地"。对这一个问题不同的研究者有不同的观点；有的认为研究者选择熟悉的"实地"，有利于接近、理解和分析所研究的现象；有的认为如果研究者选择熟悉的"实地"，将会难以克服对现实所具有的特定看法和特定情感，不可能像看待不熟悉的"实地"那样来看待自己所熟悉的"实地"，而且往往由于熟悉、司空见惯和习以为常而失去敏锐的观察力，甚至会带有某种个人的偏见，很难保持价值中立，不能从中发现有价值的问题和现象。以上两种说法都有一定的合理性，但笔者认为，选择熟悉的"实地"进行实地研究更有利于实地研究的进行，一是研究者不需要借助任何帮助就可以进入"实地"，而且不需要特意找寻生活在研究对象所生活的社区中的某些

① 陈向明：《质的研究方法与社会科学研究》，教育科学出版社 2002 年版，第 22—23 页。

"关键人物"或"中间人"的帮助，不需要他们的帮助就可以进入研究对象的生活世界中。二是由于是研究者熟悉的"实地"，是以"自己人"的身份进入"实地"，很自然地能够取得研究对象的信任并与他们建立友善的关系。不像研究不熟悉的"实地"那样，需要经过特别的努力才可能取得研究对象的信任并与他们建立起友好的关系，而且一旦不能取得研究对象的信任，就不能真正进入社区生活。研究者能否取得研究对象的信任，能否与他们建立起友善的关系，决定着实地研究的质量、效果、前途与命运。如果研究者在研究对象眼里始终是"外来人"的话，观察和访谈难以顺利进行，研究者获得真实资料的可能性是很小的。三是一个研究"实地"是承载着历史和文化的"实地"，选择熟悉的"实地"做研究，研究者能够很好地了解"实地"的历史和文化，因此能够很好地理解研究对象，是把研究对象放在一个历史和文化的背景下去审视、理解和研究，有着较强的穿透力，提升研究的质量和效果。四是选择熟悉的"实地"进行实地研究可以有效地解决实地研究要求时间较长的困难。实地研究所需时间较长，通常少则几个月，多则数年，这种长时间的要求对于研究者来说是一个困难；五是研究熟悉的"实地"，研究者由于是研究对象所熟悉的"自己人"，研究者的"进入"不会改变研究对象的行为。而作为一个"外来人"的研究者"进入"一个陌生的研究"实地"可能会影响研究对象的行为，影响研究者收集到真实可靠的资料。

研究熟悉的"实地"，研究者被研究对象作为"自己人"看待，研究者是否能保持价值中立？是否会影响研究的质量和效果？本研究认为，以"自己人"和"研究者"双重身份研究熟悉的"实地"能够更好地对研究对象的行为、社会现象和事件进行解释性理解。由于研究者本身受过一定的社会学专业的学术训练，能够以一个"超然的观察者"理解研究对象社会行动中的意义问题，研究对象"正是运用这些结构建立了对事实和事件的常识构造。而社会科学家进行的科学构造活动就要以这种常识构造活动为基础。因此，相比而言，普通人对社会世界的构造，就是一阶构造，而社会学家的构造则是对社会行动者的构造的构造，属于二阶构造"[1]。研究者"在一阶构造的基础上建立二阶构造"[2]，保证研究者"超

---

① 杨善华主编：《当代西方社会学理论》，北京大学出版社 1999 年版，第 29 页。
② 同上。

然观察者"的形象，"使其二阶构造不受一阶构造中的实践目标的干扰"①。

笔者选择熟悉的"实地"——于庄作为个案研究对象，因为于庄是笔者生于斯长于斯的村子，作为于庄土生土长的"自己人"非常熟悉于庄的历史、文化和风俗人情。始终与村里人保持着良好的关系，感受着社会变迁给村里人生活所带来的变化。以一个研究者的眼光审视自己土生土长的村子和村里人的生活，从"一阶构造"跃升到"二阶构造"，以一个"超然的观察者"的身份去解释性理解自己也置身其中的社会生活以及村里人对生活意义的理解。笔者作为一个研究者本身就是一个研究工具。

为了阐述的方便，也为了符合学术研究的规范，说明一下本研究收集资料的方法。本研究采用观察法和访谈法收集了研究所需的资料，并且也查阅了相关的文献资料。

（一）观察法

按照观察中研究者所处的位置和扮演的角色，将观察区分为局外观察和参与观察；根据观察地点的不同将观察分为实验室观察和实地观察；根据观察方式的结构程度分为结构观察和无结构观察。本研究采取的是实地观察，在实地观察中对于有些事件作为局外人进行观察，有些事件作为参与者观察，有些事件是结构观察，有些事件是无结构观察。在本研究中，综合运用了各种观察方法。在观察中保持了客观与实事求是的态度，对于观察的事件和人物不带任何偏见。另外，本研究以性别的视角进行了观察。

（二）访谈法

在社会学研究中，访谈分为结构访谈和无结构访谈。实地研究中的访谈通常是一种无结构访谈，有时甚至只是一般的、随意的闲聊。本研究主要采用的是无结构访谈，在同村里人闲聊的过程中收集和积累了资料，有时也会就某个不十分清楚的事件去问问某些知道事情来龙去脉的知情人。对于年代稍微久远点的事件通过和村里的老年人们闲聊获取资料；对于最近发生的事情则在和老年人、中年人、年轻人闲聊中获取资料，在闲聊的这些人中既有男性村民也有女性村民。对于同一个事件，在和不同人的闲聊中，多方面、多角度、立体化地去把握，给出一个不带偏见的全面的客

---

① 杨善华主编：《当代西方社会学理论》，北京大学出版社1999年版，第29页。

观的描述。

（三）文献法

在研究中，通过查阅县志等文献资料弥补了通过观察和访谈所不能获得的资料，或是通过观察和访谈而不能获得的确切资料。

四　资料分析

（一）定性分析

在实地研究中通过观察和访谈收集到的资料都是定性资料，要对这些定性资料进行分析才能得出研究结论。而定性资料分析的过程则是一个对资料进行描述、综合与归纳的过程。定性资料的分析过程贯穿于整个研究的始终，观察与访谈本身既是收集资料的过程，也是初步资料分析的过程，但主要还是在资料收集结束后对整个研究所收集到的资料进行综合分析。通过分析，将大量的资料概括成用来理解和解释具体现象的理论。

（二）性别分析法

性别是社会生活至关重要的一个属性，是生活中的首要组织准则之一。性别塑造自我并为我们提供了认识自我的机制。① 从性别视角分析在不同时期生产劳动的性别分工、家务劳动的性别分工，以及由于社会变革所导致的婚居模式变化引起的性别秩序和性别关系的变化。

五　分析框架

每种婚居模式的存在都需要具备一定的条件，社会变革创造出新的条件，产生新的婚居模式。不同类型婚居模式的家庭关系具有不同的特点。所有的关系最终都以家庭关系来解释。②通过分析不同类型婚居模式的家庭关系，来进一步分析家庭不同性别的成员之间的性别关系。

另外，以家庭为界限把社会生活的领域分为公领域和私领域，分别分析公领域和私领域中性别关系的变迁。

---

① ［美］迈克尔·金梅尔、迈克尔·梅斯纳主编：《心理学：关于男性》，张超等译，桑标审校，上海人民出版社 2012 年第 8 版，"前言"第 1 页。

② 金耀基：《儒学中的个人与群体：一种关系性的视角》，载孟旦《个体论与整体论：儒家和道家的价值研究》，密西根大学出版社 1985 年版。（*Individualism and Holism: Studies in Confucian and Taoist.* Ann Arbor: University of Michigan Press, 1985）

六　研究方法的局限

由于本研究以于庄为个案，采用实地研究的方式，通过观察和访谈所获取的资料都是定性资料，无法对资料进行定量分析，所得研究结论难以推广到更大的范围。但是，这种研究方法的价值和局限性相比较起来，其价值远远大于其局限性。为了克服局限性，可以通过把研究对象放在国家与社会这样一个大的历史文化背景中去研究，或许可以克服研究方法本身的局限性所导致的研究结论难以推广到更大范围的弊端。

七　研究伦理问题

研究伦理主要是针对实地研究中研究者隐藏研究者身份参与观察而提出的。本研究没有为了研究目的而欺骗研究对象，研究中所描述的案例事实都是村里人所共知的，不涉及个人隐私的问题。为了防止对研究对象造成不必要的或预想不到的伤害，也是为了遵循学术惯例，本研究所有地名和人名都是"化名"，但是不管是地名还是人名，其所代表的背后的事实都是真实的。

第五节　研究个案的基本情况

在对一个村庄的婚居模式进行研究之前，有必要对这个村庄的地理位置、文化风俗、民间信仰等基本情况做一个详细的说明。

一　于庄的概况

一般来说：在中国传统社会中，集聚村落的居民之间的交流相对频繁，关系相对紧密，从而可能形成相对严密的社会组织结构；同时，由于居住集中，官府也易于控制，国家权力对集聚村落的渗透也就相对深入、广泛。而在分散居住的区域，各农户之间的来往、交流与互相依靠均相对少一些，彼此之间相对疏远，其社会联结方式与社会组织结构则要复杂得多；官府控制散居村落的难度较大。① 是集聚居住（形成大村）还是分散

---

① 鲁西奇：《中国历史的空间结构》，广西师范大学出版社2015年版，第22页。

居住（形成散村或独立农舍），对于传统中国的乡村居民来说，至关重要，它不仅关系到他们从事农业生产的方式（来往田地、山林或湖泊间的距离，运送肥料、种子与收获物的方式等），还关系到乡村社会的社会关系与组织方式，甚至关系到他们对待官府（国家）、社会的态度与应对方式。① 按照这种观点，于庄是集聚居住的村落。于庄是位于鲁西北平原地区的一个典型农业村落，是鲁西北主要的粮棉产区之一。于庄有着 600 多年的历史。据《陵县志》（1935）记载：明朝燕王建都北京后，实行移民政策。明朝永乐年间，于庄的祖先从山东省海阳县大吕石村迁来定居，生息繁衍至今。自 1958 年至今，于庄一直是（公社）乡政府的驻所。1958 年 9 月，人民公社化时，全县划分为十个人民公社，于庄辖于五星人民公社（注：边临镇、于集两乡和王官乡北部村庄划为五星人民公社）。1965 年 1 月，调整规模，全县划为 25 个公社。县委、县政府决定将原边临镇、神头公社的部分村庄划出成立于集人民公社，于庄是于集公社驻地。至 1983 年年底，区划未变。1984 年撤销人民公社，恢复乡镇建制，于庄隶属于于集乡，乡政府驻地在于庄。截至 2014 年年底，于庄可用耕地面积 1400 多亩，1320 多口人。乡里的中学（只招收初中学生）、中心小学、卫生院、供销社和供销社所属的超市——鸿泰购物中心、农村信用社、邮电所、乡办纺织厂、变电站、联通、电信等企事业单位，还有乡党委和政府所属的职能机关，税务所、工商管理所、派出所、法庭等都在于庄地界内。除此之外，还有于庄的村办企业——山东颜春纺织集团、一些私营的饭店、小型超市、日用杂货店、理发店、美容店、浴池、电脑专营店、电脑维修店、家庭维修店、快递公司、物流公司等，还有卖各种特色小吃的摊点。

自 20 世纪 80 年代开始，随着于庄乡镇企业的发展和城镇化的推进，于庄的外来人口越来越多。21 世纪以来，于庄人向外流动的也日渐增多。

二　于庄的节日风俗和文化

（一）于庄的传统节日与传统风俗

春节是最隆重的传统节日。正月初一日为春节，俗称过年。春节前，在外地工作的人员和在外地上学的学生多习惯回村过年，全家团聚。进入

---

① 鲁西奇：《中国历史的空间结构》，广西师范大学出版社 2015 年版，第 22 页。

腊月后，人们开始置办年货。腊月二十三日前打扫房屋，刷洗门窗，"祭灶"。腊月二十三日为辞灶节，家家以麦芽糖祭灶，把贴在灶上的灶王像揭下来晒干，晚间以火焚之。如家中有人外出未归，就留至除夕再烧，据说是怕把外出的人"辞"到外边。然后再贴上新灶王像，并写一副"上天言好事，回宫降吉祥"的对联贴上。腊月二十三俗称小年，小年到春节这期间是已经订婚还没有结婚的准女婿或者是已经结婚的女婿到准岳父母家或岳父母家上礼的日子。

每年年三十的下午，由各"院"长辈率领子孙到各"院"的坟地鸣放鞭炮，迎接去世祖先回家过年。一般女孩子或者结了婚的媳妇们是不能跟着到坟地上去迎接去世祖先回家过年的，最近几年，由于独女户或无儿户多起来，未结婚的女孩子也跟着去迎接去世的祖先回家过年了。然后全家围坐在一起饮酒叙谈至深夜，俗称"守年"。一个"院"的男性成员会聚在悬挂家谱的长辈家里喝酒，象征着一个家族的团结与和睦。"院"里的女性们会聚在女性长辈身边，吃瓜子、唠嗑。正月初一凌晨，家家吃水饺，饭前晚辈给长辈磕头，饭后先本"院"后邻里再全村，挨家挨户拜年。一个"院"的男性晚辈们聚在一起，女性晚辈们聚在一起，一般男性在先女性在后给院里、邻里和村里的长辈们拜年。早些年的时候，拜年是要磕头的。改革开放后，逐渐废除了拜年的时候跪地磕头的习俗，年轻一代越来越不接受老的习俗了。

按照于庄的风俗，嫁出去的闺女不论什么原因都不能在娘家过年，尤其是不能看娘家的家谱，据说，如果嫁出去的闺女看了娘家的家谱，娘家的日子会越过越穷。如果有谁家不在乎这些事情就会被村里人笑话，会笑话父母不管闲事，一点也不为自己的儿孙们着想，也会笑话家里儿孙们的软弱无能。离婚回娘家暂住的姑娘，过年的时候，或者是去姨家、姑姑家过年，或者是在娘家过年的时候躲在偏房里，等过了初二送完神以后再露面。

初二上坟，俗称"送神"，送走"神"，年就算过完了。初三至十五元宵节前，是去亲戚朋友家拜年的日子。如果有老人去世的话，正月初二是亲戚们来上坟的日子，所以，初二是忌讳去亲戚家拜年的。十里地不同风俗，于庄附近有些村子则认为初二是外孙外孙女们给姥爷姥娘拜年的好日子。初四是嫁出去的姑娘一家回娘家拜年的日子。中午饭后，妻兄或妻弟领着女婿到院里拜年，闺女则是自己去拜年。正月十五日过元宵节，也叫"灯节"。十五日早起床，放鞭炮，吃水饺。年景好的时候排练秧歌，到邻近的村子演出，邻近的村子里有秧歌队的也会到于庄来表演，通过这种方式加强村与村之间的联系。

正月二十五日是填仓日，俗称"打囤"。这天凌晨，家家用草木灰在屋内、院门口画成囤形。院内和门口的放五谷，象征"粮囤"；屋内的放钱币，象征"钱囤"。上面都覆盖砖瓦，叫"压囤尖"。日出揭去囤尖叫太阳晒，如无大风即为"收囤"，预示丰收之意。过去家家吃糕，名为"扬风糕"。现在都吃水饺代替糕，同时鸣放鞭炮。

七月十五日俗称鬼节，也叫中元节。这天或前一天要给去世的父母和先人上坟，据说七月十五这一天出生的孩子不好，所以，于庄人很避讳这一天生育孩子。如果家里有临产的孕妇，会祈祷不要在这一天生孩子。现代医学发达了，有的人家为了避免孩子在这一天出生，就赶在这一天之前对孕妇进行剖腹产手术。村民这天中午吃包子，所以中元节也称"捏嘴节"。其意为麦收后一直吃细粮，至此该吃粗粮。《德县志》载："十五日为中元节，具酒馔祭先墓，仪如清明节。"于庄至今仍沿袭这种风俗。十二月初八为腊八节，在这天用黍米、五谷和枣煮粥。据《德县志》记载，十二月初八这天"喝五谷枣果煮粥，名为腊八粥"。

除了以上具有农耕文化特色的风俗习惯和传统节日外，还有清明节、端午节、中秋节、重阳节等传统节日。

清明节是扫墓的季节。后辈都要给去世的先人上坟，用铁锨铲土包一下坟。包坟一般都是家里的男性成员做的事情，女性成员一般是不会参与包坟的，这是于庄的风俗。以前于庄没有过端午节的习俗，最近几年生活条件好了后，人们才开始过端午节，或者是买粽子或者是自己包粽子吃。端午节前，超市里或集市上就开始有卖成品粽子的也有卖竹叶、糯米、红枣等原材料的，这些大都是从南方运过来的。中秋节也是个大节，这个节日没有特别的避讳，一直到现在还保持着送月饼的习俗，月饼的包装越来越精美。现在有些家庭开始自制月饼。于庄以前也没有过重阳节的习惯，最近几年经济条件好了，有些人开始过重阳节了，有心的儿女会给父母一些礼物，也有的儿女想不起这些事情了。还有一些新兴的节日，如母亲节、父亲节、情人节也开始在于庄活跃起来，这可能与媒体的强势宣传有关系。

（二）于庄的"衣食住"文化

新中国成立前，村里人多数穿用自己家里纺织的"土布"缝制的衣服，少数的富户人家穿"洋布"，鞋子都是自己家做的布鞋。春秋穿夹袄，夏天仅穿一裤一褂，冬季穿棉裤、棉袄。家境富裕者，冬穿棉袍，春秋穿大褂。衣服的颜色男者多为青蓝色，女者多为花色，女青年喜欢穿红、绿、花布和绣花鞋。新中国成立后，细布逐渐代替粗布，衣服的颜色和样式也有了很大的变化，男女服装花色新颖品种繁多，分春、夏、秋、冬各式服装。20 世纪 80 年代末改革开放后，于庄人的穿着更加多样化、更加个性化，城乡之间的差异在缩小。纺车、织布机这些东西都从家庭中消失，几乎没有人再自己做衣服鞋子，都去买成衣、买鞋子。

　　陵县所属的华北平原的村庄属于"密居制"。日本学者长野朗在 20 世纪 30 年代所观察到的数户或数十户聚落而成为一村的景况，因人口的增加而发生了变化。现在陵县乡村一般都是上百户、上千人聚落而成。但是长野朗所总结的村庄分布呈"密居"的格局依然存在。① 建筑学家一般从地理位置上将中国的住宅分为"华北及东北区""晋豫陕北之穴居窑居区""江南区"和"云南区"四个区域②。根据以上的划分标准，于庄的住宅结构特征属于"华北及东北区"。于庄的住宅安排是南北方向的，院落之间是紧挨着的。每个院落的建筑都是封闭式的。正房一般都是面南背北，南北朝向。

　　于庄人修建房屋是很讲就"风水"的。房屋的选址和破土动工的日子都要请风水先生来帮助决策。修建房屋是件大事情，没有哪家不经过这一程序的。于庄邻居之间因风水问题发生纠纷的不少，在于庄人看来，如果邻居家的风水侵害了自己家的风水，则纠纷和争吵就不可避免了。邻里之间因为风水问题而发生的争吵，村干部和公社（乡）司法所一般是不好解决的，因为他们所依循的逻辑是不一样的。为了解决风水的问题，有些人家的房顶上会有些古怪的布置。这些古怪的布置不是随便搞的，而是经风水先生的指点布置的，据说可以防止和破除家里的灾难，但也可能因此而坏了别人家的风水。因为这个问题发生纠纷的事情经常出现。对中国风水的研究除了人文地理学者研究之外③，人类学学者对此也有研究。在

---

① 参见 ［日］长野朗《中国社会组织》，朱家清译，上海光明书局 1931 年版。
② 梁思成：《中国建筑史》，天津百花文艺出版社 1998 年版，第 324—327 页。
③ 参见刘沛林《风水：中国人的环境观》，上海三联书店 1995 年版。

人类学的视野中，"风水"就是居民对他们生活空间的一种解释规则。①

房屋过去主要是土木结构平顶房。家庭较贫者多为土墙、土屋顶；富裕户多为砖基土墙、平顶房；家庭条件再好点的是高墙基土木结构平房，还有的是砖木结构瓦房。村民一般喜欢四合院，家境好的家庭东、西、南、北"四房"俱全，家境较差的则式样不一。北房多为三间，中间做饭，东西间住人，习惯睡土炕。冬季取暖，一般村民靠烧炕和烧火做饭来取暖。条件好的人家，冬天在屋门上挂棉门帘保暖，夏天在屋门上挂竹帘防蚊蝇。一般是家里的长辈住北房上首房间，晚辈住北房下首房间或东、西、南的偏房。北房的中间一间房子是一个家庭的主要活动中心，过年的时候家谱供奉在中间那间房子里，烧火做饭的灶台一般都在中间那间房子里，灶台后面的墙壁上供奉着灶君像。长辈的房间有时也兼作客厅和餐厅。

新中国成立后，村里的住房有很大的改进。1956 年后，村子里开始出现土木结构的挂瓦房，屋基是用砖垒成的，墙面是土坯的，屋顶挂上瓦片。20 世纪 70 年代以后，旧式平顶房已寥寥无几，挂瓦房逐年增多。90 年代后出现了楼房。70 年代以前，房架一般是七檩，檩条的跨度一般是 3 米。70 年代后，一般是九檩或十一檩，檩条跨度一般是 5 米左右。做门窗和檩条用的木料以产自东北林区的松木为佳，经济条件不是很好的家庭则使用本地产的杨柳木。过去门窗的内糊纸改为玻璃。冬季取暖以无烟煤为主，辅之以柴火烧炕。20 世纪 90 年代后，于庄进行城镇景观改造后，沿街盖起了二层楼房，居住空间增大。

在饮食方面，新中国成立前，村民以谷子、高粱、玉米为主食。将粗粮面做成饼子或窝窝头。一日三餐，早晚喝粥，吃咸菜，中午吃干粮、熟菜或咸菜。家境好的小米面加豆面；中等条件的家庭，玉米面或高粱面。贫穷户，高粱面或掺糠菜。有时还做菜糠谷（用大量菜，掺上很少的玉米面或豆面，调匀平摊在箅子上蒸熟）、菜荠留、糠菜饽饽、苣荬糊饼等。地主或商人多以馒头或小米面窝窝头为主食。逢年过节，来客人或改善生活时，主要是水饺、面条、饼、包子、馅饼（合子）和杂面条。平时习惯喝稀饭、黏粥，有时掺些萝卜、地瓜、绿豆、小豆等。新中国成立

---

① 王斯福：《中国风水：历史与文化》，载王铭铭、潘忠党《象征与社会：中国民间文化的探讨》，天津人民出版社 1997 年版，第 176—186 页。

后，村民以玉米、地瓜为主食，1980 年以后以小麦为主食，其次是玉米。肉食多为猪肉、羊肉，其次是鸡、鱼等。水果以本地产的梨和苹果为主，其次是西瓜，其他果品食量较少。改革开放后，产自南方的一些水果，如香蕉、橘子等，也进入寻常百姓家。菜类以白菜、茄子、辣椒、黄瓜、豆角、菠菜、萝卜为主菜，还喜食大葱和大蒜。近几年，随着生活水平的提高，于庄人对奶制品的消费量增加。走亲戚串门，买一箱牛奶成为一种时尚的礼物。

（三）性别文化和风俗

"男女有别"是于庄人最朴素的性别观念，这种观念是在日常生活中逐渐习得的，家长对孩子的性别观念的教育是从日常生活中的点点滴滴开始的，小女孩从小在服饰和发式上与小男孩是有区别的，当一个小女孩在服饰或发式上与小男孩类似的时候，人们会笑话这个小女孩不像一个小女孩而像"假小子"，当一个小男孩在服饰和发式上与小女孩类似的时候，人们会笑话这个小男孩是"假闺女"。人们在日常生活中通过这种方式来纠正那种有意识或无意识的跨越性别界限的服饰和装束。也有故意把孩子按异性装束进行打扮的父母，那一般反映了父母对下一个孩子性别的期待。对下一个孩子性别的期待也可以从孩子的名字体现出来，尤其是从最小的孩子的名字中体现出来，比如给女孩子起一个"招娣"的乳名，就是希望"招弟"，反映了家长对男孩子的期待。

家长从小给小女孩灌输女性暴露性器官害羞的观念，小男孩暴露性器官则不认为是害羞的事情。成年人不管是男的还是女的都可以拿小男孩的性器官逗乐和开善意的玩笑，家长不会介意这种玩笑，甚至认为这是孩子招人喜爱的表现。相反，不会有人和小姑娘开这样的玩笑。夏天的时候，小男孩可以光着身子满大街跑，小女孩是不能这样的。小男孩可以成群结队到河里去洗澡，小女孩被家长教导着不能像男孩子那样，更不能和成群结队的男孩子们在一起玩耍。家长从小教育小女孩要自我保护，不能独自去地里拔草，不能独自走夜路等，家长鼓励小男孩要有男子汉的气概，敢走夜路，敢独自一个人去地里拔草。

男孩和女孩青春期获得的关注是有差异的。母亲对女儿的关注比儿子多。女儿青春期的时候，母亲会教给女儿一些基本的生活常识和卫生保护措施，父亲是不会做这些事情的。如果母亲不幸早逝了，对于女儿来说可能是一个非常不幸的事情。如果父亲足够细心的话，会请女儿的女性长辈像母亲那样教给女儿一些青春期女性特有的生活常识。父亲很少关注儿子们青春期的事情，很多男孩子对自己的第一次遗精都感到莫名其妙，因为没有人告诉他这是怎么一回事。他们一般都是通过成年人粗俗的黄色段子获得一些生理知识和性方面的知识的。人们普遍以为，女孩子的青春期生理变化是问题，而男孩子的青春期生理变化则不是什么问题。于庄人的性别文化中也有一些处女情结，而对男孩子的童贞则没有太高的要求。在教养孩子方面也存在性别差异，儿子可以打，女儿不能打。尽管在生育方面偏好男孩，生育了男孩而没有生育女孩的家庭尽管有些遗憾，遗憾的是没有实现儿女双全的梦想，但是生育了女孩而没有生育男孩的家庭则涉及"根"的问题。在孩子成长过程中，流行着"儿子穷养，女儿富养"的说法。

到了谈婚论嫁的年龄的时候，家长不鼓励女儿自己找对象，害怕女孩子被男孩子欺骗，更是告诫女儿不能有婚前性行为，婚前性行为和婚前怀孕对女孩子是一个很大的伤害。家长则鼓励男孩子自己找媳妇，不通过媒人介绍而自己能找到媳妇的男孩子被认为是有本事的。在婚姻问题上，鼓励男孩子主动，不鼓励女孩子主动。在婚姻问题上人们普遍都相信缘分，月下老人的传说还是有一定市场的。如果婚姻出了问题，双方家长或者夫妻双方会找人算一下卦，看看问题究竟出在哪里，是否还有缘分。

结婚后都企盼着生儿子，产妇受到照顾的程度和生育孩子的性别有一定关系，如果第一胎生了个儿子，一家人皆大欢喜，母以子贵，产妇受到很好的照顾。如果第一胎生了女儿，有的家庭可能不太喜欢，对产妇的照顾不像生儿子那样尽心，也有的家庭可能表现不那么明显。会企盼着下一胎是儿子。这种生育的性别偏好在不断地改变。

孕妇怀孕期间有很多避讳。在饮食方面，不能吃兔子肉，据说如果孕妇在怀孕期间吃了兔子肉，生的孩子可能会出现兔唇。妇女怀孕期间不上坟，不参加丧礼，就是自己的父母亲去世也不去陪陵，一是避免过度悲伤会伤了胎气，二是避免鬼神对孩子的不利影响。产妇在孩子到出满月之前的这段日子里不能着凉，人们认为产妇月子里落下的病根很难根除，会影响产妇一生的健康。如果有孩子不幸夭折，在孩子身体上做上一个明显的记号，埋在田间地头，据说是防止夭折的孩子再投胎到这家里来。

实行计划生育政策要求夫妻必须有一方做绝育手术，妻子做绝育手术的居多，很少有丈夫去做绝育手术，丈夫做绝育手术的一般是妻子有病不能做绝育手术，或者妻子干重体力活而丈夫干的活轻松一点，比如丈夫是民办教师，妻子是农民。

在于庄人的文化传统中，习惯性地将男女与阴阳、左右等联系起来。看手相是男左女右，照结婚照也是男左女右，老人去世门前摆放的幡也是男左女右。曾经有这样一个笑话，说一个老年男乞丐到有丧事的人家蹭饭吃，他没有看丧主门前的幡是在右边，当管事的人问他与去世的人是什么关系的时候，他说是去世的人的老朋友，丧主家一听就知道怎么回事了，结果饭没有蹭着，被丧主家赶出去了。

（四）于庄人的信仰

于庄人相信命运。"死生有命，富贵在天"这种思想和观念在于庄是很有市场的。在生育孩子的问题上，大家相信是否有儿子也是命中注定的。人们说了很多某某人命中注定没有儿子，勉强领养了一个儿子也夭折了的故事。某某人大难不死或某某人意外死亡也是命中注定。于庄人也相信"命中无有莫强求"这句话，某某人和某某人打土坯的时候挖到一罐子黄金，他们把金子分了，结果一个人不知什么原因突然死亡，另一个人病倒了，钱花完了病也好了，一个人老婆突然死了。人们对这个故事的诠释是这样的，突然死亡和病倒的那两个人是因为担不起这么大的财，老婆突然死亡的是因为老婆是穷命担不了财。对于命硬的人要想办法破解，否则会克伤家庭的某个成员。对于命硬的孩子通常会给孩子认个干亲，过个门槛。对于不幸的姻缘，不管是离婚了，还是勉强维持着的婚姻，劝说当事人一方接受现状的最有力的理由就是命。命中注定是最让人接受和信服的理由。

于庄人也相信风水。盖房子和修坟地都要请风水先生看看。家里有了事情也要请风水先生看看阴阳宅。家里子女的多少，是否生儿子也与风水有关。常常也有这样的情况，一个家庭连续生了几个女儿，盼着生儿子就是生不出来，这时候家里会请一个信得过的风水先生看看阴阳宅，按照风水先生的指点进行必要的修缮，实在生不出儿子也就没有办法了。也有的请人算卦看相，如果说是没有儿子的命，也就心安理得了。

于庄人相信泰山奶奶。有一些家里供奉泰山奶奶神像，每月初一、十五都上供烧香。正月十五有一个集体送奶奶的仪式，信仰泰山奶奶的人，一般是女性较多，都会参加这个仪式。春节过后有的村民会组织起来集体去爬泰山，表示对泰山奶奶信仰的虔敬，参加爬泰山敬拜奶奶的也是以女性为多。结婚多年没有生育的夫妻也会去泰山奶奶那里求个孩子。

也有个别的人信佛教、道教、基督教，只是信仰而已，但并不那么虔心地去信仰。年轻一代人中信仰的比较少了。

于庄人相信"双"比"单"好，双是完满的象征，人们常说好事成双。结婚配送的嫁妆也是成双成对的。迎娶新娘子那天娘家人散发的"岁火烧"① 数量是新娘子年龄的两倍，比如，新娘子 23 岁，娘家人要散发 23 对"岁火烧"。结婚的日子一般都是选农历的双日，最好是阴历和阳历都是双日。选结婚日子是男方家的事情，女方家不选，男方家一般都通过算卦来定日子。儿女双全是每个家庭都企盼的子女性别结构。在于庄人的心目中单身是可怜的，结了婚算是成了人了，没有结婚就没有成人。独身的男性被称为光棍，独身的女性被称为老姑娘。俗话说没有嫁不出去的老姑娘，只有永远找不着媳妇的光棍。在婚嫁方面，女性比男性要有优势。独身的光棍去世后，家里的侄子们如果有孝心的话会找机会给光棍叔叔或伯伯娶一门阴亲，算是成全了一桩事。未成年的男孩夭折后，父母也会想办法给孩子找个阴亲。未成年的女孩子夭折后，父母会想办法找个阴亲嫁出去。孩子夭折是十分不幸的事情，帮孩子找个阴亲成双成对了，也算是了了一桩心事。

三　辈分与称呼

于庄基本上是个单姓村，是由一个祖先繁衍而成的村子，全村都有血缘关系，应该说全村就是一个大家庭。据说于庄祖先迁徙到此地定居之后请人排出了十二个字的字辈谱，作为后世子孙起名字、排辈分的依据。每个人都有两个名字，一个是乳名，习惯上说是"小名"；另一个是学名，男孩子的学名习惯上说是"大号"，女孩子的学名习惯上不说是"大号"。乳名是孩子出生前后父母或其他长辈随便给起的，也有的请有威望或有学问的人给起个乳名。从乳名上就能区分出男女，女孩多起带有"花""珍""妞""丫"等字的乳名，而男孩的乳名则随意得多，有些人家为了期盼着孩子长命百岁，故意给男孩起个女孩名或起个比较低贱的名字，如"狗剩"等。学名是写在户口册上的名字。字辈谱主要是起学名用的。字辈谱对男孩起名的约束力高于对女孩子的约束力，原因在于村里的辈分

---

① 是用面做的像银元一样大小的小火烧。

是按照男性的角色编排的。女孩子长大是要出嫁的，不上娘家的家谱，按不按辈分起名不是很重要。20 世纪 80 年代之前出生的男孩子基本上都是严格按照字辈谱起"大号"，女孩子则随便得多，可以按也可以不按字辈谱起名。80 年代之后新出生的男孩子基本上都不按照字辈谱起"大号"，所以，单从名字上很难区分出彼此之间的辈分。

无论是乳名还是学名都受时代和性别的影响。20 世纪 80 年代前，由于受诸多政治运动的影响，在那个时代出生的孩子的名字，无论是乳名还是学名，都带有时代的烙印，尤其是男孩子的名字带有明显的时代烙印，"建军""爱国""爱民""革命""向阳"等是男孩子常用的名字。20 世纪 70 年代末改革开放之后，人们的思想解放，观念更新，人们习惯于不按照字辈给孩子起名字，字辈谱渐渐被忘却。孩子的名字带有很明显的时代特色，明显受西方文化的影响。

由于村里人都姓"于"，所以，彼此之间称呼的时候都要省掉"姓"。辈分小的人在称呼辈分高的人的时候，在名字后面加上一个代表辈分差异的尊字，如"××叔、××大爷、××爷、××奶、××婶、××大娘"等，辈分大的人称呼辈分小的人则直呼其名，没有结婚的则称呼其乳名，结婚的则称呼其学名，也就是登记在户口册上的名字。男孩子结婚成家后，人们要称呼他的"大号"，如果还有人称呼他"小名"的话，被认为是对他的不尊重。结婚后，人们是根据男人的辈分来称呼他的妻子的，如"××嫂、××婶"等。妯娌之间，如果二儿子的媳妇比大儿子的媳妇年龄大，但是，二儿子的媳妇仍然要称呼大儿子媳妇为嫂子，大儿媳妇称呼下面的妯娌们，如果自己还没有孩子的话，就称呼她们老二家、老三家等，如果自己有了孩子的话，就称呼她们他（她）大婶子、他（她）二婶子等。如果家里女儿最大的话，大儿媳妇称呼姐姐，不管她的年龄是否比大姑姐大，对丈夫的妹妹和弟弟们则直呼其名。有了孩子的话，则称呼他们（她们）为孩子他（她）大姑、二姑、小姑、大叔、二叔、小叔等。称呼大姑姐、小姑姐的女婿为他（她）大姑夫、小姑夫等。夫妻之间很少直呼名字，往往都是以他或她来指代对方。有孩子后，会称呼孩子他爸或孩子他娘。早些年的时候，媳妇称呼丈夫是当家的，丈夫称呼媳妇是屋里的。20 世纪 80 年代后出生的人，夫妻彼此之间称呼名字的比较普遍。

如果子女多的话，父母或"院"里的其他长辈习惯上按儿子或女儿的排行来称呼，儿子和女儿是分开排行的。称呼大儿子为"老大"，称呼大儿媳妇为"老大媳妇",依次类推。称呼女儿则是大女儿、二女儿等,女儿结婚后称呼女婿则是大女婿、二女婿等。媳妇过门后,在日常生活中一般不使用自己的学名了,人们往往是把对她的称呼与丈夫的辈分和角色联系在一起。20世纪80年代后,这种情况有所变化,公公和婆婆还有其他长辈称呼过门媳妇学名的多了起来,90年代后,有的公公婆婆称呼儿媳妇小名的也多起来。

第二章

改革开放前于庄的婚居模式

这里所说的改革开放前，具体地说，是指从 1958 年农村实行人民公社制度开始到 20 世纪 80 年代初农村开始实行家庭联产承包责任制为止这20 多年的时间。改革开放前，于庄主要有两种婚居模式：从夫居和从妻居，其中以从夫居为主，从妻居为次。除此之外，还有男性独居与离婚不离家的现象。自新中国成立到人民公社，再到改革开放这段时间，于庄的婚居模式基本上没有发生太大的变化。因为尽管经过农业的社会主义改造后，实行了以生产队为基本单位的集体所有制，但是，农民仍然以社员的身份与作为生产资料的土地和作为基本生活资料的宅基地紧密联系在一起。结婚后要建立新的家庭必须依据社员的身份，或者在丈夫所在村庄，或者在妻子所在村庄获得宅基地，并以社员的身份参加集体生产获取必要的生活资料。这种状况决定了婚居模式只能是从夫居或从妻居，很难有新的婚居模式产生。

第一节 改革开放前于庄的社会状况和一般社员的家庭生活状况

一 改革开放前于庄的基本社会状况

新中国成立后，在经济上实行了生产资料公有制，在政治上建立了人民民主专政的国家政权，消灭了剥削阶级赖以存在的经济基础和政治基础，剥削阶级作为一个阶级已经不复存在，这就从根本上铲除了女性受压迫和受歧视的阶级根源和社会根源。无论是从物质到精神，还是从理论到实践都为男女平等的实现提供了充分的条件。国家通过意识形态、政治运动和行政干预，在法律上确立了男女完全平等的社会地位。"男女平等"

被写入了新中国的第一部宪法（1954 年宪法），女性的社会地位以法律的形式确定并体现出来。男女平等获得了意识形态上的合法性，并通过运动的形式和文化艺术的形式在社会生活中深入人心。新中国成立后颁布的新婚姻法确立了一夫一妻的婚姻制度，废除了买卖婚姻和包办婚姻的陋俗，提倡自由恋爱。娃娃亲、童养媳、指腹为婚等现象被消灭。各级党委和政府成立了妇联，各个村庄也设立了妇女主任以维护广大妇女的合法权益。男女都要参加集体生产，实行按劳分配政策，根据劳动贡献分配劳动成果。

新中国成立后，国家逐步对个体农业、个体手工业、私营工商业进行了社会主义改造，时称"三大改造"。1949 年，于庄响应国家政策搞起了互助组。互助组由七户组成，共 43 口人，土地 42 亩，牲畜 4 头。互助组是在自愿互利的原则下组织起来的。土地和生产资料私有，入组者实行劳力互助，生产投资自备，收获归己。1955 年，县里根据中央《关于农业合作社问题的报告》和"全面规划、加强领导"的方针，于 1955 年年底办起了初级农业生产合作社。初级社多数由互助组合并而成。社员按入社土地亩数缴纳股金，多以牲畜、农具、种子、肥料、饲草或副业原料抵算。土地全部由社统一安排种植，分配是以地亩评定产量、劳动记工分，按"地五劳五"或"地四劳六"分红。年终结算，分配兑现。于庄按照县里的要求成立了初级社。1955 年冬至 1956 年春，全县掀起了合作化运动的新高潮，初级社转为高级社。于庄几个小的初级社合并为一个大的高级社。高级社的土地、生产工具归集体所有。除社员留有少量的自留地外，全部统一经营、统一分配。按国家需要制订生产计划，交售农产品。社员劳动、投肥记工分，实行"按劳分配、多劳多得"加照顾的分配政策。农业合作化后，在农业上由私有制变成了社会主义公有制。1956 年在农业合作化高潮中，于庄的铁匠铺和小卖铺也接受了社会主义改造。小卖铺实行公私合营后，于庄的小卖铺和附近几个村子的小卖铺合并改造成了后来公社的供销社，小卖铺的店主成了供销社的正式职工。公社以于庄的铁匠铺为基础建成了铁业社。1958 年 9 月毛泽东关于"还是人民公社好"的指示发表后，在全县范围内开展了人民公社化运动。人民公社实行"政社合一""工、农、商、学、兵五位一体，农林牧副渔统一经营"。特点是"一大二公"。实现公社化以后，有一段时间的组织形式是，公社按军事编制组织大兵团作战，生产管理上强调要求整齐划一。确定营

（相当于现在的管区）以上搞社办工业，营以下以农业为主。以粮为纲，统一种植，对产量层层下达高指标。财务收支由公社统一核算，统一支配，搞了"一平二调"。在人民公社化运动中，于庄作为连的编制，以农业为主。1962 年，县委认真贯彻党中央制定的《农村人民公社工作条例》，简称《农业六十条》，将公社体制改为三级所有，队为基础，以生产队为基本核算单位。人民公社"三级所有，队为基础"，其中的队是指生产小队。"队为基础"一般包括两方面内容：第一，生产小队是一个共同生产单位；第二，生产小队还是一个基本的经济核算单位，因此也是一个收益分配单位。共同生产和集中分配，使生产小队真正成为一个生产生活的共同体。生产小队不仅具有明确的自然边界，而且具有明确的社会边界。① 于庄是一个生产大队，由四个生产队组成，生产队也称为生产小队。在生活资料分配上，于庄根据国家政策实行"按劳分配"加照顾的原则。

1. 生产队是最基本的社会单位

生产队既是最基本的核算单位，也是最基本的生产单位，每个家庭都隶属于某个生产队，有劳动能力的家庭成员都作为生产队的社员参加集体劳动，由生产队统一安排劳动任务，父母作为家长没有权力安排自己及其子女在生产队的劳动任务。生产队的负责人是生产队队长、生产队副队长、生产队会计、保管。这些负责人都是由大队任命的，而不是社员们选出来的，在社员们看来他们是生产队干部，生产队的干部都是男的。由于负责生产队的管理事务，掌握一定的资源，生产队干部家属都有或多或少的优越感。生产队队长负责安排和组织基本的生产劳动，副队长协助队长工作，会计负责生产队的财务和账目，有时兼任负责记工分的记分员，保管负责保管生产队的农具、农药、化肥等生产资料，还负责保管生产队的粮食。

生产队集体所有的财产包括：集体所有的土地、马牛驴骡等畜力、农具、化肥、农药等。马牛驴骡等畜力由专门的饲养员在生产队的场院里的一个专门的饲养房里饲养，饲养员还负有看护的责任，夜里要睡在饲养房里。各个生产队还有自己的副业，副业收入属于生产队集体所有。各生产队一般都有自己的养猪场，卖猪的收入归生产队，过年过节的时候队里也

---

① 贺雪峰：《新乡土中国（修订版）》，北京大学出版社 2014 年版，第 55 页。

会杀头猪，按各家各户的人口多少分一些数量不等的猪肉，算是给社员们的一点福利。

生产队队长负责整个生产队生产劳动的分工，劳动分工通常是习惯性地按照两个并存的标准：一是性别；二是年龄。重体力活、风险比较大的活，还有夜间浇地、看护庄稼等活计都由青壮年男社员承担，当然所挣的工分也就高一些；像饲养员这样的活计通常是安排年龄稍微大点的男社员来做；拾棉花、拾麦子、扒棒子（剥玉米皮）这样的活计通常由年龄稍微大点的女社员来做；女青壮年社员有时也会参与男社员的劳动队伍，但所挣的工分比男社员要低点。每天劳动结束后，吃过晚饭，每家每户都拿着自己家的工分本到会计家去记工分，生产队一本总账，记录着各家所挣的工分，每家每户也都有自己的工分本，清楚自己挣了多少工分。每年麦收和秋收后，生产队会根据各家各户所挣得的工分分配口粮。青壮年男性社员多的家庭挣得工分多，分得粮食就多。"性别分工的总规则是非常明显的，在所有的社会中，有一系列任务是分配给女子的，而另外一系列任务是分配给男子的，此外还有一些是两性都有份的，两性在社会化过程中很早就知道上述任务是什么。"① 在谭兢嫦与信春鹰合编的《英汉妇女与法律词汇释义》一书中，对劳动的性别分工有一个较全面的界定，即："指基于想象的、不同性别的差异以及各自的特点而做出的劳动分工。这些想象的概念往往偏见地把妇女看成弱不禁风、没有理性、没有竞争力、被家庭所拖累的群体。性别的分工和把社会划分成以男性为主的公共范畴和以妇女为主的家庭为定义的私人范畴有关。这种分工把性别差异引入了人类社会组织。"② 性别分工的特点一个是具有一定强制性，另一个是在此基础之上形成社会的等级制。③ 男女分工虽则并不一定根据他们生理上的特质，有时却分得很严，至于互不相犯。有一种谚语说"男做女工，一世无功"。④ 1949 年以后如果说两性之间还存在不平等关系以及家庭中

---

① ［美］W. 古德：《家族（The Family）》，社会科学文献出版社 1986 年版，第 103—104 页。

② 谭兢嫦、信春鹰主编：《英汉妇女与法律词汇释义》，中国对外出版翻译公司 1995 年版，第 279 页。

③ 金一虹：《江南农村现代化进程中的性别研究——父权的式微》，四川人民出版社 2000 年版，第 10 页。

④ 费孝通：《生育制度》，天津人民出版社 1982 年版，第 25 页。

家长表现出专制，那也只是生产力不发达和存在封建主义的残余，少有从社会关系和制度层面来剖析的。①

秋后的农闲季节，生产队会组织社员积肥，这是上级分配给每个生产队的任务。生产队所需要的有机肥料，一部分是集体积肥，用柴草和人粪尿沤成的；一部分是生产队饲养的畜力积攒的肥料和养猪积攒的肥料；还有一部分是各家各户向生产队交的肥料，如自家养猪、养鸡等积攒的肥料。每个社员都参加积肥劳动，没有男女老幼的差别。

每个生产队都有自己的铃铛，用作上工或开会时发信号用。每个生产队的铃铛都有自己的特点，四个生产队有四个能发出不同声响的铃铛，所以，每个生产队的社员都能准确听出是否是自己生产队的铃声。一般铃铛就挂在各生产队队长家门附近。生产队队长敲响铃铛，然后再在大街上呼喊着大家快出来上工，有的时候着急了还骂骂咧咧的，大家已经习惯于这种慢节奏的生活，并且已经习惯了队长的这种骂骂咧咧。生产队经常组织社员开会，开会主要是安排生产劳动，天不太冷的时候一般是在露天场所开会，天冷的时候一般是在生产队的场院里开会。队长经常对劳动中偷懒的或表现好的社员进行批评和表扬，对偷懒的社员还经常气愤地辱骂，没有人敢当场顶撞或反驳队长的批评或辱骂。无论生产队队长的话语如何的粗俗，大家都觉得这是在维护集体利益，谁当队长都这样。

生产队的社员在外面有社会关系的，经过生产队的允许可以出去做临时工，但是年终要向生产队缴纳一定数目的钱，成为生产队集体的一项收入，算作是在生产队参加集体劳动了，生产队给记工分，可以分生产队的粮食。外出做临时工的一般是男性青年社员，女性青年社员外出做临时工的很少。一方面是有社会关系的家庭一般会把这种机会给男孩子，外出做临时工的男孩子更容易找媳妇，或更容易找到条件相貌更好的媳妇。另一方面，男孩子外出做临时工，父母比较放心，女孩子外出做临时工父母担心的比较多，担心孩子出意外。

四个生产队的情况基本差不多，社员们有时私下里也会议论哪个生产队的地多了，哪个生产队的地少了。确实存在这样的情况，因为各个生产队的人口都在变化。所以，过个几年生产大队会对各个生产队的社员与土

---

① 金一虹：《江南农村现代化进程中的性别研究——父权的式微》，四川人民出版社2000年版，第340页。

地进行核查，根据核查的情况也会对各个生产队的土地进行微调，以保证每个生产队的每个社员人均占有土地量是相同的。

2. 生产队干部的权威

生产队的干部不是社员们民主选举产生的，而是生产大队直接任命的，生产大队任命的生产队干部要报请公社备案。有时候，公社的某个干部也会向生产大队推荐生产队干部人选。担任生产队干部的一般都是威信比较高的社员，并且有一定组织管理能力。

社员家里娶媳妇或嫁姑娘的时候，生产队是要给予一定物质补助的，这已经是一个惯例。事主家事先要请生产队的几个干部吃顿饭，社员们俗话说是"请职"，正式地向生产队干部说一下情况，尽管事先大家都知道了，但是这个礼节性的场合是不能缺少的。生产队干部，通常是生产队队长在饭局上说出给予物质补助的数量。生产队队长会说，去年某某家娶媳妇或嫁姑娘队里给了多少补助，你们家也不能少了，但也不能多了，否则以后就没有办法弄了，总得有个标准。其实，谁家有事从生产队领了多少补助也是公开的事情了，大家彼此都清楚。一般来说，娶媳妇给的补助最多，通常是大豆50斤，小麦100斤，玉米200斤。如果姑娘出嫁，通常是大豆20斤，小麦100斤，玉米100斤，棉花20斤。因为娶媳妇招待客人的花费要比嫁姑娘的花费多，而且按照风俗习惯，嫁姑娘要陪送棉被和褥子，而社员一般是不会在自家的自留地里种棉花的，所以，嫁和娶的物质补助是有差异的。如果家里有老人去世，生产队也会适当给予一些物质补助，可以到生产队拿一些麦秸、秫秸等办丧事用的东西。因为是悲哀的事情，没有周到不周到的，事主家里如果没有请生产队干部吃饭，生产队干部一般也不会挑个理什么的。

生产队干部还会像安排生产队的生产劳动那样安排队里的青壮年为事主家帮忙，某某负责送嫁妆，某某负责接送客人，某某负责盘灶火烧水，某某负责借送招待客人吃饭用的桌椅板凳，等等。生产队其他可以用得上的农具或器具，这个时候也是可以无偿使用的。

生产队也有一些在外面"混事"的人。① 他们和那些通过关系出去干临时工的社员不同，严格意义上说，他们不是生产队的社员。他们从小在

---

① 社员们也称其为"吃皇粮"的人。就是在国家的机关企事业等单位上班，有正式编制，是非农业户口，领取工资的人。

村里长大，后来通过考学、参军或招工有了正式工作，而家属还在村里。他们有的在离家很远的地方上班，有的在县城上班，休假的时候，尤其是秋收或麦收季节的时候也会帮着生产队干活，他们不要工分，生产队也没有想着给他们记工分。生产队的干部和社员们对他们比较尊重，干多干少大家都不在乎，贵在一个态度。每年过年后到正月十五这个时间段是生产队干部比较忙的时候，在外面"混事"的人会借着过年这个机会请生产队的干部吃顿饭，有的还叫上大队的干部一起吃饭。生产队的干部们也乐意去，一是借着机会大家聊聊天，二是也和"混事"的人增进感情。"混事"的人家请生产队干部吃饭，一是手头稍微宽裕点，在外面上班见过世面，请生产队干部吃饭显得场面；二是毕竟老婆孩子还在生产队，有事的时候关照一下。

生产队的干部都是男的，于庄在生产队时期还没有一个女社员担任生产队的干部，社员们尤其是女社员们并没有对女社员一直没有担任生产队干部这个现象提出过什么质疑。未婚女青年不会被安排担任生产队的干部，一方面是缺少权威性，另一方面是未婚女青年要结婚，不会在生产队干长久。已婚妇女也不愿意干这个工作，因为家里的事情更需要她们去料理。

生产队干部是比较受社员们尊重的，生产队干部的家属也是比较受社员们尊重的，生产队干部的老婆往往会通过"枕头风"的方式经意或不经意地影响着生产队干部的工作决策，这或许是女性参与生产队决策活动的一种独特方式。担任生产队干部也能提高他们家庭在村里的声望，甚至是在十里八乡的声望，因此，他们的儿子更容易找到媳妇或条件比较好的媳妇，他们的女儿也更容易找到好的女婿、好的婆家。

生产队的干部经常参加公社召开的干部会议，有时也会参加县里召开的会议。因此，生产队干部比一般社员有更多的机会接触公社和县里的干部。

生产队干部也经常调解社员们之间的矛盾和纠纷，有时社员家里分家发生矛盾或引起了争吵的时候也要请生产队的干部出面调停，生产队干部的面子还是要给的。但是婆媳之间发生矛盾争吵的时候，生产队的干部一般不会出面调停，一般是邻居或一个"院"里关系近的女性来劝架。夫妻之间吵架也是常有的事情，小打小闹的没有人管也就过去了，吵得厉害了邻居家或一个"院"里的女性会来劝架，尽管可能是老婆的不是，但是劝架的都会说丈夫的不是，"什么男子汉大丈夫怎么会跟老婆一般见识呀"等诸如此类的话。尽管婆媳可能有矛盾，但是婆婆过来劝架的时候肯定是骂儿子，或象征性地打儿子几下，替媳妇出出气。像这样的事情生产队干部一般是不会参与的，如果参与了反而会降低自己的威信。

3. 生产大队的职能

生产队隶属于生产大队，在人民公社时期，生产大队的职能相当于后来撤销人民公社后建立的村委会的职能。于庄一个村就是一个生产大队。生产大队负责村里的生产和行政事务。生产大队的成员由大队长、副大队长、大队会计、民兵连长、妇女主任等组成。建立在生产大队之上的党组织是生产大队党支部，党支部设有支部书记、组织委员和宣传委员，组织委员和宣传委员都是生产大队干部兼任，生产大队党支部书记是村里实际的当家人。生产大队干部和生产大队党支部在一个院里办公。一般社员不会把他们分得很清楚，大家都知道支书就是大队干部。于庄生产大队的干部成员中，只有妇女主任是女的，其他的成员都是男的。妇女主任有一个上不了台面的任务，秋收或麦收季节社员们习惯于从生产队"偷"点东西回家，如玉米粒、麦粒、棉花、豆粒、地瓜等，在社员们看来，"偷"生产队的东西不算偷，因为那是集体的。偷自留地的东西或其他私人物品那才是偷，是非常不光彩的事情。为了防止社员们从生产队"偷"集体的东西，妇女主任会不定期对下工回家的女社员进行检查，翻看一下随身背的柴筐，有时也会象征性地搜身，社员们都习惯了这种方式，不会觉得那是侵犯了自身的权利。后来实行计划生育政策，妇女主任主要组织育龄妇女到医院检查，组织妇女上环避孕，宣传计划生育政策等。

生产大队负责组织全村的生产劳动，涉及整个生产大队利益的生产任务是由生产大队安排的，比如修村里的沟渠等跨生产队土地边界的工程要由生产大队统一安排。每年农闲季节上级安排的出河工的任务，由生产大队分派到各个生产队。

生产大队还会利用村里的资源搞一些村办副业，或组织建筑队到大城市做工。于庄生产大队搞的第一个副业就是一个作坊式的榨油厂，后来又建了电磨坊，再后来又建起了织布厂等村办企业。规模不大的时候都是本村的社员当工人，后来规模大了，附近村里的通过关系也来当工人。

生产大队还负责村里的行政事务。社员结婚登记，要先到生产大队开证明。社员宅基地的申请和分配是要经过生产大队批准的，家里有儿子的，儿子订婚后可以向生产大队申请宅基地，生产大队一般都会批准，宅基地批准后，还要再向生产队申请打土坯，因为房子都是用土坯盖成的瓦房，土坯是主要的建筑材料，生产队会划出一块土质较好的土地让社员打土坯用。如果家里的儿子在外面上班，户口不在村里，在农村找媳妇的，生产大队也会给宅基地，如果儿子在外面上班，户口不在村里，在城镇找媳妇的，生产大队一般不会给宅基地。家里有儿子也有女儿的，不能以女儿结婚的名义要宅基地，即使申请要宅基地，生产大队也不会批准。如果家里只有女儿没有儿子，准备招一个上门女婿的话，生产大队同样会给宅基地。

生产大队也经常组织召开全村性的大会，除了安排整个生产大队的生产任务外，还经常组织社员政治学习，传达上级的指示精神。尤其是秋收和麦收季节，生产大队会根据上级的指示精神，把生产当成政治任务，搞得如火如荼。秋收麦收前要组织召开动员大会，秋收麦收结束后要召开总结表彰大会。

生产大队的干部尤其是支书经常巡逻，看看谁家的猪跑出来偷吃生产队的庄稼了，看看谁家的孩子和大人拔草的时候偷生产队的玉米、地瓜了，甚至有时候支书还要把背着柴筐的孩子和大人拦下来，看看柴筐里面是否藏着偷的生产队的东西。支书一般不会翻看小女孩或妇女的柴筐，但是支书会让妇女主任检查。社员们对支书还是颇有畏惧感的，有时候柴筐里有了点偷的东西的时候看到支书会躲着走或绕道走。社员们对妇女主任是不害怕的，有时候妇女主任就是翻到了偷的东西也会装着看不见。每年秋收或麦收的总结大会支书都会点名批评偷生产队东西的社员，严重的还会挂着牌子站在主席台前接受批评。因为社员们不认为"偷"生产队的东西是"偷"，即使被大会点名批评了甚至挨了支书的辱骂，被批评辱骂者还有社员都不认为是什么大不了的事。但是，有一个不成文的规矩，自留地的东西是不能偷的。偷人家自留地的东西是会受到大家鄙视的。

民兵连长根据公社武装部的安排组织生产大队的民兵进行训练。民兵训练一般是在农闲季节，男民兵和女民兵是分开的，有一个女民兵排，排长由女民兵担任。公社也会组织全公社的民兵进行比武，这为未婚的男女民兵提供了一个展示自己的机会，已经订婚而还没有结婚的男女民兵往往成为大家评头论足的对象。或许是有了女民兵的参与，男民兵训练起来特别卖力，都觉得自己像个真正的军人，希望能被某个外村的姑娘看上。

　4. 管区和公社的职能

　生产大队上面的管理机构是管区，社员们平时也常称管区为"片"。管区是介于公社与生产大队之间的一级管理机构。管区的负责人是管区书记，社员常称管区书记为"片长"。一个管区负责公社一个区域几个生产大队的工作。管区的干部都是专职的脱产干部。于庄所属的公社分为五个管区。管区没有独立的办公场所，管区的干部在公社大院办公。管区的"片长"经常深入生产大队和生产队去检查和监督社员们的劳动情况。社员们和管区"片长"接触得不多，只是认识谁是"片长"而已。生产大队的干部和"片长"接触得较多，甚至有了私人的交情。管区也会组织召开管区所属生产大队社员参加的大会，无非就是安排生产，表扬先进批评落后。管区开会地点是不确定的，经常是在管区所属各个生产大队轮流开会，所以，社员们经常跑到附近村子参加会议。

　于庄公社的驻地就在于庄，法庭、派出所、民政所、农技站等都在公社大院内，公社所属的联中、卫生所、收购站、饭店、供销社等事业单位和砖瓦厂、缝纫厂、铁业社等社办企业也都在于庄界内。公社每年都会组织召开几次全公社各个生产大队的社员都参加的大会，一般都是在麦收秋收季节，无非是公开传达上级会议精神，动员做好麦收秋收的工作，表扬先进生产大队，批评不良现象。对先进生产大队、生产队和先进个人进行表彰并给予一定的物质奖励。会场一般设在联中的操场上，在操场上搭建主席台，插满红旗和各种彩旗，贴满催人奋进的标语。公社开大会也是各村的熟人和亲戚见面的好机会。社员们和公社这一级别的干部打交道不多，打交道最多的是民政所的干部，结婚的时候要去公社民政所领结婚证，为了求个顺当和吉利，事先都要疏通好和结婚登记员的关系，以保证顺顺利利地领到结婚证。农技站和植保站的农业技术员会深入生产队指导社员生产，比如，地瓜插秧的时候，公社的技术员会把先进的、能增加地瓜产量的插秧方法现场教给社员，指导社员通过打棉花"营养杯"育秧提高棉花的成活率，指导社员进行地膜覆盖等。社员们都认识农业技术员，但农业技术员并不认识所有的社员。

　农忙季节的时候，公社会成立生产指挥部。由于于庄是公社住所，公社生产指挥部就设在于庄的田地里，在田地里搭建大棚，插满红旗和各种彩旗，高音喇叭不停地宣传着搞好生产的意义之类的话题，也会通过高音喇叭播放一些鼓足干劲的革命歌曲。社员们在这种气氛中紧张地劳动着。

为了维护集体利益，防止和抓捕偷盗集体财产的社员，制止社员家的家畜放养，公社会在麦收秋收季节组织若干小分队进行不定期巡查，一个小分队四五个人。小分队是由从各生产大队抽调的青壮年民兵组成的，是组织上信得过的民兵，小分队队员戴着红袖章，拿着红缨枪。小分队往往是异地巡查，也就是说本生产大队的小分队队员不在本生产大队巡查。小分队队员都是男民兵，没有女民兵。小分队队员都是兼职。

农闲季节的时候，公社武装部组织各生产大队的民兵进行训练。公社是民兵营建制，各生产大队是民兵连建制。民兵有男民兵也有女民兵，有时候是男女民兵一起训练，有时候是分开训练。也经常根据上级武装部门的安排进行民兵大比武。

社员们和县里各部门打交道的机会很少。偶尔有县里的领导来生产队视察，也是公社领导和生产大队的领导陪同。社员很少参加县里召开的会议，生产大队的干部有机会参加县里召开的会议，生产队干部参加县里召开的会议的机会比生产大队的干部就少了些。麦收秋收季节的时候，县里会组织宣传车深入各生产大队进行流动宣传。县法院一般是秋后时节在各公社举行流动宣判大会，其实宣判大会对社员们也是一个普法教育。

在笔者的印象中，管区书记、公社书记都是男的。在公社专职干部中，女干部很少，除了妇联主任一定是女的，有时公社团委书记也是女青年外，其他的公社干部基本上都是男的。

5. 生产队体制下的"家族组织"①

古德认为，对于西方人来说，无论是在中国的南部还是在北部，有相当多的乡村是中国宗族制度的象征，因为同一个乡村的几乎每个人都使用同一个姓。从行政观点来看，宗族制度的意义表现在以下方面：在帝国的

---

① 吕思勉先生说，人类最初的团结，总是血统上的关系。这个便唤作"族"。《白虎通》说："族者，凑也，聚也，谓恩爱相依凑也；生相亲爱，死相哀痛，有会聚之道，故谓之族。"毛泽东在《湖南农民运动考察报告》中指出：中国的男子，普遍要受三种有系统的权力的支配，即政权、族权和神权。至于女子，除受上述三种权力的支配以外，还受男子的支配（夫权）。这四种权力——政权、族权、神权、夫权，代表了全部封建宗法的思想和制度，是束缚中国人民特别是农民的四条极大的绳索。中国共产党通过政治运动消灭了农村社会存在的族权，但是，不能消灭血缘一定程度和一定范围内的血缘认同。所以在生产队体制下，仍然存在族权被消灭后基于血缘关系而存在的家族组织。

统治下，行政机构的管理还没有渗透到乡村一级，而宗族特有的势力却维持着乡村的安定和秩序。这种宗族制度一直持续到 1949 年共产党掌握政权为止，尽管这种制度的重要性在城市、在大西北及从 1930 年起在共产党控制下的解放区就已经逐渐削弱。① 20 世纪 50 年代以来中国的社会主义革命使农村的宗族制度受到极大削弱，同时也削弱了父权制家庭，但是夫权—父权形态依然存在，因为作为父权制的支柱——父系、父居基本保存下来。两性性别分工造成的等级制和男性中心的性别规范，使男性支配女性从属的状况继续保持。②

　　于庄基本上是个单姓村，除了一户王姓人家和一户吴姓人家外，其余的人家都姓于，这两户外姓人是三年自然灾害的时候外地人出来逃荒在于庄落户的。根据于姓家谱记载，于姓祖先是个饱读诗书的读书人，400 多年前的明朝永乐年间，于姓的祖先从山东海阳县举家迁到于庄这个地方定居，因为祖先姓于，所以这个村子就叫于庄，从那时起一直繁衍生息到现在，从这个意义上说，全村人都有血缘关系，是一大家人。新中国成立后，于庄通过互助组到初级社再到高级社等形式，逐步完成了对农业的社会主义改造，实行了生产资料公有制，建立了以生产队为基础的三级所有制，个人作为社员都被纳入以生产队为基础的社会管理体制中，家庭作为社会基本生产单位的功能被弱化。伴随着经济基础的改造，社会改造逐步完成，传统社会长期存在的家族组织被消解，象征家族势力的祠堂等建筑物历经新文化运动、五四运动、"文化大革命"和"破四旧"等政治运动后被拆除干净，族谱被焚烧，家族组织的功能及权威逐步让位于政府组织及其政府组织领导下的群众性集体组织。尽管如此，以血缘关系为基础的逐渐淡化了的家族组织轮廓在生产队的组织架构中依然存在。

　　于庄的于姓村民依据血缘关系划分为四个"院"，所谓一个"院"就是还没有出"五服"的一大家人。于庄的四个生产小队和四个"院"在边界上并不完全重合，生产小队基本上是按照社员家庭住所所在的区位进行划分的，适用的是就近原则。而一个"院"里的人家庭住所并不一定集中在一起。在个人以社员的身份参加生产队的集体劳动等活动中，这种

---

　　① ［美］W. 古德：《家族（The Family）》，社会科学文献出版社 1986 年版，第 165—166 页。

　　② 金一虹：《江南农村现代化进程中的性别研究——父权的式微》，四川人民出版社 2000 年版，第 341 页。

血缘关系并不能彰显。但在红白大事中，"院"的轮廓得以彰显，血缘关系的亲疏远近一目了然。儿子大了，如果有媒人提亲或者托媒人提亲，在女方有了意思想做亲的时候，要把"院"里的长辈请在一起象征性地征求一下意见以示尊重。到女方家里去相亲、过小帖、过大帖等这些订婚环节都要有"院"里的长辈参加，"院"里人是否多也是女方家庭比较在乎的事情。举办婚礼是个大事，在于庄的社员们看来领了结婚证还不算是结婚，只有举行了婚礼才算是真正的结婚了。举办婚礼前，要请"院"里的长辈在一起商议一下婚礼该怎么办，该请哪些亲戚来参加婚礼，这是一"家"人在商量事情。然后，再宴请生产队干部，正式告知一下自己家里要举行婚礼，生产队干部也会做些安排。在婚礼上帮忙的人分两种情况，一是自己"院"里的人，二是生产队干部安排的人来帮忙，这部分人也叫"庄乡"。自己"院"里的人随的份子钱要比"庄乡"高。家里要嫁姑娘和娶媳妇差不多，先是把"院"里的长辈请在一起征求一下意见，是否应该做这门亲。稍微有点不同的是，男方订婚或结婚来过礼的时候，尽量多地把"院"里的人请上一起吃饭，以显示娘家人多。姑娘结婚之后三天，娘家人要去认亲戚，这时候还是尽量多地请"院"里人去，姑娘结婚第一年娘家兄弟子侄去拜年的时候，也是尽量地多请"院"里的人去拜年。过了第一年就只有自己亲近的兄弟子侄去拜年了。如果姑娘在婆家受了欺负，或者说出现了更极端的情况，比如因为受丈夫的家庭暴力致残或致死，或者是自尽。"院"里人，特别是"院"里那些兄弟子侄辈的男性会到婆家兴师问罪，有的时候会打砸婆家的东西，或者把丈夫暴打一顿，出出恶气。婆家人自知理亏，也默认对方这种出气方式。对方村里人一般不会干涉这种颇为极端的行为，只能任娘家人折腾。在应对外来的对这个具有血缘关系的集体冒犯的时候，"院"这个集体得以彰显，并且"院"里人表现得异常团结。

　　下面几个具体的案例从不同侧面说明了"院"这个具有血缘关系的"家族组织"在社员们日常生活中的作用，特别是在处理一些家庭纠纷中的作用。

　　小玲是在 20 世纪 70 年代中后期结婚的，那时还都在生产队。小玲姑娘是家里最小的一个孩子，上面有五个哥哥，三个姐姐。在五岁的时候母亲去世，基本上是大嫂把她抚养长大。长大后嫁到于庄附近的张庄，丈夫是个老实巴交的社员。结婚两年，小玲得了一场病，痊愈后留下后遗症，手会不自觉地抖动。丈夫以为是残疾，以后可能会发展得更厉害，就有点儿嫌弃小玲，夫妻两个吵架的次数越来越多。最后，丈夫提出要和小玲离婚。小玲回到娘家后就和大嫂说了丈夫要和她离婚这件事，大嫂又把这件事告诉了大哥。大哥把几个弟弟召集在一起说了这件事，怕老父亲着急就暂时没有告诉老父亲，弟兄几个商量的一致意见是跟小玲的公公和婆婆见个面，听听他们的意见。大哥就去见了小玲的公婆，公婆听说儿子要离婚就很生气，跟大哥表态说要劝劝儿子不让他们离婚。后来，夫妻俩的冲突不断升级，丈夫把小玲打了一顿。小玲哭着跑回了娘家。小玲的哥哥们看到这种情况就很生气，他们不让小玲回去了。小玲的几个哥哥几个侄子还有"院"里的几个人到她婆婆家把小玲的丈夫打了一顿，以牙还牙，替小玲出了这口恶气。他们掌握了打人的分寸，没有把小玲丈夫打得多么厉害，那样子的话，丈夫家人不会善罢甘休，村里人也不会善罢甘休，眼睁睁看着把人打坏。他们只是替小玲出恶气，这样的话别人也觉得具有一定的合理性，所以不会太干预。真正动手打人的其实只是小玲的几个哥哥，侄子们和"院"里的人都是跟着去助阵的。侄子动手打姑父无论从哪个方面说都说不过去，所以，侄子们不会动手。"院"里跟着去的人也不会动手，因为都知道动手打人有风险，一般是不会去冒这个风险的。如果不跟着去的话，自己家有事的时候"院"里的其他人也不会参与。所以，"院"里人也是跟着助威的。小玲的公公和婆婆家"院"里的人只是出来劝劝，没有人站出来和他们打架。几个哥哥就是想通过这种行为告诉小玲婆婆家，小玲娘家不是没有人，你们不能随便欺负人。后来，小玲还是离婚了。离婚后回到娘家，过了一年，又找了一户人家嫁了，生了个儿子，一家人过得很幸福。

在上面的这个案例中，夫妻一般性的冲突不会引起娘家人的参与，当冲突升级到暴力冲突的时候，娘家人会参与进来，因为他们觉得嫁出去的姑娘挨打受气娘家人没有面子，娘家人参与，替姑娘出气也是为娘家人争面子。当这种"院"里人也参与进来的冲突没有造成大的伤害的话，生产队和生产大队不会参与进来。因为生产队和生产大队是社员们心中的官方组织，而这种冲突依然是家庭矛盾或家庭矛盾的升级版，如果生产队或生产大队参与的话会使家庭矛盾进一步升级，可能会升级为两个村子之间的矛盾。队干部可能会以"院"里人的身份参与，但一般不会抛头露面，以免引起参与身份的误会，造成不必要的麻烦。

　　宝志是 20 世纪 70 年代中期结婚的。宝志弟兄三个，上面两个哥哥。在弟兄三个都还没有结婚成家的时候，父亲因为冬天下雪天在麦地放羊，掉进枯井冻死了。母亲把他们弟兄三个拉扯成人。宝志结婚后住进母亲给他们盖的新房，一开始小两口日子过得平平安安。后来因为生活琐事经常发生矛盾，打打闹闹成了家常便饭。有一次，两个人又争吵起来，宝志动手打了老婆，老婆觉得这次争吵吃了亏，越想越委屈，又觉得整天这样吵吵闹闹过日子没有意思，就一时想不开喝了农药。当邻居帮着把人送到医院的时候，已经死了。宝志"院"里人没有敢给媳妇娘家信儿，是生产队派了一个比较精明的社员到娘家送信，谎称媳妇突然得了急病，病得厉害，请娘家人赶紧过去看一下。其实，娘家人早就听到于庄有个媳妇因为吵架喝了农药，但不知道是自家的姑娘。听到婆家派人送信，就知道是怎么回事了。媳妇娘家"院"里人集合起来到于庄兴师问罪了，娘家"院"里人要求给个说法，媳妇是怎么死的，媳妇为什么喝农药。宝志和他母亲早就躲起来了，"院"里人和宝志的哥哥出面应承这些事。娘家"院"里人在宝志家糟蹋性地吃喝浪费、哭哭闹闹、骂骂咧咧是很自然的了。因为涉及人命，娘家"院"里人同时也报了警，警方尸检后认定确实是服毒自杀，不是他杀。宝志"院"里管事的问媳妇娘家"院"里主事的，既然事情都这样了，看看娘家人有什么要求。最后，经过双方不断地讨价还价，娘家人要求高规格的葬礼，要求宝志家给媳妇父母赔偿费和赡养费。宝志"院"里管事的代表宝志家都答应下来。到出殡那天，媳妇娘家"院"里人全体出动，埋葬完之后，娘家"院"里人又回来把宝志院子里和屋里的东西砸得一塌糊涂。宝志"院"里人看着媳妇娘家"院"里人出了这口恶气，既同情又无奈。后来，宝志又娶了一个丈夫病逝再嫁的媳妇，媳妇带来一个四岁的小男孩。"院"里人经常告诫宝志，好好对待媳妇和孩子，安安稳稳过日子，别再打打闹闹惹事了。

　　在上面的这个案例中，因为出了人命，所以，媳妇娘家"院"里人参与的深度就不一样了，他们通过打砸等破坏性的行为进行发泄，并且提出一些他们认为最具有破坏性的要求来惩罚"凶手"。而宝志"院"里人则尽量满足娘家人所提出的要求，抱着息事宁人、委曲求全的态度去处理事情。警方的介入则使双方"院"里人的态度更趋于极端，媳妇娘家人想尽量把事情闹大，最好能把女婿抓进监狱才解恨，所以，一直坚持是宝志打死的媳妇。而宝志"院"里人则想尽量把事情压下去，不能把宝志逮捕入狱，那样的话，整个"院"里人都跟着丢人，所以，一直坚持是媳妇想不开服毒自杀。警方最后所给出的证据平息了双方就死因问题的争执。退一步说，不管怎样，人家的姑娘死在你们家了，这就理亏。在"院"里人的帮衬下，把事情处理了。

　　小英是20世纪70年代初结婚的。小英是家里的长女，下面三个弟弟。小英13岁的时候，母亲病逝，父亲把他们姐弟四人拉扯成人。小英成年后，经人介绍嫁到离于庄八里左右的朱家庄，朱家庄和于庄同属一个公社。丈夫出生在张家庄，亲叔伯兄弟一大帮，三岁的时候父亲病逝，母亲带着他改嫁到朱家庄，丈夫的继父是独生子，没有亲姐妹兄弟，也没有叔伯兄弟姐妹，五服之内的"亲干近支"也没有几个。丈夫八岁的时候继父病逝，母子俩相依为命。后来丈夫参军，然后复员。小英嫁过去之后，一家人感到孤独，自己家有事的时候真心帮忙的少，毕竟丈夫的根不在这里。小英的婆婆和丈夫想回到张家庄去，丈夫事先征求了张家庄几个叔伯弟兄的意见，他们非常欢迎小英一家人回到张家庄，说他们会和大队干部见面，给小英一家人划好宅基地，帮助小英一家人盖好房子，迁户口等事情。

　　当小英婆婆与丈夫和朱家庄大队支书说要迁到张家庄的时候，大队支书不同意。当村里人都知道小英一家人要迁到张家庄的时候，几个五服之内的"院"里人开始出来阻挡。小英觉得单凭他们一家三口是搬不走家的，丈夫的叔伯兄弟们和侄子们不可能过来帮着搬家，如果丈夫的叔伯兄弟和侄子们参与，可能引起更大的冲突，甚至会把事情搞大出人命的。小英想起娘家的兄弟们，请他们过来帮忙搬家。白天搬家太显眼，娘家兄弟叫上"院"里人，开着大队的拖拉机夜里来给小英搬家。拖拉机声惊动了早有思想准备的朱家庄的人，他们起来想阻拦小英搬家。有个丈夫继父"院"里的中年男人想拦着拖拉机，不让开车，被小英的弟弟狠狠打了一棍子，其他几个弟弟也想过来一起揍他，被围观的人拉开了，那个中年男人再也不敢吵了。朱家庄的支书看到于庄来了这么多娘家人，觉得拦也拦不住，要是硬拦住不让搬的话可能会使矛盾升级。而且，支书经常去公社开会，他那个没有结婚的姑娘也在于庄供销社干临时工，如果和于庄的人关系搞僵了的话会给自己和孩子惹麻烦。支书发话让拖拉机开走了，小英把家搬走了。后来，于庄的支书出面帮小英把户口迁到张家庄。

小英一家人搬到了张家庄，终于有了归属感。小英和娘家人关系一直很好，她觉得关键时候娘家人最管用。

在这个案例中，小英的丈夫由于在继父家没有具有血缘关系的"院"里人，所以感到孤独。要搬迁回自己生父所在的村庄，那里有很多自己人，但是，搬迁有阻力。小英动员了自己娘家的"院"里人参与，甚至动用了于庄村里的资源，才顺利地搬迁回自己老家。

嫁过来的媳妇在婆家的地位和受尊重的程度与娘家的实力有很大的关系。媳妇"院"里人多，尤其是媳妇的弟弟和哥哥们多，婆婆家是不太敢欺负媳妇的。如果媳妇的娘家人有在外"混事"的或当官的，媳妇在婆婆家显得更有面子，腰杆也直。多年的媳妇熬成婆。媳妇有了孩子，这要涉及孩子和娘家人的关系问题。孩子们和母亲娘家人的关系远近也存在差序与性别的差异。俗话说"姨娘亲一辈亲，姑舅亲辈辈亲"。孩子和姨妈家的关系走得比较浅，姨妈和姨父一般不会参与孩子家里的事情，过年过节只是礼节性地交往走动。姨妈和姨父去世，外甥和外甥女不陪陵，参加葬礼但不送到坟地。孩子们和姨妈家的孩子们是表亲关系，他们之间是表兄弟、表姐妹、表兄妹关系，为了和姑舅表亲做出区别，人们一般在"表"字前面加上一个"姨"字。当某人说某某是表兄或表弟的时候，如果没有特别指明是什么"表"的话，对方可能会追问一下是"姑舅表"还是"姨表"，那彼此之间的关系远近就很清楚了。表亲之间的关系走动得如何还要看对方是否有"势力"，比如说当干部或者家境比较好的表亲关系可能走动比较好。

孩子和舅舅家的关系走得比较深，并且要一辈一辈走下去。姥爷和姥姥在世的话，当然以姥爷和姥姥为中心。在姥爷和姥姥眼里，尽管外孙和外孙女们很孝顺，但他们毕竟是外人，孙子和孙女才是自己人。这个"内"和"外"的界限是很清楚的。姥爷和姥姥不在的话，舅舅们成了母亲娘家人的代表，舅舅们永远代表母亲的利益，当母亲的利益受到侵害的时候，舅舅们会出面干涉，甚至会动员整个"院"的人参与。舅舅和妗子去世，外甥和外甥女都要陪陵，出殡的时候还要送到坟地上。过年的时候，外甥们要到舅舅家去拜年，如果舅舅较多的话，首先要去大舅家，然后二舅、三舅等，一般要在大舅家吃饭，如果有特殊情况，比如某个舅家新女婿要来拜年，要在这个舅舅家吃饭，也要和大舅打一声招呼，否则舅舅们会挑理。亲舅舅会领着外甥到"院"里给那些没有出五服的姥爷、姥姥们拜年，还要给那些表舅、表妗子们拜年。孩子们和舅舅家的孩子们也是表亲关系，但是这是比姨表亲更近的姑舅表亲。即使舅舅和妗子们都去世了，这种表亲关系还一直要走动下去的，直到出了五服以后的表亲才不会走动了。

　　嫁出去的姑娘如果生了儿子，儿子大了后如果出现家庭纠纷，尤其是出现关于母亲赡养纠纷的时候，娘家舅舅总是会站出来从维护母亲利益的角度平息纠纷，如果儿子不孝顺，舅舅会惩罚外甥。如果母亲去世须得征得娘家舅舅同意才能下葬，如果迁坟也得有娘家舅到场。在处理有关母亲的事务中，娘家舅是权威。

　　　广成是家里唯一的一个儿子，上面有两个姐姐，下面有两个妹妹。由于是家里唯一的一个儿子，所以从小备受父母的疼爱。后来结婚，然后分家自己过。婆媳之间的矛盾导致媳妇和婆婆经常吵得不可开交，这让广成很为难，因为他觉得婆婆媳妇都有问题。为此，他还和媳妇打了几架，但是，母亲还是觉得不解气，母亲也常常迁怒于他，说他没有男子汉的样子，管不了老婆。这样由婆媳之间的矛盾逐渐扩大升级为婆媳之间、母子之间和夫妻之间的矛盾了。广成的母亲不断地向她娘家弟兄诉说自己儿子的不是，无非是"娶了媳妇忘了娘"之类的话语，舅舅们觉得外甥老是让自己的母亲生气，太肆无忌惮了，这事不能不管。于是，广成的几个舅舅来到于庄把广成狠狠教训了一下。广成慑于舅舅们的权威和强力，向母亲认错，让媳妇回娘家住了一段时间，算是对媳妇的惩罚，故意做给母亲看。母亲的气消了，媳妇也心平气和了。

在这个案例中，舅舅们的介入和参与平息了家庭矛盾。舅舅作为局外人和母亲的娘家人这双重身份增加了处理家庭矛盾的权威性和客观性，把矛头指向外甥，具有父亲所不具有的作用。父亲过多地参与婆媳之间的矛盾可能会"引火烧身"，有发展成媳妇和公公之间的矛盾的危险，这样公公就处于不利地位。如果公公过多责备儿子，一方面父子之间矛盾会加剧或升级，另一方面媳妇会出来替丈夫"挡箭"，又有可能转化为公公和媳妇之间的矛盾。在公公和媳妇的冲突中，公公始终处于不利地位。媳妇对丈夫的舅舅有所敬畏，不敢和丈夫的舅舅发生冲突，因为这是婆婆的娘家人。

在丧事上，没有出五服的"院"里的晚辈都得穿白戴孝陪陵，穿白戴孝与陪陵最能体现出辈分的差异，同一辈分的人孝服是一样的，不同辈分的人穿白戴孝是有差别的，血缘关系的差序格局明显表现出来。而且，男女亲属的孝服是不一样的。通过举行葬礼，具有血缘关系的一个"院"作为一个集体得到了强化，"院"集体认同意识增强。

王沪宁在论及中国村落家族文化时指出：村落家族文化受历史运动总态势的推动，逐步走向消解。之所以说村落家族文化在历史性的消解过程中，主要是村落家族文化赖以生存的条件发生了变化是因为"生存资源的逐步增加、社会调控的逐步渗透，文化因子的逐步变革、自然屏障的逐步突破、生育制度的逐步更新，构成村落家族文化发生历史变化的主要动因"[1]。

二　普通社员的家庭生活

1. 集体经济生活

参加生产队的集体劳动，按照所挣工分的多少从生产队分得玉米、小麦、杂粮和其他的生活物资，这是每个家庭主要的经济来源。凡是生产队要分给各家各户的东西一般都是根据工分。没有劳动能力不参加生产队集体劳动的老年人和不到劳动年龄的小孩子，也会按照事先确定的原则参与生产队所提供的生活物资的分配，保证他们能有饭吃，过上最基本地达到平均水平的生活。因为生产队劳动分工基本上是按照性别和年龄两个维

---

[1]　王沪宁：《中国村落家族文化——对中国现代化的一项探索》，上海人民出版社 1991 年版，第 47 页。

度，成年女社员往往被安排比较轻松的活，挣的工分就少些。男劳动力多的家庭挣的工分多，从生产队分的粮食就多，女劳动力多的家庭挣的工分少，分的粮食就少。所以，每到麦收秋收季节从生产队分粮食的时候，大家都比较羡慕儿子多的家庭。由于男劳动力吃得比女劳动力多，所以，粮食不够吃的人家也是那些男劳动力多儿子多的家庭。

一个生产队是一个基本的生产单位和核算单位，所以，按工分分配生活物资这种按劳分配的原则只适用于本生产队，也就是说社员挣得的工分只在本生产队有用。在于庄四个生产队中，由于各个生产队人均土地数量存在些许的差异而且土地的贫瘠程度也有所不同，所以，同样是一个工分分得的粮食也是略微有差异的。麦收和秋收之后社员们谈论比较多的是哪个生产队搞得好了，哪个生产队搞得不好了等这样的话题，对搞得好的生产队显露一些羡慕之情。当各生产队之间的人均土地数量差距比较大的时候，生产大队会重新对各生产队的土地数量进行一些调整。

各家各户还都按人口分有一小块自留地。在这个时期，于庄人均自留地基本上能保持在一分地多点。自留地是按人口分的，生产队按照"增人增地，减人减地"的原则进行调整，生了小孩、娶了媳妇、招了女婿生产队是要分给自留地的，社员去世、姑娘出嫁或是通过考学、招工等方式把户口迁出去的，生产队要撤销自留地。但是，对于有人口或户口变化的人家来说，自留地的增减与人口或户口的变化不是同步的，等到生产队统一调自留地的时候再进行调整。如果有的人家既要娶媳妇又要嫁姑娘，尽管有那么一年的时间差，生产队也会考虑不动，如果要调自留地的时候，媳妇确实怀孕但还没有生产，生产队会考虑给增加一口人的自留地。如果家里老人病危，正赶上在这当口上调自留地，生产队也不会因老人病危将要去世而减少人家的自留地。由于人口不断增多，对自留地的需求量增加，生产队报请生产大队批准后会划出一块集体的土地用作自留地。

尽管每家的自留地不是很多，但社员们对自家的自留地是很尽心经营的。自留地一般都种玉米和小麦，田间地头也会穿插着种一些红豆、绿豆等杂粮，有的还穿插着种一些应季的蔬菜。自留地被社员们开发使用到了极致的程度。一般的原则是忙完生产队的活再来忙自留地的活，社员们习惯在生产队散了工之后到自己的自留地看看，社员们上下工的时候都背着柴筐（于庄的社员习惯于称作粪筐，因为它不但用来装柴草，还经常用来装在上下工的路上捡拾的散落在路上的牲畜的粪便），顺便捡拾的牲畜的粪也会丢在自家的自留地里。自留地的收获物归自家所有，麦收季节，生产队的麦子社员们用镰刀收割，在生产队的场院集体打压晾晒，然后入库。自留地的麦子用手拔，为的是多弄点柴火，家家户户把自留地的麦子用手推车运回自家的庭院，利用自家的庭院作场院轧麦子，然后装入自家的粮囤，在自家院子附近把麦秸堆成一个麦秸垛，然后在麦秸垛的顶部用泥封上，为的是防止雨水把麦秸沤掉。麦秸对于家庭很重要，既可以做成草褥子冬天铺在炕上，还可以掺在泥水里泥墙和房子外面的四壁以增强抗雨水冲刷的能力，还可以当引柴火烧火做饭，也有的人家把麦秸沤成有机肥料。秋收的时候，家家户户用镢头把整棵玉米刨下来，用手推车运到自家的院子里，抽出时间把棒子掰下来，在自家院子里晾晒，晾晒干了后在院子里用高粱秸围成一个囤装进去。冬天的时候，晚上没有事情可做，一家人在煤油灯下一边拧棒子，一边聊天。玉米秸堆成一个垛，在自家院子里或是院子旁边，玉米秸还有从生产队分得的棉花秆等是社员们主要的燃料。

生产队的麦子收割完之后，村里的小学校组织小学生给生产队拾麦子，小学和公社联中的学生有麦假和秋假而没有暑假，这是农村学校和城市学校的不同。学生拾得的麦子要交给生产队，之后可以允许社员以私人的身份到生产队的麦地里拾麦子，拾的麦子归自己，拾麦子的以老人或小孩子为多。秋收之后，生产队的地耕起来准备种来年的麦子，这时候，可以允许社员到生产队的地里捡拾玉米秸根，这也是出于生产队利益的考虑，因为玉米秸根多了会影响小麦的发芽和生长。

这个时期，是中国的短缺经济时代。于庄也不例外，家家户户的粮食基本不够吃，柴火基本不够烧，大家都省吃俭用。所以，家里有几缸粮食，有几垛柴火，成为家庭富裕与否的象征。

2. 庭院经济

充分利用庭院的空间，在自家的庭院里种养点东西也是一个收入来源。家家户户基本上都养猪，在自家院子里建一个猪圈，一方面养猪，另一方面可以积肥。因为猪比较值钱，算是家庭的重要物品，所以，猪一般都是圈养，也有的人家为了解决饲料不足的问题，采取半圈养的方式，把猪放出去让它自己找食吃。大队和生产队都反对把猪放出来散养，采取不同方式制止散养，因为这常常给集体的庄稼造成破坏。由于粮食短缺，所以，猪饲料基本上是以草类为主，从春末开始青草长出来的时候到秋天青草枯黄，这个季节家家户户基本上是以所打猪草为饲料，同时也把多余的猪草晒干储藏起来，准备冬天没有猪草可打的时候把晒干的猪草加工成粉状的饲料。社员们经常利用工余时间到地里去打猪草，孩子们放学后的主要任务就是成群结队地去地里打猪草。刷锅的泔水，还有地瓜皮等厨余的垃圾也经常用来喂猪，人口多的人家喂猪比较划算。如果家里不准备娶媳妇，猪长到该出栏的时候就把它卖掉，一般是卖给公社的收购站。这部分收入是家庭的一项比较大的收入，一般人家卖了猪之后，会给家庭成员适当地置办件衣服，或适当地置办点家具之类的。所以说，"等把猪卖了"成为老百姓的一个许诺和期盼。

如果家里准备娶媳妇的话，自家会养一口猪杀掉作为酒席的主要菜肴。

社员们都喜欢喂养母猪，因为母猪可以生小猪，生下的小猪崽养到一个月左右的时候就可以卖了，再大就不好卖了，一是猪越小越好养，二是猪大了买的成本就高，不划算。于庄附近的李家屯有一户人家喂养了一头种猪，专门给母猪配种。猪到发情期的时候，家里会派一个男性家庭成员赶着猪走上几里路去给猪配种。母猪从配上种开始到小猪崽出栏被卖掉这期间是会受到优待的，家里会给猪饲料中加上一些加工面粉剩下的麸皮。喂养老母猪是需要一些精力和物质方面的投入的，尽管喜欢喂养老母猪，但是人口少，精力和物质投入负担不起的家庭一般不会喂养老母猪。最多的母猪一次能产十几个猪崽，卖掉猪崽的收入对于家庭来说也是一项相对来说比较可观的收入。母猪下了猪崽，或生了比较多的猪崽，一家人就会特别的高兴。家里喂了几头老母猪成为家里人炫耀的资本之一。

有的家庭还在院子里养羊，一般是养一两只羊，在院子里的边角上搭个羊棚。地里有青草的时候，就到地里拔草喂羊，把多余的青草晒干积攒下来，到冬天地里没有青草的时候再拿出来喂羊。社员下地干农活的时候，会顺手牵着羊，把羊拴在田间地头青草多的地方让它自己吃草。散工后再顺便把羊牵回家，勤快的人也会顺便再拔点青草带回家。一般人家不会在娶媳妇或过年的时候宰杀羊，羊长成出栏就把它卖掉。也有喜欢喂母羊专门生小羊卖羊羔的，母羊羔羊崽的数量没有母猪生得多，而且羊出栏需要的时间比猪要长，所以养羊的收入没有养猪的收入来得多来得快。

少数人家也养兔子和鸽子，这也是家庭收入的一个来源。

几乎家家户户都养鸡，能够生蛋的母鸡是家庭最喜欢的。每年春天的时候，或者自己用老母鸡孵鸡仔，或者买一些鸡仔来喂养，鸡仔比较小的时候圈养在箩筐里或大纸盒子里，喂小米或掰成碎末的玉米窝头。鸡仔稍微大点就在院子里散养。鸡仔小的时候不能鉴别是公鸡还是母鸡，等到鸡仔长大后能够鉴别出公鸡还是母鸡的时候，会对公鸡与母鸡区别对待，除了留一只特别出色的公鸡给母鸡配种外，其他公鸡被卖掉，因为在社员们看来公鸡不下蛋白白浪费饲料。如果家里有事的话也会留几只公鸡。富裕的家庭过年的时候，也会杀掉几只公鸡。母鸡很少被宰杀，家里有了病人或妇女生了孩子特别需要补补身子的，也会割爱宰杀老母鸡，炖老母鸡汤。不下蛋的母鸡受到家庭的歧视，被卖掉或被宰杀。结婚后不生孩子的媳妇会被比喻为不下蛋的母鸡。鸡一般都是散养的，傍晚经常出现家庭主妇在大街上召唤鸡的声音。

在院子里的边角位置用废砖头垒个两层结构的鸡窝，下面的大鸡窝是鸡们夜里栖息的地方，为了防止老鼠或黄鼠狼偷鸡吃，夜里把鸡赶进大鸡窝。在大鸡窝上面专门垒一个小一点的供母鸡下蛋的小鸡窝。鸡蛋是奢侈食品，鸡蛋在家庭日常生活中扮演着很重要的角色。母鸡下的蛋家里人舍不得吃，积攒起来。在春天的时候有的家庭会在坛子里腌上少量的鸡蛋，等到麦收，拔麦子打场的时候一家人会吃上几个蛋黄流油的咸鸡蛋，因为麦收季节是一年中最劳累的季节。在食物短缺的时代，吃上香喷喷的蛋黄流油的咸鸡蛋永远是美好的记忆和对麦收季节的期盼。家里媳妇生孩子的时候，根据家庭情况或多或少要吃上几个水煮的鲜鸡蛋，据说是吃煮鸡蛋能防止产妇闹肚子拉稀。嫁出去的女儿生孩子的时候，娘家要送鸡蛋。亲戚家生了孩子，要用鸡蛋作礼物，或者说鸡蛋是不可缺少的礼物，一般都是送十枚左右的鸡蛋。于庄有个妇女说她生老四的时候家里正困难，"结果一个鸡蛋都没有吃"，这句话让所有的人都能理解她家当时的困难程度了，引起很多妇女的同情。

来了比较重要的客人的时候会吃鸡蛋，最奢侈的吃法是炒鸡蛋，如果还有咸鸡蛋的话，也会把一个咸鸡蛋竖着切成四块，切三四个咸鸡蛋凑成一盘菜。

为了随份子或招待客人，邻居间经常相互拆借鸡蛋。

省下的鸡蛋会卖掉，换来的钱用来买油盐酱醋等家庭日常用品。

在这个时期，一般家庭没有喂养牛、马、驴、骡等大牲畜的，一是没有必要，二是养不起。

大多数家庭都养狗和猫，狗和猫都是散养的，没有家庭为狗和猫准备专门的饲料，所以，狗经常在家里偷吃鸡食，秋天的时候也经常跑到玉米地里偷吃玉米。猫经常走家串户偷吃干粮和家里珍藏的数量较少的肉、鱼等较为稀少和珍贵的菜肴。养狗是为了看家护院，养猫是为了逮老鼠。狗生了小狗崽会无偿地送给想要的人，猫生了小猫也是无偿地送给想要的人。没有家庭指望着养狗和养猫来换钱。而且，也没有人吃狗肉和猫肉。

由于家家户户喂养了这么多的动物，院子里的空间被充分利用，所以，院子里很少种韭菜、白菜等容易被鸡、羊等吃掉的蔬菜，种的比较多的是丝瓜、扁豆、吊瓜等占地少、产量大而又容易成活的菜类。这些菜都是自己吃，有了多余的也送给邻居或亲戚。院子里也种几棵树，种的比较多的是杨树、柳树、槐树等，树长大成材了，锯下来卖掉也是家庭的一项经济来源，也有的家庭在院子里种桑椹、杏树、石榴、无花果等果树，果子熟了摘下来自己吃些，送给邻居亲戚些，有些剩余的拿到集市上卖掉换几个零花钱。

家庭中的女性承担了养猪、养羊、养鸡、养鸭等活计。家里所有的成员不分男女老幼在工余时间都会拔些草带回家来，除了喂猪、喂羊，剩下的草晒干后储存起来，到冬天没有鲜草的时候加工成饲料喂猪或直接把干草喂羊。男的打猪草的时候一般不会结伴而行，自己独立行动的比较多。女性一般都会结伴而行，这样觉得安全，因为曾经有独立出去打猪草的女孩遭到过性侵害。

3. 性别与生活空间

这个时期由于经济条件的限制，社员们的居住空间和生活空间都比较狭小。在居住空间和生活空间有限的情况下，在空间的安排和使用上体现了女性优先、尊重女性私密，尤其是年轻女性私密的原则。

这个时期的院子一般都是三间房到五间房的宽度，整个村子的院落布局缺乏统一的规划，宅基地的安排都有较大的随意性。房屋基本上都是土木结构。房子下面用砖砌成一个空心的房基，里面用碎砖头、碎瓦片之类的东西填充，上面垒上土坯，为了防潮湿，在砖和土坯之间用苇草或油毡隔开。一般是杨木或柳木檩条，上面盖上用苇草编织而成的苇箔，涂上泥，然后盖上瓦。房屋的外面四壁用掺了麦秸或麻的泥糊上，有的条件好的家庭还会在最外面抹上一层白石灰。因为是土房，每年雨季之前，一般是过完麦收，家家户户都会检查一下房子，外墙破损的就会重新上一遍泥。房屋里面用掺了麦糠的细泥糊，有的还要糊上一层报纸，防止尘土脱落。屋顶是裸的，直面苇箔。有的家庭会自己或请人糊个纸的天花板，俗称"扎顶间"。顶间的架构是高粱秆作支架，支架搭好后，在外面糊上两层纸。

窗户是花格式窗户，糊上绵纸，外面有一个雨布，平时雨布卷起来，下雨的时候把雨布放下来。由于绵纸的透光性较差，所以，房间显得比较暗。有的条件好的家庭，或盖得比较晚的房子都安装了玻璃窗。屋门一般都是实木的板门，密封性和透光性比较差，关起门来屋里挺黑的，冬天的时候挡不住冷风，所以，一般人家会在屋门外挂一个棉门帘御寒。经济条件好的人家在20世纪70年代末的时候把板门换成了透光性和密封性较好的玻璃门，在此之后新盖的房子也都安装了玻璃门窗。屋里一般没有内门，最多挂个门帘挡挡视线。

家家户户都睡炕，炕是用土坯垒成的，主卧的炕连着做饭的灶头，灶头在堂屋，一般父母睡主卧的炕，如果奶奶爷爷健在还没有分家的话，奶奶爷爷会睡主卧的炕。一般冬天的时候会在堂屋烧火做饭，天热的时候会在偏房里烧火做饭。次卧的炕虽然没有连着灶头，但是都留着烧柴用的灶口，用于冬天烧柴取暖。次卧住子女，当然女儿和儿子是分开住的，如果家里孩子多，既有女儿又有儿子，房子又少，一般人家会盖一个偏房，儿子们挤在偏房里住，女儿们则挤在次卧里住。炕，尤其是主卧烧火较多的炕几乎每年都要扒掉重垒，扒掉的炕用作肥料上在自家的自留地里。如果家里娶新媳妇，新房子又没有盖好，那么家里就会腾出次卧当新房。其他的孩子都要另想办法找住处了，有的是到关系比较近的邻居家借宿，有的则会把本来空间就狭小的偏房再隔开，以便能住进更多的不同性别的孩子。

院墙是土的，有的是用土坯垒的，有的是用湿泥坨成的，还有的是用夹板夯土而成的。一般家庭院子里都有厕所、猪圈、鸡窝、狗窝等，由于屋里空间小，水缸一般也放在院子里。

厕所在院子里，一般人家的厕所都是与猪圈连着的，厕所里没有化粪池，粪便直接排到猪圈里。一般人家的厕所是不分男女的，孩子小的时候，全家人共用一个厕所。家里女孩子大了后，父亲和哥哥们都不会用家里的厕所，都会到外面的公用厕所，或者找个地方自己解决。厕所基本上是家里的女性和年幼的弟弟们使用。儿子结婚后，如果和父母住在一起，作为公公的父亲是绝对不能使用家里的厕所的，家里的男性成员，除了幼小的弟弟外，年龄稍微大点的弟弟也是不能使用家里的厕所的。家里来了客人，女客人可以使用家里的厕所，男客人是不能使用的。成年女性在经期是会处理掉经血和卫生用品的，不会让家里的男性成员见到这些不干净的东西。家里的厕所基本上是女性享有的空间。由于居住空间较小，家里女儿长大了或者儿子娶了媳妇，父亲会觉得非常不方便，母亲倒是很少有这种感觉。夜里在屋子里放一个盆或桶是起夜时候用的，父亲或其他男性成员夜里可以在家里方便，生产队有专门的人挑着粪桶每天早上去各家各户收集人尿去积肥。

由于居住空间狭小，家家户户基本上没有专门的客厅，来了客人，父母的主卧则临时充当客厅招待客人。如果是男性客人，则在摆置在主卧的八仙桌上吃饭，父亲和成年的儿子陪着客人吃饭，家里的女性不能上桌陪客人，等客人吃完以后再吃。如果来的是女性客人，则一般是在主卧的炕上放个小饭桌，请客人脱了鞋子坐在炕上，母亲和媳妇陪着吃饭，家里的男性成员不能上桌陪客。

男性辈分越高在家庭生活中受到的约束越多。父亲一般不会去女儿们的卧室，母亲则会经常去女儿们的卧室帮助她们收拾一下。儿子结婚后，公公一般不会去儿媳妇的屋子里，大伯哥也不能随便进入弟媳的房间，小叔子去嫂子的房间是可以的，婆婆则没有这些禁忌或顾忌。所以，在居住空间有限的情况下，女性受到的限制较少，男性受到的限制则比较多。经济条件好的家庭，在儿子结婚前就把房子盖好，儿子结婚后就直接到自己的房子里居住。

三 人口结构与人口流动

1. 人口结构

由于于庄是公社驻地，公社党委和政府的办公机关、职能部门和企事业单位基本都在于庄，和其他自然村相比，于庄的人口结构稍微复杂些。生活在于庄这个村落空间的人分为本村人、外来户、单位的人和外地人四种。单位的人又分两种，一种是在公社大院上班的，他们是公社机关和各职能部门的工作人员，村里人称他们是公社干部，另一种是在公社的学校、卫生院、农村信用社、收购站、食品站和被服厂、砖瓦厂等社办企业上班的，这些单位都不在公社大院里面，村里人称他们是公家人。单位的人有临时工和正式职工之分，但是，村里人一般不会去细细区分这些。单位的人有家在本地的也有家在外地的，家在外地的一般都是大中专毕业生毕业后分配来的，都是国家正式职工。家在本地的有大中专毕业后分配的，也有临时工，临时工都是本地的。于庄大队干部的孩子也有在社办企业做临时工的，也有师范毕业后分配在公社联中当老师的。从单位人的性别结构来说，男性人数远远大于女性人数。据村里人说，公社大院就一两个女的。公社的学校和卫生院女性人数稍微多点，社办被服厂女职工占绝大多数，砖瓦厂的工人都是男的，且基本都是在本地招的临时工。

外来户是由于某种原因在于庄安家落户的非于姓的人家，在于庄有两户外来户，一户姓王，另一户姓吴。他们是于庄的社员，户口在于庄。王姓那户人家在第一生产队，吴姓那户人家在第四生产队。他们也和于姓的人比附着排辈分，这样方便与于姓人进行密切的交往。

由于工作环境和条件的差异，单位的人在穿着打扮方面和村里人有一些差别。用村里人的话说，单位的人衣服料子好，穿得干净，和村里人比略显洋气。村里人对单位的人比较羡慕，也比较尊敬，尤其是对公社大院的人。

村里人习惯把本县之外的人称作外地人，这里说的外地人是指在于庄做生意的非单位人。在这一时期，只有一个外地中年男人在于庄开了一家铁匠铺，雇了于庄的一个小伙子做帮手。铁匠铺主要是打造一些常用的小件农具，也根据客户的需求打造铁制品。

单位的人，尤其是公社的人和大队干部联系较多，有些公社干部和大队干部发展了非常好的私人交情，大队干部家里有红白大事甚至孩子生日娘出满月的时候，有些公社大院的人也随份子，有些公社大院的人家里有红白大事、孩子生日、出满月的时候，大队干部也都去随份子。生产队的干部和公社大院的人联系较少，他们和公社大院的人比较熟悉，很少发展到彼此间有非常好的私人交情的地步。一般的社员和公社的人联系较少，个别的社员和他们其中的某个或某些人比较熟悉，但和大部分公社的人还是不熟悉的，所以，有些社员要到公社某个部门办事的时候，比如，结婚登记的时候，他们会请托大队干部跟民政所的人打个招呼，以图痛痛快快把事办了。公社大院的人很少和一般村民有关系密切的私人交情。

2. 人口流动

这个时期，于庄的人口按流动的方向分为垂直流动和水平流动两种流动形式，垂直流动又有垂直向上流动与垂直向下流动之别。在人口的水平流动中流动者身份没有发生变化，而在人口的垂直流动中流动者的身份发生了变化。

在于庄人口的水平流动中，婚姻是人口水平流动的主要路径，由于婚居模式以从夫居为主，所以，在人口的水平流动中，女性居多，男性较少。在三年自然灾害期间，于庄有几户人家举家搬迁到东北，后来又陆续搬迁回来，这也属于水平流动。

在这一时期，由于每个社员都被纳入生产队这个集体中，缺少活动的自由，就是走亲戚串门也要和生产队队长请假。农闲的时候，有关系的社员可以到公社或县立的企业做临时工，但是，这样的机会还是比较少。外出做临时工也属于暂时性的水平流动。

20 世纪 60 年代三年自然灾害时期和"文化大革命"时期，于庄有 6 户人家陆续搬迁到东北，后来，4 户人家都陆续举家搬迁回到于庄，两户人家没有搬迁回来。举家搬迁到东北，是因为东北比于庄富裕，谋生比较容易。陆续搬迁回来，是因为于庄比东北富裕了，再者，于庄毕竟是老家。那两户人家没有搬迁回来，是因为觉得在东北生活得不错了。下面这几个案例就是这 6 户人家的具体情况。村民广泰是 20 世纪 60 年代初期自然灾害的时候迁到东北去的，原因是在于庄吃不饱，听说东北比较富裕，能吃饱饭。搬迁回来的原因是孩子不适应当地的水土，再者，三年自然灾害后于庄的生活状况慢慢好起来了。村民广荣搬迁到东北去的原因和广泰相似，搬迁回来的原因也相似。村民汝智举家搬迁到东北一方面是因为生活困难；另一方面，也有逃避的色彩，因为在讲家庭出身的时代，阶级成分高是一个无论对家庭还是对子女都十分不利的问题。去东北也是为了换一个生活环境。广和的流动应该算是向上的垂直流动。在城乡二元对立的时代，农转非是一个很大的飞跃，对于他的家庭来说，家庭成员的社会身份和生活状况都发生了质的变化。但是，从他迁来迁去的过程来说，和前面三个家庭没有太大的区别。广方没有搬迁回来，一方面是因为一家人在当地生活得不错；另一方面是因为家里的弟弟不太讲兄弟情谊，有些伤感，觉得于庄没有什么可以留恋的，没有费心费力搬回来的必要。在后面"乱伦"部分讲到的汝琦的大儿子一家因为汝琦对儿媳妇的性骚扰事件在三年自然灾害期间搬迁到东北，一直没有搬迁回来。因为公公对儿媳妇的性骚扰使他们觉得还是离开老家远点好。

人口的流动主要是垂直流动，而垂直向上流动则主要是通过升学、参军、招工这些基本途径。升学是指初中或高中毕业后考上大中专学校，把户口迁出，并转为非农业户口，毕业后国家负责分配工作，成为了"公家人"。在这一时期，能够通过考学出去的还是为数不多。就笔者的统计从开始实行人民公社到实行推荐制这段时间，于庄考学出去的总共4人，这4人都是男性。3人考上的是中专学校，其中，2人是卫校，1人是农校；1人考上的是哈尔滨工业大学。高考实行推荐制的时候，于庄没有人被推荐上大学。

参军是一个难得的机会，但是，政审很严格，家庭出身不好的年轻人是没有机会参军的。大多数参军的人三年后复员，继续在生产队当社员。有些工程兵或特殊兵种则转业到地方单位成为国家的职工，把户口迁出，转为非农业户口。这个时期，通过参军转业实现垂直流动的有2个人。广德参军后当的是铁道兵，后来转业到地方铁路局，成了铁路局的正式职工，把户口迁到单位，转成了非农业户口。广德在当地找了媳妇安了家。广信参军当的是坦克兵，后来转业到一家地方工厂，把老婆孩子都带出去了。还有些人是通过国家正式招工，把户口迁出，转为非农业户口。

也有垂直向下流动的情况。在这个时期，于庄向下流动的有4人，主要是发生在三年自然灾害期间。其中，1人是为了照顾家里人就响应国家号召主动辞去公职回家务农，2人是由于犯了点错误被动员回乡务农，1人是由于患病被动员回乡务农。村民广智回乡务农一方面是响应国家的政策；另一方面也是因为家庭生活困难，为了照顾家庭才回来务农。后来，他和妻子也后悔当时回来。村民维学回乡务农在某种程度上说不是自己主动要求的。如果不是由于过分饥饿偷吃别人的油条，自己有了污点，他可能也不会回来务农。如临回乡务农也是由于自己的污点而不得不回来。如果不是国家鼓励回乡务农，他这个污点也不至于让他失去公职。村民维益是由于有病不能正常工作才被动员回乡务农的。如果不是国家政策的话，他也是不会回来务农的。和有污点被动员回来务农的不同，单位给他保留了一定的待遇，因此，他和他家庭的生活状况要比于庄一般的社员好。

四　子女性别结构与家庭行动策略

在没有实行计划生育政策前，家庭生育孩子是不受政策限制的，而是受自己家庭经济条件的制约的，孩子太多了养不起。从生育孩子的情况来看，分这样几种情况：纯绝户、纯女户、（纯女户也被称作绝户，但是和没有孩子的纯绝户还是有区别的）、纯男户、儿女双全户。

1. 纯绝户

结婚后没有生育孩子的，或没有生育能力的，是纯绝户。自己没有生育孩子，或者是领养一个或几个孩子；或者是在自己"院"里过继一个男孩；或者是干脆不要孩子了，向生产队声明甘愿做"五保户"；也有的和侄子达成扶养遗赠协议，由某个侄子养老送终，去世后继承遗产。

（1）领养

于庄人习惯把领养的孩子称为"要的孩子"，意思是孩子不是父母亲生的，而是从别人家要来的。领养孩子多数情况是只领养一个男孩，或领养一个男孩再领养一个女孩。很少有接连领养两个男孩的。被领养的孩子或是被父母遗弃的，或是家里孩子多养不起送人的。领养人会给孩子亲生父母适当的经济补偿，俗称"奶水钱"。为了培养养父母和孩子的感情，增强孩子对养父母的感情，领养人愿意领养还不记事的小孩子，并且尽量不让孩子知道自己的老家和自己的亲生父母。有的父母把孩子送人后，会偷偷地来看看孩子，养父母知道后会很不高兴，并告诫说既然把孩子送人了，和亲生父母就没有关系了，以后不要和孩子联系了，以免孩子知道真相后，影响和养父母的关系。亲生父母也会知趣，不再主动探望孩子，慢慢忘却，断绝和孩子的联系。村里人不会主动和领养的孩子说他们的身世，都自觉地替领养人保守着这份秘密。不会当着领养人的面说起这件事情，但是大家会在背后说起这件事情，所以，某某人是"要"的成为一个公开的秘密。但孩子们之间吵架，或家庭之间闹矛盾的时候，领养别人的孩子这件事会成为攻击养父母的一个论据，也是打击被领养孩子的一个有力武器。有的养父母一直对孩子隐瞒领养这件事，而有的养父母则当孩子大了理解事的时候主动给孩子说起这件事情，这反而更增加孩子对养父母的感恩之情。

　　镇基夫妻两个结婚后接连生了两个孩子，在孩子很小的时候，都先后夭折了。孩子的接连不幸夭折让夫妻两个很是害怕生孩子。一个算命的跟镇基老婆算卦说，他们夫妻两个命中注定不该有自己的亲生子女，如果想要孩子的话可以领养一个。俗话说，一朝被蛇咬十年怕井绳。夫妻两个放弃了再自己生育的念头，放出风说要领养个儿子。经人介绍，在离于庄很远的地方领养了一个一岁多的小男孩。据说，小男孩也挺不幸的，小男孩家里的兄弟姊妹多，父亲不幸突然去世，母亲自己承担不了这么沉重的生活重担，就狠狠心把最小的孩子送养了。

孩子大了和小伙伴玩耍打仗的时候，小伙伴经常说他爹娘不是亲爹娘，他是"要"的孩子。孩子经常哭着回家告诉爹娘说小伙伴们说他是"要"的。镇基夫妻俩经常因为这件事领着孩子找到人家父母去，人家父母会告诫自己的孩子不可乱说。

孩子大了，懂事了。镇基两口子就把孩子的身世告诉了孩子，孩子听了后很感动，发誓要好好孝敬爹娘。后来，镇基夫妻给孩子娶了媳妇盖了房子。

家庭经济条件好点的领养一个儿子后，再领养一个女儿，实现儿女双全的梦想。领养一个儿子的肯定给儿子盖房娶媳妇，繁衍后代，延续香火，不会把儿子送出去做上门女婿。领养一个儿子一个女儿的则给儿子娶媳妇，把女儿嫁出去。只领养一个女儿的则不会把女儿嫁出去，而是给女儿招上门女婿。领养的孩子和亲生的孩子一样，随父姓，儿子起名字严格按照辈分应占的字辈，女儿起名字则不这么严格。

维洪夫妻两个结婚四五年也没有生孩子，夫妻两个多方求医问药也没有解决生育的问题，后来一个医生说，如果你们想要孩子还是领养一个吧。夫妻两个放弃了自己生育孩子的努力。由于维洪会点编制手艺，人也勤劳，经常在农闲季节编制些草席、柴筐之类的东西拿到集市上卖，也有一些主动上门来买的人，能有些副业收入。所以，家庭经济条件还算是较好。夫妻两个通过别人介绍在离于庄20多公里外的一个村子领养了一个刚出满月不久的小男孩，由于保密工作做得好，村里的人们只知道他们家领养了一个小男孩，但不知道具体是在哪里领养的。按照习惯给孩子起了一个包含父母期望的乳名——大壮。上小学的时候，按照字辈给孩子起了个学名。夫妻两个很疼孩子，视为己出，后来一直供孩子读完高中才让孩子回家务农。在儿子五岁左右的时候，夫妻两个想再领养一个闺女，这样儿女双全就没有遗憾了。经人介绍，夫妻两个又在离家较远的一个村子领养了一个刚出满月的小女孩。给闺女起了乳名，上小学的时候，又给闺女起了一个好听的学名，和哥哥字辈相同，一看名字就知道是有血缘关系的亲兄妹。

后来，孩子都大了。给儿子在家盖了房子娶了媳妇。给闺女找了合适的婆家。

也有少数领养已经懂事的大孩子的。这是由于结婚多年一直不生育，经过多方求医问药，盼了多年也没能生育，最后终于放弃努力，领养一个儿子延续香火。由于养父母年龄偏大了，再养一个太小的孩子，体力和精力达不到。会在养母一方关系比较近的亲戚中领养一个大男孩子，最常见的是领养养母娘家兄弟姐妹的男孩子，对方之所以把大孩子送养，一方面是家里男孩多，而且家庭经济条件不好，给这么多的儿子娶媳妇是个很大的负担。与其让孩子做上门女婿还不如让自己的至亲领养。另一方面，养父母确实没有孩子，而且经济条件相对来说较好，给孩子盖房娶媳妇没有问题。由于孩子大了已经懂事，在称呼上还是按照先前的称呼，继续叫"姨妈""姨父"或"姑妈""姑父"，而不是叫"爹"和"娘"。孩子继续保持和生父母的关系，称呼不变，依然叫生父母"爹""娘"。被领养的孩子名和姓都不改。结婚后生的孩子，不管是男孩还是女孩都要随养父母的姓，按照辈分起名。

这种情况领养女儿的不多，因为领养一个较大的女儿，把她嫁出去和没有孩子基本没有什么区别，如果给孩子在家招上门女婿，孩子和她的亲生父母未必同意，因为被领养的女儿又招了一个上门女婿，在村里是没有"根"的。做上门女婿的男孩子一家人也会在乎这种情况。

广利夫妻两个也是多年不生育，尽管求医问药，但还是无济于事，原来寄希望自己生个孩子的想法随着年龄的增加而不断成为泡影。夫妻两个想到膝下无子女，老了后也没有个亲人照应。就想着要领养一个儿子。广利妻子的妹妹家儿子多，妹妹早想让姐姐和姐夫领养个自己的儿子，但姐姐和姐夫还想自己努力生一个孩子。后来，姐姐姐夫生育无望了，妹妹就说让姐姐随便领养一个自己的儿子给他们养老送终。广利夫妻两个就领养了比较喜欢的十三岁的老三，老三和姨妈的感情也好就很痛快地答应了。老三搬到姨妈家住，正好也可以方便在公社联中上学。老三不改姓名，不改称呼，但是事先约定好了，姨妈给他在于庄盖房子娶媳妇，生了孩子随广利的姓，名字按照广利孙子辈的字辈排。过了门的媳妇要改口叫爹娘，生了孩子要叫爷爷奶奶。

（2）过继

过继和领养不同。过继是在"院"里有血缘关系的侄子辈的男孩中找一个合适的来做儿子，养老送终，延续香火，做一个儿子应该做的事情。过继的都是男孩子，女孩没有过继的。过继之所以可能，一方面都是一个"院"的，有血缘关系。另一方面，家里男孩子多，负担重，过继出去一个能减轻家庭的负担，反正都在一个村，总比送出去做上门女婿或让别人领养强。毕竟都是一个"院"的，只不过从这"房"到了那"房"而已。过继亲侄子的比较多。过继过来的儿子终止了和亲生父母间法律上的权利义务关系，没有了作为儿子这个角色对亲生父母养老送终的义务，亲生父母也没有了对其继续养育的义务。亲生父母去世后，不继承亲生父母的遗产，亲生父母生病花钱不和其他兄弟姐妹一样平均摊钱，不和其他兄弟姐妹一样轮班赡养老人。但是，必须履行作为侄子角色的义务，可以帮着做一些事务性的事情。过继过来的儿子，如果年龄大了懂事了过继过来的可以不改口，继续称呼过继父母为"叔叔""大爷"或"婶婶""大娘"，对亲生父母依然是称呼"爹"和"娘"。如果过继过来的时候年龄还小不懂事的时候，可以改口称过继父母为"爹""娘"，称亲生父母为"叔叔""大爷"或"婶婶""大娘"。过继孩子不涉及改姓名的问题。过继过来的儿子结婚娶媳妇都由过继父母主持操办，过继父母作为亲家和媳妇娘家人来往。生了孩子后，过继父母就是孩子的亲爷爷、奶奶。无论是在家谱上，还是在实际的意义上，过继父母这一支脉后面都能够延续下去了。

汝雷弟兄四个，他排行老三，大哥那边五个儿子，两个闺女；二哥那边三个儿子，三个闺女；四弟那边两个儿子，四个闺女。就是汝雷夫妻两个结婚多年没有生育孩子。过年的时候，哥几个聚在一起喝酒的时候，大家都说老三该考虑考虑孩子的问题，是领养还是过继应该拿主意了。汝雷夫妻两个商量的结果是要过继一个侄子。两口子觉得大哥那边儿子多，把大哥那边的老五过继过来，老五十一岁了，平时和三叔挺对脾气的，汝雷两口子也挺喜欢那孩子的。汝雷和大哥说要把老五过继过来。大哥和大嫂商量后同意把老五过继给汝雷。老五搬到三叔家住，由三叔供应他上学。不改口，仍然叫汝雷三叔。后来，汝雷给他盖了房子娶了媳妇，媳妇从一开始就叫汝雷两口子爹娘。汝雷的大哥生病了，几个儿子摊钱给父亲治病，由于老五已经过继了，所以老五不摊钱，治病的钱由其他四个儿子均摊。但是老五也帮着轮班伺候他父亲。

（3）五保户

还有一种情况就是自己没有孩子，既不过继也不领养。心甘情愿做"五保户"。心甘情愿做"五保户"的，生产队会征求"院"里人的意见，如果"院"里人没有意见，和生产队有一个口头的扶养遗赠协议。年轻的时候能下地劳动的就参加生产队的集体劳动，挣工分，按照工分从生产队分粮食等生活资料。到了一定年龄，一般是60岁，就不参加生产队集体劳动了，可以种自己的自留地，也可以交回到生产队。生产队会按照规定分给他们粮食等生活资料，维持基本生活，达到生产队一般社员的生活水平。生病或需要照顾的时候，生产队会派人适当照顾一下，当然不如自己的子女照顾得周到。夫妻两个都去世后，所有的财产都归生产队所有，生产队负责安排善后事宜。

广华家庭成分不好，在重视家庭成分的年代，家庭成分不好是找媳妇的硬伤。后来，已过了当时农村公认的结婚年龄的时候，经人介绍娶了离于庄10多里的邓庄的一个女孩。女孩在一个人到地里拔草的时候遭坏人强暴，歹徒强暴完之后，又穷凶恶极地用镰刀剖开了女孩的腹部。等家人发现的时候，女孩已经奄奄一息。送到医院后经过抢救命是保住了，但是女孩失去了生育能力。因为这个大家都知道的缺陷，女孩迟迟嫁不出去。经人介绍，广华娶了那个受伤害的、不能生育的女孩。广华在备感失落的同时也庆幸自己终于找到了生活的伴侣，自己不再孤独。结婚前已经知道不能生育孩子的结果，这对广华夫妻两个，尤其是对广华来说是个不小的打击。两口子倒也合得来，这样自由自在地生活了一些年。到了五十多岁的时候，院里有关系不错的人在一起聊天的时候善意地劝广华考虑考虑是否领养个孩子的事，广华说不考虑孩子的事情了。再过几年快六十岁的时候向生产队申请"五保户"。

如果有侄子，侄子不希望叔叔大爷做"五保户"，或是叔叔、大爷做"五保户"自己一家人觉得丢人没面子。经"院"里人认可，就会像儿子一样承担起养老送终的义务，帮着耕种自留地，年老生病的时候负责照顾一下。过年过节的时候，把老人请到家里一起过个年节。老人去世，像儿子一样打幡摔瓦。于庄的习俗，谁打幡摔瓦谁就继承遗产。

　　嘉志兄弟两个，下面一个弟弟。嘉志年轻的时候娶过媳妇，后来因为和媳妇发生矛盾把媳妇打跑了，从此以后再也没有娶媳妇，一直过着独身生活。由于自己一个人，经常给生产队看场院、看庄稼。后来上了点年纪，生产队队长问他是否申请当"五保户"。嘉志说要和他弟弟、侄子们商量一下。商量的结果是，他弟弟和侄子们不同意他当"五保户"。他弟弟请"院"里人见证，让嘉志和他的大侄子口头达成了扶养遗赠协议。大侄子负责养老送终，嘉志逝世后继承他的遗产。后来，嘉志去世了，他的大侄子像儿子一样打幡摔瓦，出钱招待客人和殡葬的一切花销，嘉志的房子和其他的东西都归他侄子继承了。

于庄有一家纯绝户领养了一个女儿，然后又把女儿留在家里招了上门女婿。

　　洪俊夫妻两个结婚后一直未能生育。后来，领养了妻子妹妹的一个女儿。闺女三岁的时候就领养过来了，过来之后让闺女改口叫爹、娘。一开始过来的时候闺女的乳名没有改，后来到上学的年龄了，让闺女随洪俊的姓，并按字辈给闺女起了个学名。闺女初中毕业后回家务农，参加生产队的劳动。到了闺女该谈婚论嫁的时候，洪俊两口子决定把闺女留在家招上门女婿。经过耐心地做闺女的工作，闺女最终同意留在家里招上门女婿。两口子放出风去说要给闺女招上门女婿，有人给闺女介绍了一个小伙子，闺女看不上那个小伙子。经过一段时间的权衡和比较，最后还是把那个小伙子招进来了。因为像洪俊这样的情况，招上门女婿是比较困难的，领养的闺女与"院"里人没有血缘关系，底气不足，没有根。据村里人说，结婚好长时间闺女还不让小伙子上床睡觉，小伙子也跑回家几次。后来一家人慢慢适应了。小伙子一直觉得洪俊一家人瞧不起自己。

2. 纯女户

纯女户是有几个女儿而没有儿子的家庭。严格意义上说，纯女户不是绝户，但有的时候人们习惯上把没有儿子的家庭统称为绝户。绝户是不好听的，被人说成绝户就是辱骂。

纯女户面临着四种选择：留一个女儿在家招上门女婿，一般是留下最大的女儿在家招女婿；领养一个儿子；过继一个儿子；或者是把女儿都嫁出去，心甘情愿做"五保户"。纯女户心甘情愿做"五保户"的，生产队一般会要求父母征得女儿们的同意，并和生产队有一个书面的扶养遗赠协议。但是，这样的"五保户"会比无儿无女做"五保户"的要强得多。毕竟在年老生病或需要照顾的时候，有自己的女儿照顾。

兴华夫妻两个头胎生了女儿，盼着后面能生个儿子，结果连续生了五个闺女。尽管孩子不少，但总觉得有些遗憾。夫妻两个一直在合计着是领养个儿子，还是招个上门女婿。自己这么多孩子负担够重了，再领养个儿子的话，负担就更重了，年龄有些大，受不起这个累了。过继是不可能的，兴华一个哥哥一个弟弟，哥哥和弟弟每人两个儿子，不可能把儿子过继过来。那就只能留下一个闺女在家招上门女婿。夫妻两个商量着把大闺女留下招上门女婿，招个女婿就多一个男劳动力，也好帮衬着把下面的妹妹们拉扯大。大闺女不愿意留下招上门女婿，她觉得招女婿肯定找不到满意的丈夫，愿意做上门女婿的肯定是在家娶不起媳妇的。后来，夫妻两个经过反复做大闺女的工作，大闺女同意留在家招上门女婿。夫妻两个放出风去说要留下大闺女在家招女婿。有人给介绍了一个男的，一开始，大闺女看不上那个男孩，兴华夫妻两个也看不上那个男孩。后来经过反复的考虑权衡，还是答应了这门亲事。由于一家人都看不上那个男孩，所以结婚后，那个男孩受了不少气，家里的累活、重活、脏活都是他的，由于受气还跑回家几次。两年后，生了个男孩子，一家人觉得那个男孩给他们家带来了好运气，慢慢就接受那个男孩了，开始把他作为真正的家庭成员对待了。

兴华家是个典型"纯女户"，尽管尽了很大的力，但还是天不遂人愿，没能生出儿子，在过继和领养都不可能的情况下，选择让大女儿招上门女婿。生了男孩以后，一家人才开始真正接纳上门女婿。

宝善在县城的一个工厂上班，是个长期工人。老婆是个农民，生了两个女儿。由于生育能力的问题，生了两个闺女后，两口子再也没有生育孩子。两口子考虑到延续香火的问题，决定把大闺女留在家里招女婿。有人介绍了邻村一个小伙子，小伙子家里男孩子多，父母决定让他做上门女婿。幸运的是，两个人原先就认识，小伙子自身条件不错。亲事很快就定了。结婚后，一家人都很满意。宝善退休后，让二女儿进城接班当了工人，自己回家养老。后来，二女儿找了个工人，结婚后在县城安了家。由于一家人相处和睦，大女儿和女婿也没有什么怨言。

宝善也是"纯女户"，毅然选择让大女儿招上门女婿，为自己养老送终，让小女儿接班。

和兴华的情况差不多，镇民夫妻两个头胎也是生了个闺女，盼着能生个儿子传宗接代，可是越盼儿子越生闺女，一直生了六个闺女。和兴华不同的是，镇民兄弟四个，他大哥那边生了五个儿子，没有闺女。弟兄两个商量着把大哥那边的老三过继给了镇民，老三过继过来的时候已经十五岁了，让孩子改口叫爹，孩子大人都不太习惯。弟兄两个商量着孩子原来叫什么现在还叫什么，孩子搬到镇民家住，孩子日常生活的费用，结婚盖房子的费用都由镇民承担，养老送终的事由老三负责，生了孩子就算镇民那一支的。后来，镇民让老三参军了，老三在部队表现不错，没有像其他战士那样复员回家，而是继续留在部队服役。镇民在家给老三找了媳妇，盖了房子。再后来，老三把大儿子留在家里陪爷爷奶奶，把老婆和其他两个孩子都接到部队去了。老三给大儿子在家盖了房子、娶了媳妇。大儿子一直埋怨父母不公平，凭什么把两个弟弟都带到城市里了，却把自己留在村里。

镇民尽管也是"纯女户"，在经过努力生育后也没有达到自己的意愿，没有选择让女儿留下来招上门女婿，而是过继了一个侄子给自己养老送终。这与镇民弟兄们多、侄子们多有关系。

凤臣夫妻两个头胎生了闺女，其后一直盼着生个儿子，结果还是接连生了四个闺女，凤臣老是埋怨老婆不争气，没有生儿子。老婆也觉得挺无奈的，生男生女也不是自己说了算的，自己也想生儿子呢，就是生不出来那怨谁呀。由于都是闺女，所以夫妻两个一直在考虑着怎样延续香火的问题。想把大闺女留下来招女婿，大闺女一开始不太同意，后来勉强同意了，又没有找到合适的上门女婿，眼看着大闺女年龄一天天大起来，怕过了合适的年龄把孩子的婚事耽误了，就改变主意把闺女嫁出去了。由于种种原因，后面的几个闺女也都陆续嫁出去了。

凤臣两口子早先也想过继个儿子或领养个儿子，但总是怀着侥幸的心理把希望寄托在自己的身上，想着只要多生肯定能生出个儿子，结果还是不遂己愿。等到两口子不能生的时候，年龄也大了，领养或过继个儿子已经错过时机了。

后来，凤臣生病去世了，留下60多岁的老太太一个人。按照生产队的规定，老太太可以不参加生产队的集体劳动了，但老太太还有一个人的自留地需要自己耕种。一开始，老人的闺女女婿们帮着老太太种自留地。由于各方面的原因，老太太的闺女们谁也无力把老太太接到自己家赡养，只能经常回家帮老太太干点活做点事。更重要的是，一旦老太太去世，善后事宜还得依靠生产队，而且闺女们谁也无法继承遗产。几个闺女商量着和生产队协商一下，为母亲申请"五保户"。考虑到老太太家的实际情况，生产队答应了老太太的申请，把自留地收回，到麦收秋收的时候按规定分给她粮食等生活资料，生产队负责给她送终，遗产归生产队。

凤臣夫妻两个的侥幸心理耽误了领养或过继儿子的时机，舍不得把女儿留在家里招上门女婿，最后只能做了"五保户"。对于社员们来说，"五保户"是一种无奈的选择，或者说是没有选择的选择。

3. 纯男户

纯男户一般是比较受人羡慕和敬重的，尤其是儿子比较多的人家，人多势众。但是父母也有自己的遗憾，一是没有女儿，"女儿是母亲的贴身小棉袄"，年老的时候不如有个女儿关心体贴；二是儿子多了负担重，每个儿子都要娶媳妇盖房子，确实是一笔不小的开支。所以，男孩子多的家庭会考虑着在适当的时候把孩子过继给自己院里没有儿子的人家；或是找个家庭经济条件好的、合适的人家送人；也有的会让孩子做上门女婿。一般情况下，儿子多，家庭条件又好的家庭是绝不会把儿子送养、过继或做上门女婿的。

　　镇豪夫妻两个总共生了八个儿子，夫妻两个一直企盼着能生个女儿，可是天不遂人愿。一个家庭养八个儿子确实够累的。当第八个儿子出生的时候，他们把老八送给镇豪妻子的妹妹领养，因为镇豪妻子的妹妹夫妻两个没有孩子。孩子出满月不久就被抱走了。在孩子们还小的时候，吃饭的人多，干活挣工分的人少，所以粮食紧巴巴的。而且也没有钱给孩子们买布料做衣服，经常是老大不穿了，缝缝补补再给老二穿，一直到实在没法穿为止。孩子多，房子少，几个孩子挤在一个大土炕上。冬天的时候，不能做到一个孩子一床被子，经常是两三个孩子共用一床被子。从老大初中毕业后，家庭经济条件开始有所好转，因为老大作为一个劳动力参加生产队的劳动，后来老二、老三陆续参加生产队集体劳动，家庭经济条件逐渐好转，但是新问题随后也产生了，老大要结婚盖房子，等等。

　　镇豪夫妻两个为人很谦和，从不和人争吵，但是村里人对他们还是颇有敬畏之情的，就连生产队和大队的干部也对他们刮目相看。有一次，老大和生产队队长发生了点冲突，和老大在一起劳动的老二和老三过去帮着老大。镇豪妻子正好也在附近干活，听到吵吵声之后就赶过来，一看是自己的三个儿子和生产队队长吵吵，就过去给三个儿子一人一巴掌，把儿子赶走了。给生产队队长说别跟孩子们一般见识。人们称赞说，人家人多但不仗势欺人。因为儿子多，所以儿子们找媳妇也容易，很多人看中的就是儿子多。

人们常说镇豪夫妻有福气，生了这么多儿子。镇豪媳妇总是说，再有个闺女就更合心意了。

在农村社会中，"纯男户"尤其是孩子们多的"纯男户"多了一些"霸气"，让人不自觉地敬畏三分，也让人羡慕不已，尤其是那些没有儿子的家庭更是羡慕至极。但是总觉得不如儿女双全的好。父母会把这种希望寄托在孙子辈上来实现，盼着儿子和媳妇能生个孙女。

4. 儿女双全户

儿女双全户是最令人羡慕的了。由于孩子多，有的时候也会把孩子送人领养、过继给自己"院"里人或做上门女婿。送人领养的有男孩子也有女孩子，过继或做上门女婿的一定是男孩子。

广奎被村里人认为是儿女双全的幸福的一家人。头胎生了闺女，二胎生了儿子，这使两口子长长舒了口气，第三胎生了一对双胞胎闺女，两口子在高兴之余也发愁了，同时养两个孩子负担重，决定把其中一个闺女送人。恰巧附近吴家有个人家两口子没有孩子，家庭条件不错，那人家丈夫在公社一个社办企业上班，妻子在家当社员。两口子想要领养一个闺女。经人介绍，广奎把其中一个闺女送养了，刚出满月就被抱走了。后来，广奎两口子又接连生了三个儿子。被抱养的那个闺女受到了比较好的教育，读完了高中，高中毕业后，她的养父通过关系在县城给她找了个临时工，后来找了个高中老师结婚了。

那个闺女每次骑车上下班经过广奎家门口见到广奎两口子或其他兄弟姐妹的时候，假装不认识，表现得很冷淡。广奎两口子为这事也伤心了一段时间，后来渐渐习惯了，也觉得不能完全怪孩子，把孩子送给别人，就是养父母家庭条件再好，也觉得孩子受委屈，对不起孩子。

把孩子送养，收养的人家条件再好也觉得委屈了孩子。孩子也曾经因为被送养对亲生父母心怀芥蒂。

汝前夫妻两个算是生育子女比较多的了。头胎是个女儿，后面又陆续地生了几个孩子，有男孩也有女孩，总共有五个儿子、五个女儿，算上中间夭折的两个孩子，总共生了十二个孩子。孩子太多，生活负担很重。夫妻两个想把最小的刚一岁多的儿子送养。夫妻两个本来想对孩子们保密，不知大姐怎么知道了这件事。当领养人来领孩子的时候，大姐把小弟抱出去藏了一天。领养人在汝前家吃了中午饭，给了奶水钱，要领孩子走的时候，一家人到处找不到孩子。等到天黑，还没有找到孩子，领养人就回家了。大姐抱着弟弟在柴垛里躲了大半天，后来，大姐抱着孩子回来了，说她舍不得把小弟弟给人，她要照看小弟弟。大姐说得一家人鼻子酸酸的。汝前两口子下了决心，无论生活多么困难，也要坚持把孩子们养大，不再说把孩子送养的事情了。

五 性行为的失范及其社会后果

综观历史，无论什么时期，性一直都是一个很敏感的话题，在不同的社会和不同的文化背景中，都会通过一些成文的法律制度或一些不成文的风俗习惯规范着性行为的边界。超出这个边界的性行为就是"出轨"，也就是失范的性行为，失范的性行为会引起一些不良的社会后果，这些不良的社会后果作为反面例证制约和规范着性行为，使人们清楚失范的性行为后果是多么可怕。在不同时期，人们对性行为失范的态度是不同的，失范的性行为引起的社会后果也是不同的。改革开放前，社员们的性观念还是很保守的。尽管在田间地头和茶余饭后会讲一些带"色"的笑话，或谈论一些新婚夫妻之间发生的笑话，但是人们还是对性行为失范的后果有些害怕，这不但使人身败名裂，殃及子女，还可能会有牢狱之灾。尽管如此，在生产队时期，于庄还是出现了一些失范的性行为。

在于庄人的观念中，婚姻之内的性行为被认为是合法的和可接受的，是符合规范的性行为。婚外性行为、婚前性行为和乱伦被认为是失范的性行为，是不道德的，当事人甚至要受到法律的制裁，要负一定的法律责任。村里人普遍认为，女性应该比男性更要约束好自己的性行为，女性性行为失范的后果比男性更严重。人们对于男性性行为出轨比对女性性行为出轨宽容，允许男人十次，绝不允许女人一次。男女之间性行为出轨的事情往往成为人们田间地头谈笑的话题，加上言说者自己的想象，被添油加醋、绘声绘色、如目睹现场情形那样地描述着。

1. 婚外性行为

男女双方中的一方或双方都结婚而又背地里偷偷摸摸自愿发生的性行为是婚外性行为，也就是平常说的通奸。婚外性行为对男女双方的后果是存在性别差异的。在生产队时期，对于婚外性行为，一旦被发现，男的承受的责罚要重，女的更多的是承受着名誉方面的贬损。农村有一个专门针对出轨女性的词——"破鞋"，被贴上"破鞋"标签的女人会被人指指点点抬不起头来，对子女的生活会造成不良影响。如果儿子或女儿提亲的时候，一听说孩子的母亲是个"破鞋"，觉得门风不正，对方可能会重新考虑这门亲事。如果发生婚外性行为的是已婚妇女，她的丈夫以及丈夫的家里人也都承受着巨大的耻辱，她的丈夫被戴了"绿帽子"。如果发生婚外性行为的是未婚的女子，事情暴露后会严重影响婚姻质量，会被介绍给有缺陷的家庭或有缺陷的男人。有的时候，女方在事情暴露后为了保住面子矢口否认是通奸，会诬陷男的是强奸她。男的可能会按强奸罪被判刑。大家觉得对男的惩罚严厉些是应该的。

　　广江的媳妇在结婚前和同村的一个小伙子私奔，因为广江媳妇的父母不同意闺女和那个小伙子的婚事，尽管和那个小伙子的关系已经出了五服，按照法律和民间的风俗是可以结婚的，但她父母嫌弃那个小伙子家里穷，而且又都是一个村的还又都是一个姓。两人被找回来后，闺女家的哥哥和弟弟跑到那个男孩家把他家里的东西砸了，吓得男孩和他父母都跑了。这件事情作为一件趣闻被传的十里八乡的都知道了。广江由于家里成分高，在当时也算是个缺陷，这个缺陷影响了他的婚姻。有人尝试着给广江提了这门亲事，广江一家觉得自己没有嫌弃的理由，找个这样的媳妇总比打一辈子光棍强吧。结婚后，一家人安安稳稳过日子。没想到没过多长时间，广江的媳妇和本村的镇友两个人好上了。镇友和广江尽管不是一个"院"的，但是都是同姓，按辈分镇友是广江的叔叔辈。村子本来不大，这件事传得沸沸扬扬。广江一家也知道了，并且鉴于媳妇的过去他们也深信不疑媳妇会有出轨行为。俗话说"捉奸捉双"，广江要准备抓个现行。那年冬天农闲季节，广江跟媳妇说自己要去亲戚家串个门，中午不在家吃饭了。广江其实是跑到本村一个关系不错的人家串门了。广江媳妇一看广江不在家是个很好的机会，广江走后不久，媳妇就和镇友联系上了，两个人先后回到广江家里，这一切都在广江的监视下。广江觉得时候差不多了，就回家去了，门从里面插着，广江敲门，一开始没有人答应，广江继续敲门，好一会媳妇才答应，但迟迟没来开门。广江就爬墙头进了院子，屋门也是插着的，窗帘也拉下来了，广江敲屋门，媳妇哼哼嗦嗦地答应，但还是迟迟不开门，广江发疯似的把屋门撞开了。她媳妇和镇友两个人衣衫不整地在屋里哼哼嗦嗦，显然是吓坏了。广江问媳妇和镇友到底是怎么回事，媳妇吓得直哭，镇友也被吓傻了。一会儿，镇友缓过神来，"扑通"一声跪在广江面前请求饶了他这次，以后再也不敢了。广江越说越气，越想越气，就抄起一根木棍把镇友的腿打折了，又踹了媳妇几脚。吵闹声惊动了邻居，几个邻居纷纷过来看看到底发生了什么事，邻居们一看这场面也不知怎么劝说。有人给镇友媳妇送信，镇友媳妇急匆匆跑过来，一看这场面就又哭又闹，先是冲着丈夫，后又转向广江媳妇，说她勾引男人，她家丈夫就是被她勾引的，接着又揭广江媳妇在家当闺女和人私奔的伤疤，试图证明她家丈夫是被勾引的。广江被镇友媳妇这么一吵一闹也小劲了。邻居们劝着让镇友媳妇把镇友弄回家，先给他看看腿。镇友被吓得忘了腿疼。

广江把媳妇狠狠打了一顿，媳妇也觉得丢人，吵吵着不活了，要喝农药。广江一家也怕媳妇真的喝了农药，出了人命那就麻烦了。广江觉得出不出气，嚷嚷着要告镇友强奸，把他抓起来坐监狱。镇友的父亲觉得这件事总得有个了结，否则会出大事。镇友父亲找到广江父亲，说是自己儿子不对，别为了这件事两家结怨，看看怎么才能让广江一家出出气。广江父亲觉得儿媳妇出这事丢人，自己也憋屈，再说了这事不能怨一个。两人没有谈妥。后来经过两边"院"里有面子的人出面调停，让镇友给广江300元钱作为赔偿。镇友一家答应了这个要求。广江媳妇和镇友两人有好长时间都不太出门。镇友媳妇到处说是广江媳妇勾引她家丈夫的。无论如何，广江媳妇是个"破鞋"成了铁的事实。村里很多人的老婆都在家里告诫自己的丈夫，没有事别跟广江媳妇搭讪。村里人这么说，镇友毕竟是叔辈呀，和广江媳妇乱搞那也是乱伦呀。

广江和镇友两个人从此以后形同路人，见面彼此之间也不说话。两家人的关系也变得生疏了。

　　这个婚外性行为事件给双方家庭都带来了较大的负面影响，但是，并没有造成两个家庭的解体。事情是通过丈夫给婚外性双方当事人一定程度的私人暴力惩罚和获得一定的经济补偿，经过双方"院"里人的不断沟通协调后解决的，队干部没有参与，也没有通过司法程序解决。男的付出的是一定的经济代价，女的背上了污名。大家认为这种解决方式是可以接受的。事情就这么过去了。

　　　汝理是个退休工人，退休后在家养老，老伴已经去世，他不和儿子们在一起生活，自己住在一个小院子里，自己做饭。由于有退休工资，没有了家庭负担，在村里来说算是富裕的。广勤家和汝理家住在同一个胡同里，广勤40多岁，媳妇也40多岁，汝理已经60多岁了，按辈分汝理是广勤的爷爷辈，但他们已经出了五服，不是一个"院"的了。广勤家经济条件不是很好，汝理经常给广勤媳妇一些小小的经济方面的照顾，久而久之，两个人都动了歪心思。汝理独身寂寞，广勤媳妇为了能从汝理那里获得一些经济实惠，就和汝理有了不正当的男女关系。汝理心思缜密，觉得广勤媳妇老是来自己家，而且如果每次待的时间长了总会引起别人的怀疑，让儿女们知道了也不太好。他既想满足自己的需要，又不想让别人知道在做不光彩的事，就和广勤媳妇约定在外面见面。那年秋天，村里有人看见汝理和广勤媳妇在玉米地里发生性关系。这事就沸沸扬扬传开了。广勤知道媳妇和汝理有不正当关系，汝理的儿子和媳妇也知道了。广勤就找汝理的儿子和媳妇让他们管管自己的老爹，别自己不尊重自己。汝理的儿媳妇到老公公家里把老公公数落了一顿，让老公公把存折交给儿子和儿媳妇保管，每月的退休金也交给儿媳妇保管。老公公自知理亏，就把自己的存折交给儿媳妇了，儿媳妇替老公公保管钱财，儿子和儿媳妇觉得都是老公公那点钱惹的祸。广勤把媳妇狠狠打了一顿，媳妇也觉得这事丢人，就喝农药想自尽。邻居发现后把她送到公社卫生院抢救过来了。

　　从此以后，汝理和广勤家再也不来往了。

　　出现婚外性行为这种越轨行为，女方承受丈夫实施的一定程度的暴力成为解决问题的惯常方式，娘家人自知理亏，觉得这是个丢人现眼的事，所以不会因为丈夫的暴力行为而去兴师问罪。丈夫不会打老者,因为他认为主要是自己妻子的过错,妻子贪图老人的钱财。而老者的子女则以控制他的钱财的方式对他进行了管制和惩罚,老者自己因为出轨也觉得在子女面前抬不起头来。

　　人到中年有了三个孩子的汝舜和本村已经订婚但还没有结婚的姑娘桂香有了奸情,一开始人们没有想到一个年轻漂亮的姑娘会和一个其貌不扬的中年男人发生关系,但是直到姑娘生下了孩子事情才暴露。桂香一家觉得太丢人了,把父母气得生了病。姑娘父母觉得不能让汝舜这家伙把姑娘就这么白白糟蹋了,要出这口恶气。
　　桂香和汝舜不是一个"院"的,但都姓一个姓。按辈分,桂香应该是汝舜的姑姑辈。桂香的父母在家里把桂香狠狠地教训了一顿,把未出满月的孩子偷偷送人了。桂香父亲到公社派出所告汝舜,说他强奸她家姑娘。后来,派出所把汝舜抓起来了,经过审判被判了三年有期徒刑。汝舜家给了桂香家200元钱养月子。姑娘的婚事退了,嫁到了一个很远的地方。村里人都说,桂香这孩子没有福分,好好的一门亲事就这么被自己搞黄了。

婚外性行为中的男方是有家室的人,而女方还是一个没有结婚的姑娘。姑娘一家人觉得吃了大亏,把一个不道德的通奸事件转化为触犯刑法的强奸案件,男方因此而受到应有的法律制裁,女方则因为名声已坏,不得已远嫁他乡。

　　绍玲是村里的妇女主任,人不但漂亮而且还很会为人处世。因为父母就她一个闺女,就招了个上门女婿,这个小伙子家是外地的,在县新华书店上班。绍玲在生产队劳动,丈夫在单位上班,丈夫隔几天就回家看看,小日子过得不错。后来,绍玲的丈夫和一个在本单位一起上班的姑娘发生了恋情,而且姑娘怀孕了。在当时,这可是一个严重的事件。因为那个姑娘还没有结婚,所以,面临着两种选择,或者和丈夫离婚,成全丈夫和那个姑娘,这样可以掩盖丈夫的生活作风问题,免除单位给的行政处罚和刑事责任;或者是坚决不离婚,任由单位给丈夫处罚甚至移送司法机关处理,那样的话,这个家就算完了。

绍玲经过激烈的思想斗争，觉得在这当口上自己不能情绪化，还是要理智地处理问题。绍玲找到那个姑娘和那个姑娘单独谈了很长时间，说明事情的利害，说她丈夫也是受害者，姑娘在这个问题上也是有责任的，知道人家是有家室的人为什么还和人家走得这么近，出了事情还把责任一股脑推到男的身上。她又找到丈夫的单位领导和单位领导单独谈了很长时间，表明了作为妻子对丈夫发生这样的事情，自己也有责任，等等。那个姑娘和单位领导本以为妻子知道了这件事情会大哭小叫，没有想到会很理智地和各方面谈话做工作。最后，那个姑娘打掉了孩子，绍玲出面给那个姑娘一些钱，事情就了结了。丈夫在单位的公职保住了，丈夫对妻子发自内心地感谢，发誓再也不会做对不起老婆孩子的事情了。

绍玲的丈夫出现了婚外情后，她努力克制自己的愤怒情绪，理性而又智慧地做通了女方和单位领导的工作，平息了这一事件，挽救了丈夫和这个家庭。绍玲的这一表现出乎大家的意料。

2. 婚前性行为

婚前性行为是男女有一方在结婚前和其他人发生了性关系。男孩子如果在婚前和别的女孩子发生了性关系，如果女孩子家里人告的话，男孩子可能要按流氓罪或强奸罪被逮捕。女孩子则要承担名誉受到损毁的后果。如果这两个人结婚的话，这段婚前性行为可能会成为风流佳话。如果两个人由于各种原因不可能结婚的话，会影响女孩子找到好的婆家，媒人也会把这样的事情作为污点，给介绍一个同样有"污点"的男孩或家庭，不会给介绍好的人家。

新中国成立前，广联的爷爷在村里有几十亩地，是个比较富裕的家庭，新中国成立后被划分为地主。广联家里成分高，尽管小伙子人长得不错，但是在大家很在乎家庭成分的年代，家庭成分高是个很大的污点，所以迟迟找不上对象。后来，有人介绍了一个姑娘，姑娘人长得还可以，但是姑娘有一个"污点"。这个姑娘和自己院里一个快出五服的叔叔辈的小伙子好上了，并且还怀孕了。家里父母知道这件事以后，尽管很生气，但没有声张，姑娘的姐姐悄悄地带着姑娘到县医院做了人流。但是，大家还是知道了这件事情，为了姑娘的脸面大家只是在背后悄悄议论一下。有好心人把姑娘介绍给了广联，广联一家人很清楚自己的情况就答应了这门亲事。结婚后一家人生活的还不错，只是在夫妻俩吵架的时候，广联会想起媳妇的污点，生气的时候也会揭媳妇的伤疤，老是觉得自己吃亏了，丈夫一提到这件事媳妇自己也觉得理亏，吵架的劲头就小了。几年后，夫妻俩陆续生了一个儿子，三个姑娘。村里人渐渐忘记了广联媳妇过去的污点。

女性的婚前性行为被暴露后，会成为一个较大的污点，影响到婚姻的质量，也会对婚后生活有一定程度的影响。

秋生家庭条件不是很好，而且本人又有口吃（结巴）的毛病，所以找媳妇比较困难。后来，有人给介绍了附近村子的一个姑娘，相亲之后都觉得可以，就订婚、认家，然后女孩家就催促着结婚。结婚三个多月的时候，媳妇出现了怀孕的迹象。婆婆让儿子带着媳妇到县医院检查一下，秋生怀着快要当父亲的喜悦心情带着媳妇到医院检查。医生检查后告诉秋生，媳妇怀孕五个多月了。秋生一听就懵了，结婚才三个多月，媳妇就怀孕五个多月。经过再三问医生，医生说错不了。秋生在骑车带着媳妇回来的路上，把车停下来，很气愤地质问媳妇孩子到底是谁的。媳妇不说实话，媳妇坚持说孩子就是她和秋生的，还哭着骂秋生不是人不认账。两个人叽叽歪歪地回到了家，秋生跟他娘说了检查的结果，他娘一听气就不打一处来，娶个媳妇还带来个不知谁家的孩子。秋生父母觉得这事太憋屈，就去找媒人，问媒人给他家说媳妇的时候知道不知道媳妇已经怀孕了，媒人一听也有点懵，媒人说是秋生媳妇她娘托自己帮着给闺女找个婆家，自己根本不知道这里面的事。秋生两口子不断地吵架，媳妇还挨了打。媳妇跑回娘家去了，秋生一家人也不去叫媳妇回来，发誓要跟媳妇离婚。这事闹得沸沸扬扬，十里八乡的都知道了。秋生媳妇跑回娘家后，她娘家人也自知理亏，把气都撒在闺女身上。就这么僵持了一段时间，秋生媳妇父母觉得不能让孩子生下来，就带着闺女到县医院做了引产。秋生本来不好找媳妇，好不容易找了个媳妇还出了这档子事，气愤之后也想着下一步该怎么办。后来，"院"里去人把秋生媳妇叫了回来。

村里人说秋生父母不压事，悄悄让儿媳妇把孩子做掉不就算了，事闹得沸沸扬扬，婚也没有离掉，最后丢人的还是他自己家，越闹越丢人，不闹还不这么丢人。

找一个有污点的媳妇总比没有媳妇要好。秋生一家人还是接受了找媳妇难的现实，过去的污点在生活中慢慢忘却。

3. 乱伦

乱伦是有血缘关系的长幼之间或兄弟姐妹之间发生了性关系。乱伦是很丢人的事情。对乱伦双方以致整个家庭都会造成很大的负面影响。

智江在家里的孩子们中排行老六，因为在村里的辈分比较大，所以人们常称呼他老六爷。老六爷一生独身，不是不想找媳妇而是找不到媳妇，这和他年轻时候与妹妹的乱伦有关。老六爷年轻的时候，那年夏天，他和妹妹都在院子里的草席上躺着纳凉，父母都在大门外纳凉。妹妹那年十六岁，智江十九岁。妹妹在草席上躺着躺着就睡着了，少女成熟的气息让智江不能控制自己的冲动，他和妹妹发生了性关系。兄妹后来又偷着发生了多次性关系，妹妹怀孕了。妹妹的肚子渐渐大了起来，父母没有往怀孕这方面想。有一天闺女说肚子疼，父母把村里的赤脚医生请来给闺女看看，那个医生一看就知道这孩子怀孕了，就悄悄地提醒她父母，父母没有想到自己家会出这样的丑事，就嘱咐医生千万别对别人说，医生答应了。父母气愤地问这孩子到底是谁的，妹妹支支吾吾不想把哥哥说出去，她知道未婚先孕是丢人的事情，如果知道是和自己哥哥的孩子那就更丢人了。经不住父母的逼问，最后说出是和自己哥哥的孩子。父母本来就受打击，这么一说就如五雷轰顶一般。

这件事大家都知道了，孩子生下来就悄悄地送人了。妹妹在附近村子不可能找到合适的人家了，父母就把她送到远在东北的一个远房亲戚那里，帮着在那里找了个婆家。没有人给老六爷提亲了，父母也懒得管他了。后来老七结婚了，老六爷就算过去了，就再也没有人给提亲了。

兄妹乱伦的结果是哥哥终身未能娶，妹妹则远嫁他乡，兄妹从此不相往来。父母通过增大空间距离的方式消除掉女儿的污点，而儿子则不断品尝着自己种下的恶果。于庄的人觉得乱伦比婚外性行为更可恶。

　　汝显老伴去世，子女们成家之后就和最小的未结婚的闺女在一起生活，父女两个生活得挺好的，父亲住一间屋子，闺女住一间屋子，屋子中间没有内门，只用门帘挡挡视线。有一天夜里，父亲悄悄摸到闺女屋子里，当父亲摸到闺女腿的时候，把闺女惊醒了，闺女大叫了起来，父亲撒谎说要到闺女屋子里找东西。闺女第二天就把头天晚上发生的事情告诉了大嫂，大嫂心里清楚是怎么一回事，就在自家腾出一间屋子让小姑子来住。白天还是回家和父亲一起做饭吃饭，晚上到大嫂家去住。

　　村里人都知道汝显悄悄摸进闺女屋子里的事情了，大家觉得父亲真要把自己的闺女糟蹋了那还是人吗。儿媳妇们打心底里都很厌恶公公，儿子们也觉得父亲做得过分，但又不好意思直接说。汝显的闺女一直在大嫂家住到结婚。

由于没有出现更严重的事情，子女们不希望家丑外扬，更不会当面揭穿父亲的不道德行为，只能通过阻断父女私密接触的机会来防止乱伦事件的发生。

　　广海由于家里成分高娶了个疯媳妇，这个闺女是被她父亲逼疯的。这个闺女有三个姐姐，一个哥哥，她在家里最小。姐姐和哥哥结婚后，母亲就去世了，留下父女两人在一起生活。由于父亲兽性大发就和闺女发生了性关系，父女独居的环境为父亲经常性侵女儿提供了便利条件。闺女觉得憋屈，说又说不得，不说又难受，毕竟侵害自己的是亲生父亲，闺女憋屈出了精神病，开始疯疯癫癫的。这个姑娘的姐姐们知道了事情的真相后就回家和父亲大吵了一吵架，要是别人的话可以告他，可是这是自己的亲生父亲，不忍心去告他。姑娘的哥哥知道后就用木棍把父亲打了一顿。父亲自知理亏，觉得对不起孩子，可是一到夜里就控制不住自己了，忘记了伦理道德。

　　后来就把这个疯姑娘嫁给了广海。结婚后还生了个小姑娘，广海自己把孩子带大，他媳妇没有带孩子的能力。

　　这个闺女的姐姐们和哥哥与父亲基本断绝了来往。父亲去世后，简简单单地把他埋葬了，孩子们基本上没有怎么伤心地哭个不停。

父亲因为乱伦糟蹋了自己的女儿，其他子女碍于亲情尽管没有把他绳之以法，但是，乱伦事件已经消解了所有子女对于父亲的亲情。

汝琦和大儿媳妇的故事也是一个典型的乱伦的例子。汝琦大儿子结婚后就分家自己过了，那年冬天傍晚的时候，汝琦躺在炕上休息，他大儿媳妇来了，恰好婆婆和其他的孩子都不在家，儿媳妇看到公公躺在床上休息就想出去，汝琦看到大儿媳妇进了屋，就在儿媳妇转身要出去的时候，汝琦叫住大儿媳妇，说自己肚子疼得难受，让儿媳妇帮着给揉揉，儿媳妇迟疑了一下，觉得儿媳妇给公公揉肚子不太合适，但公公说了，自己不去揉揉吧也不好。儿媳妇就问公公哪里疼，真的给公公揉，揉了揉肚子上面的部位，汝琦说再往下点，儿媳妇就再往下点给他揉，他又说再往下点。再往下点就到阴部了，儿媳妇知道公公不怀好意，一生气就转身走了。儿媳妇把这件事告诉了婆婆，婆婆一听就火冒三丈，和汝琦大吵了一架，把汝琦骂得狗血喷头，汝琦知道自己理亏就躲出去了。大儿子知道后很窝火，但又不好公开和父亲发作。第二年春天，村里有一些人家下东北，大儿子觉得在家憋屈，就带着老婆和孩子下了东北，从那以后再也没有回来，他父亲去世也没有回来。

其实，这是汝琦对儿媳妇的性骚扰，那个时期在农村也没有性骚扰这个概念，大家觉得这是一个乱伦事件。这个事件对家庭伤害很大，儿子和媳妇去了东北，父子感情受到伤害。婆婆则通过吵闹这一方式平息了儿子和媳妇的怨气，但是，这一家丑也张扬出去了。

镇惠在县毛纺厂上班，后来他把自己的闺女也介绍到厂里干临时工。镇惠自己住一间独立的宿舍，临时工都住厂里的集体宿舍，镇惠觉得父女两个住在一起也没有什么不妥，就让闺女住在自己屋里。久而久之，父亲对女儿动了歪心思，欲望战胜了亲情。父女两个就开始过着像夫妻一样的生活了，后来闺女怀孕了，闺女的母亲发现他们父女两个不对劲，在母亲的一再追问下，闺女承认是父亲让她怀孕了，母亲听了如五雷轰顶，母亲跟父亲拼死吵了一架，带着闺女到县医院打了胎，然后就把丈夫告了。丈夫被抓进监狱，判了十年有期徒刑。闺女也辞去毛纺厂的临时工，通过亲戚介绍嫁到一个比较远的地方，那里没有人知道她的事情。

父女乱伦的结果是父亲承担了法律责任，母亲坚定地维护了女儿的利益。母亲也是通过把女儿嫁到外地的方式消除乱伦给女儿带来的污点。

第二节　从夫居

"中国儒家的创始者既不说人死后一切归于乌有，也不愿意接受有灵魂常存于天堂或地狱的说法。他们创立了第三个答案。他们的答案是，人如能在死前留下自己亲生的子女或后代，就是自己生命和祖先生命的延续……于是中国人相信家族是绵延人生命的机构，子孙或后代是照顾人死后在另一个世界所需要的生活用品。因此，结婚成家是中国人视为最重要的一件事。留下后代是成家的第一个目的。"[1] 从夫居是中国传统社会一直延续下来的婚居模式，也仍然是于庄主要的婚居模式。在实行家庭联产承包责任制之前的生产队时期，家庭不是基本的生产单位，而是一个基本的生活单位，农民以社员的身份隶属于生产队这个最基本的集体，土地属于集体所有，社员参加集体劳动，实行按劳分配，生产和生活所需要的物质资料都依赖于生产队和生产大队。农民只有凭借社员身份才能从这个集体获得生存空间，获取必要的生活资料，在这个集体之外，无法以另外一种身份获得合法的生存空间。因此，婚后新建的小家庭，不是选择从属于丈夫所在的集体，在丈夫家居住；就是选择从属于妻子所在的集体，在妻子家居住，不可能有第三种选择。结婚是社员向集体申请宅基地的合情合理合法的理由，婚姻是社员离开原来的生产集体又加入另外一个新的生产集体的基本途径，也是生产集体无条件接纳新社员的基本方式。婚姻也是新社员获得集体归属感的基本方式。所以，婚居模式有两种基本的类型：

---

① 杨懋春：《中国的家族主义与国民性格》，载刘志琴《文化危机与展望——台港学者论中国文化》，中国青年出版社1989年版，第343—345页。

从夫居和从妻居。

从夫居就是结婚后妻子到丈夫家居住，成为丈夫家庭的一员，生的孩子都随父姓。结婚后的女孩要经历一个"自家人"与"外人"的转变过程，要有一个进入新生产集体和新家庭生活的适应过程，还要适应不断变化的角色。相比较来说，结婚后的男孩要经历的变化比女孩少，他结婚前是"自家人"，结婚以后还是"自家人"，他不需要适应新的生产集体生活，因为他婚前婚后一直都是这个生产集体的成员，他也不需要适应新的家庭生活，因为他一直是这个家庭的成员。他的角色转变和角色适应较为自然，不需要太多的努力。对于婆家来说，一个没有血缘关系的女孩原先是"外人"，而通过婚姻这种方式变成了"自家人"。而对于娘家来说，这个有着血缘关系的"自家人"则通过婚姻的方式变成了"外人"。媳妇作为"自家人"成为家庭的主人，去世后她的名字写入丈夫家的家谱，葬入丈夫家的坟地，享受子孙后代的香火供奉。公婆年龄大了生活不能自理了或者生病了需要照顾的时候，媳妇有义务照顾公婆，甚至承担更多的责任。嫁出去的闺女作为"外人"，在去世后不能把名字写入娘家的家谱，娘家的坟地也没有嫁出去的闺女的位置。过年是自家人团聚的节日，过年的时候，过了门的媳妇要在婆婆家过年，过年后一家人以客人而不是主人的身份回娘家拜年。

一　婚姻观和择偶标准

生产队时期，于庄人的婚姻观是很质朴的。结婚就是为了过日子，是实实在在地生活。无论是父母还是子女都希望找个好的伴侣踏踏实实、和和睦睦过日子，生儿育女，繁衍后代。结婚不仅是两个人的事情，而且是两个家庭之间的事情，结婚就是合两家之好。有儿子的人家想找个好姑娘当媳妇，有姑娘的人家想给姑娘找个好婆家。儿子找媳妇比较注重姑娘本人的条件，不太注重姑娘的家庭状况，而姑娘找婆家除了关注小伙子本人的条件以外，更关注小伙子的家庭状况。漂亮又精明能干的姑娘能找个好婆家，帅气又精明能干的小伙子未必就能找到满意的好媳妇，如果家庭条件好则能找到好媳妇，如果家庭条件不好就不好说了。至于为什么找媳妇不太关注姑娘的家庭状况，而找婆家很关注家庭状况，其实原因很简单，因为姑娘最终要到婆家过日子，而小伙子不是去姑娘家过日子。当然，家庭条件好而本人又漂亮能干的姑娘自然是更增加了自身的砝码。

于庄人的择偶标准是很现实的。于庄老年人常说的一句话"模样又不能当饭吃"。无论是男还是女,都要能劳动能过日子,这才是农民生活的第一要义。在于庄人的心目中所谓的好媳妇大体符合以下几个条件:一是身体强壮,下地干活能顶男劳力;二是会为人处世,心地善良,脾气随和,知道孝敬公婆,能够与邻里和谐相处;三是人长得漂亮、干净;四是能够传宗接代,生育孩子,特别是能够生育儿子;五是会过日子,能够勤俭持家;六是行为检点,没有坏名声。好婆家的标准符合以下几个条件:一是家庭经济状况较好,家庭成员身体健康,没有伤残人员,都有劳动能力,除了小孩外,没有吃闲饭的,没有额外的负担,没有多余的人口需要供养;二是家庭名声好,为人正派,没有劣迹;三是丈夫身体强壮,能吃苦受累,会做各种农活,是个地地道道的庄稼汉;四是丈夫本人要忠厚老实,没有劣迹,没有恶习,没有坏心眼;五是丈夫当家过日子能够顶得起来,能够支撑一个家;六是丈夫本人长得不能太差,而且也没有身体缺陷;七是婆婆不能太不讲理。因为不讲理的婆婆不好相处,过了门的媳妇会受气,婆媳关系容易出问题,而且会影响亲家之间的关系和小两口之间的关系。

家庭条件和子女自身条件存在一个互补的关系。良好的家庭条件可以弥补子女本身的一些不足甚至是缺陷,子女本身条件的优异也可以弥补家庭条件的不足。一个自身条件很一般甚至是一般偏下的男孩子,如果家庭条件很好的话,也可以找到一个自身条件不错的媳妇,但是,媳妇的家庭条件肯定是比男孩的家庭条件要差的。这种婚姻成立的条件是男孩家要比一般的人家付出较多的钱财,给女孩家一定的经济援助。在这种婚姻中,女孩显然不是完全自愿的,或许女孩根本看不上她的未婚夫,但是父母的意见战胜了女孩的意见。一个自身条件很好的男孩,比如是在伍军人或是"吃公家饭"的人,如果家庭条件不是很好,也可以找到一个自身条件不错的女孩。在这种婚姻中,双方的父母以及子女的幸福指数是很高的。如果孩子和家庭条件都不错的话,选择媳妇的余地就很大了,在婚姻中具有很大的主动性,会找一个家庭条件和自身条件都不错的女孩当媳妇。如果家庭条件和男孩子自身条件都不好的,可能就会很被动,孩子大了没有人给提亲,找个媒人也不愿意管这闲事。最后的结局往往是花较多的彩礼找一个家庭条件和自身条件都不好的女孩子当媳妇,甚至女孩子多少有些缺陷。或者是换亲,或者是转亲,或者是打一辈子"光棍"。

对于女孩子来说，婚姻是可以实现自己梦想，改变自己命运的一个途径。家庭条件好自身条件又好的女孩子和她的父母想通过婚姻的方式改变一下命运，找一个非农民的男孩子当丈夫是最现实的选择，所以，家在农村，孩子"吃公家饭"的人家是首选的目标。对于农村的女孩子来说，一般情况下在城里找个婆家是不太现实的想法。其次是家在农村的在伍军人，在伍军人跳出农门的可能性比较大，再说，就是复员回家也比一般农民多了一份不一样的人生经历。自身条件好而家庭条件不是很好的女孩，如果机缘好的话，也能实现自己的梦想。自身条件一般而家庭条件较好的女孩，比如父亲或哥哥在外上班，吃公家饭，也有可能找到一个非农民的丈夫。在这种婚姻中，女孩家会想方设法让男孩家省下一部分彩礼钱，而结婚时女孩子配送的嫁妆却是很丰厚的。如果自身条件一般而家庭条件也一般的女孩，找到一个非农民的丈夫的可能性很小，以至于断绝了"非分"的想法，踏踏实实找个"纯农民"的好婆家就可以了。

对于双方悬殊较大的婚姻，人们也会觉得可惜，人们会责怪父母为了钱财牺牲孩子的幸福。人们常常用"鲜花插在牛粪上"了，"好汉无好妻，懒汉娶花枝"等大俗话来表达对这种不般配婚姻的态度和情绪。

二　找对象

尽管国家提倡自由恋爱，反对包办婚姻，但是，这个时期农村男女青年的自由恋爱还是比较少见的，一是社会风俗对于婚姻恋爱问题还是趋于保守的，农村男女青年自己找对象被认为是轻浮和不靠谱，自由恋爱和浪漫的爱情是城市男女青年的专利，是电影和小说等文学作品虚构的情节，只是存在于农村男女青年的想象中；二是农村男女青年缺乏自由恋爱的机会，参加生产队的集体劳动是他们主要的生存方式，这限制了他们与外界交往的机会，不同村庄的男女青年缺少深度交往和彼此之间相互了解的机会。所以，牵线搭桥的媒人仍然是促成婚姻成功的关键人物。

家里自己有儿子的，不管是亲生的、领养的还是过继的，到了一定年龄都要结婚。家里亲生儿子多的，如果家庭条件不是太好，或者某个儿子本身条件不是太好，找不上媳妇，就会张罗着让儿子做上门女婿。家庭条件好的，男孩子本身条件又好的，会有人愿意主动做媒，给男孩子提一门合适的亲事。家庭条件不是太好，或者男孩子本身条件不是太好的，父母会求媒人给孩子提个亲事，有的时候有目标，有的时候则没有目标，一般情况下都不会找到太好的媳妇。家庭条件好，男孩本身条件不是太好的，也能够找到媳妇。也有到外地"买"个媳妇的。

　　绍群是家里的长子，是个老实巴交的孩子，下面有三个弟弟和两个妹妹。绍群的父亲在孩子们都还没有成人的时候因病去世了，因为给父亲治病还欠了一些账，本来并不富裕的家庭更是雪上加霜。父亲去世后不久最小的弟弟出生了。他母亲辛辛苦苦把孩子们拉扯大。到了绍群应该订婚的年龄，由于家庭条件不好，家庭负担重，而且本人自身条件也并不是太好，所以找对象就比较困难。正好附近村子有人在四川的贫困山区领来一些姑娘，想在山东这边找婆家，因为无论是这边的自然环境还是经济条件都比那边要好。介绍人说如果要娶那些姑娘的话，要给姑娘的娘家一定的经济补偿，并且介绍人要收取一些酬谢费。这些钱加在一起要比在当地娶媳妇的费用多一些，而且姑娘那边不陪送嫁妆，所有的结婚用品都由男方准备，这么算起来总的花费是较高的，远远超出绍群家的经济能力。但是，绍群的母亲觉得这毕竟是个机会，因为人家姑娘那边不嫌弃绍群的家庭和绍群本人，只要给够了钱立马就可以成亲，省去了中间很多麻烦事。绍群的娘就找"院"里的长辈们商量此事，大家都觉得孤儿寡母的挺不容易的，无论怎么作难也要把这桩婚事订下来。绍群的母亲找亲戚朋友还有"院"里、村里关系不错的人借钱，总算凑够了这些费用。

　　绍群在没有结婚前一家人住着三间土坯房子，母亲和妹妹们挤在一间屋里，他和弟弟们挤在一间屋里，中间的屋子盘着一个灶台，放着乱七八糟的东西。绍群结婚要布置新房，绍群的母亲让绍群的弟弟们分散到邻居家借宿，把绍群和弟弟们住的房间腾出来给绍群暂时作新房。过了一年，绍群在申请的宅基地上盖起了新房子，收拾好后，小两口分家另起锅灶，绍群的母亲让绍群承担了一部分债务。绍群连续生了两个儿子，小儿子四岁的时候，媳妇带着小儿子回了一次老家，顺便又介绍了几个老家当地的姑娘嫁到于庄，由于地缘的原因，他们像亲戚一样来往。

　　绍群的大弟弟初中毕业后，在生产队干了几年活，然后参了军。

复员后，娶了附近村的一个姑娘，结婚后盖新房子，然后分家。二弟高中毕业后考上了当地的师范学校，毕业后回到公社联中当老师，娶了附近任村支书的女儿，也是结婚后盖新房子，然后分家。三弟由于自身方面的原因一直未能结婚成家，始终和年迈的母亲一起生活。

绍群的家庭条件不好，自身条件也不是多么好，就是一个普普通通的社员。像这样的情况在本地找个媳妇是比较困难的，只能到外地"买"个媳妇。

绍国的父亲是于庄第三生产队副队长，下面有一个弟弟，比他小三岁。由于孩子少，而且绍国的父亲还是生产队副队长，家庭经济条件相对来说还是可以的。但是，令人遗憾的是绍国先天性的智商低下，上到小学二年级的时候就上不下去了，老师不要他了，因为他不但自己不学习，还影响其他的孩子们上课学习。十多岁的孩子大活干不了，除了自己满大街跑，自己玩，只能帮着父母做点力所能及的活，而且还常常把活干坏，让父母为他操心不少。由于他的精神状态，大家都称呼他"傻国子"。绍国的父亲早早申请了宅基地给儿子盖起了在村里数得着的新房子。绍国到了该谈婚论嫁的年龄的时候，父母张罗着想给他找个般配点的对象，比如身体有残疾的女孩，但是女孩必须精神正常，否则没法过日子。经过努力，始终还是没有找到合适的对象。也有"院"里的人委婉地劝绍国的父母别再费心给绍国张罗着找对象了，找着太差的媳妇两个人也没法过日子，即使找着个好点的，两个人的日子能长久吗。但是，绍国的父母觉得不给儿子找个媳妇对不起儿子。恰巧有人从四川领来一些姑娘要在当地找婆家。绍国的父母托人给介绍了一个姑娘，那个姑娘本身也有点残疾，姑娘觉得绍国的家庭条件还算可以，姑娘愿意留下来和他结婚。新房就是早就盖好的那个房子，结婚后，绍国夫妻俩和父母在一起生活，尽管分开居住，但是没有分家。后来，绍国的弟弟结婚，自己分家另过，由于可以理解的原因，弟弟和弟媳也不抱怨父母不公平。

绍国属于家庭条件不错而本人自身条件较差的情况，其实，像绍国这种情况是不适合结婚的，父母觉得只有帮助儿子娶了媳妇成了家，才算尽到父母的责任，完成父母的任务，就尽力给儿子"买"了个媳妇。为了维持儿子的婚姻，对儿子和媳妇极尽帮扶之责。

广海上面一个哥哥，下面一个弟弟。由于广海的爷爷新中国成立后划分阶级成分的时候被划为地主，"文化大革命"时期，他父亲还曾被当作地主恶霸的儿子遭到过批斗。广海和他哥哥相继到了该谈婚论嫁的年龄的时候，正值重视家庭成分的年代，由于家庭成分高，尽管广海和他哥哥自身条件不错，但是还是严重影响了他们的婚姻，没有人愿意把姑娘嫁给一个地主恶霸的后代。眼看着年龄一天天大起来，没有人给提亲，父母觉得愧对儿子，就让广海的哥哥一个人去离家很远的地方下井做了矿工。广海的哥哥经常给家寄些钱来，家里的日子还算富裕。后来，广海的哥哥在当地找了一个身患痨病的女孩，结婚后不几年，女孩去世了，广海的哥哥再也没有结婚。父母去世的时候也没有回家奔丧。

广海找了一个精神病女孩。女孩十六岁那年在地里干活的时候遭人强暴，女孩觉得丢人，精神压力很大，就患了精神病，整天疯疯癫癫的。经人介绍，那个女孩嫁给了广海，父母给他盖了房子，结婚后自己分家另过。后来，生了个女孩。

广海的弟弟比两个哥哥要幸运得多，当他到了结婚年龄的时候，不再重视家庭阶级成分，所以，他找了附近村里的一个女孩结婚。

在重视家庭出身的时代，广海的家庭有着一个很大的"污点"，尽管广海和哥哥的自身条件不错，但是，还是不能找到合适的对象。弟弟幸运的是，在谈婚论嫁的年龄家庭成分高已经不是污点了。

广立的父亲是于庄第一生产队的队长，广立是家里的长子，下面有三个弟弟，一个妹妹。由于父亲当生产队队长，家里的经济条件相对较好，而且在村里较为受人尊敬。在广立差不多该找媳妇的年龄，广立父亲向大队申请了宅基地，盖起了新房子，准备给儿子娶媳妇。村里人都知道一个秘密，广立到了20多岁的时候仍然有尿炕的毛病，一年四季，只要晴天，广立家就要晒被子。去医院看了很多次，吃了一些药也不管用，甚至有人也给了他一个偏方，让广立的母亲烙一个白面大饼，晚上睡觉的时候把这个白面大饼垫在广立铺的褥子下面，第二天把那张白面大饼晾干，让广立陆续吃掉那个大饼。但是，吃了几个大饼，尿炕的毛病依然改不了。也有人说结了婚以后就好了。

　　有人给广立提了附近张村的一个姑娘，姑娘一家人都知道广立尿炕的毛病，但是，姑娘家庭条件不是很好，希望找一个家庭条件好点的婆家，好对娘家有所帮助。按照当时的风俗习惯，走过了相亲、订婚、登记、结婚等一系列的过场，广立父亲给女孩家的聘礼较为丰厚，女孩一家人都很满意。早先盖好的新房子布置成了广立和新媳妇的新房，不久，分家另过。

广立的家庭条件不错，自身条件一般而且有明显的缺陷，但是，还是能找一个家庭条件不好的媳妇，以期望得到他家的帮助。

自己没有亲生儿子，而领养的或过继过来的儿子不会做上门女婿。

家里有闺女的，到了一定年龄主动上门提亲的人就多起来，俗话说"一家女百家求"。如果没有儿子，想留某个闺女在家招上门女婿的话，父母会放出风去说某个姑娘要招上门女婿，有人觉得有合适的对象的话会做个媒人促成一段姻缘。

家里的男孩到了该定亲的年龄，如果父亲健在的话，一般是父亲向大队申请要宅基地，村里的宅基地由大队而不是生产队审批，审批宅基地通常是大队支书一个人说了算。大队会根据申请人家里的实际情况给申请人划定宅基地，比如，男孩确实到了该定亲结婚的年龄。如果男孩年龄还小，不到定亲结婚的年龄，一般是不会划给宅基地的。

条件好的家庭会在申请的宅基地得到批准后盖好房子准备给儿子找媳妇定亲结婚，条件不好的则在结婚后再给儿子和媳妇盖新房子。这个时期的房子是土坯房，房基是砖砌成的，用白石灰勾缝，红瓦的屋顶。檩条的质量和数目以及房基砖的层数是一个房子质量好坏的重要标准，也是家庭条件好坏的标志。

三　相亲

媒人介绍后如果男女双方家庭都没有意见的话，接下来的一个环节是相亲。相亲是男孩及家里的长辈在媒人的带领下到女孩家里去相亲，一般都是利用晚上的时间。下午在生产队散了工，准备好了以后就到女孩家去相亲，男孩这边带些点心、糖块、花生、瓜子等食物。为了给对方留下良好的印象，男孩要刻意打扮一番，有的要借一下别人的衣服或鞋子之类的东西用一下，父母事先要嘱咐应该注意的问题。一般都是步行或骑自行车去，路程不会太远，因为都是附近村子的。相亲不但是婚姻当事人双方家里的大事，也是女孩整个村子的大事。村里人知道某家的闺女今晚相亲，男女老少会站在大街上像看一个怪物一样注视着来相亲的男孩，有些男孩由于过度紧张还闹出了很多笑话。女孩的家里人都要对男孩进行相看，然后盘问家里的情况，比如家里几口人呀，兄弟几个呀，姊妹几个呀，家里人或"院"里人有在外面"混事"的吗，家里收成怎么样呀，等等。尽管这些情况在相亲之前女孩一家人都清楚了，但还是会象征性地问问，装作事先不知道的样子。然后给男孩和女孩留下不长的时间见个面，略微说上两句话，然后就回家去等消息。

相亲是一种仪式，是一种被媒人和长辈们控制的见面仪式。相亲之后，在没有确定是否愿意结亲之前是不能再提亲的。其实，很多时候相亲之后，男女双方见面还是不认识，更谈不上彼此之间相互了解了。

四　打听

相亲之后，媒人会问女孩家里的意见，是否愿意成这门亲事。女孩家里一般不会立即表态说同意还是不同意，女孩家里还要通过关系进一步打听男孩家里的情况，尽管在正式相亲之前打听了男孩及男孩家里的一些情况。打听的内容主要有：男孩是否能干；男孩的品行怎么样；男孩父母为人处世怎么样；家里有没有发生过恶性事件，比如有没有家庭成员犯罪；男孩的父母对待男孩的爷爷奶奶怎么样；家庭经济状况怎么样等一些问题。被打听的人一般不会说坏话，除非这个男孩或男孩家里人确实作恶多端，为害乡里。如果男孩家里知道被打听的人说了自家坏话的话，两家人就算是结了怨了。俗话说没有不透风的墙，说了别人家的坏话早晚会被人知道的。耳听为虚，眼见为实。更有一些泼辣的女孩装作路人亲自到男方家里查看情况。

广伟家庭经济情况不是很好，有人给他介绍了邻村张庄的一个姑娘，相亲之后，女孩还是不放心广伟家的情况，决定要亲自去了解一下他家的情况到底怎么样。由于在相亲的时候只是短短见了一面，而且是在晚上借着煤油灯的光亮看了几眼，广伟对女孩的印象不是很深刻。广伟家里其他的人根本不认识那个女孩。广伟家的门口朝向村里的街道，那个女孩装成过路人到广伟家要水喝，顺便看了看广伟家的情况，又数了数房上的檩条是几檩，房屋的基础是几行砖。那姑娘觉得广伟家的实际情况和媒人说的有太大的差距，回家之后就和媒人说了这桩亲事不能成。

男孩家也打听女孩本人及女孩家的情况，男孩家打听的内容和女孩家打听的内容是有所区别的。男孩家主要打听这个女孩生活是否检点，是否有过婚前性行为，女孩的父母亲对待女孩的爷爷奶奶怎么样，女孩的家庭负担是否重等一些问题。女孩的婚前性行为是男孩家特别忌讳的，这样的事情往往成为公开的秘密，如果男孩自身条件或家庭条件不是太好的话，就会默默地接受这样的事实，如果男孩家庭条件和自身条件都不错的话，这件事情会成为婚事的杀手。一般情况下，越是家庭条件和男孩子自身条件好的越爱打听女孩和女孩家的情况，越是家庭条件和男孩自身条件都不好的越不打听女孩和女孩家的情况，因为他们选择的余地较小，甚至没有什么选择余地，处于被动地位，老是惧怕婚事不成。

广尧的父亲中专毕业后分配到离家一千多里的外地，在公社里当干部。广尧初中毕业后没有被推荐上高中，只能回乡务农。广尧父母觉得应该给儿子找一条出路，让儿子学个手艺。征得生产队同意后，广尧去他父亲那里学手艺。他父亲利用自己的关系给他找了个瓦工师傅，跟着师傅学瓦工。广尧的家庭条件在于庄算是较好的。邻居家一位嫂子把自己娘家院里的一个侄女介绍给了广尧。女方非常愿意。广尧回来相亲，对那个姑娘没有什么感觉，说不上是愿意还是不愿意。广尧通过自己的初中同学打听到姑娘有慢性气管炎，而且姑娘的两个弟弟都是秃子。广尧觉得媒人隐瞒了实情。回到父亲那里后，背着父母给姑娘家写了封信，告诉她让她重新找亲事，他们没有缘分。姑娘接到信后很伤心，把信给了她父母，她父母又转交给了媒人，媒人又转交给了广尧的母亲。事情到了这一步，他母亲也没有办法了。

五 订婚

相亲之后，双方都相互打听一下对方的情况，做进一步的了解。人也见面了，彼此的情况也亲自打听了，基本上也了解了，那么，是否同意这门亲事究竟取决于谁的意见呢？如果双方父母和孩子都没有意见的话那是最好的了。问题是事情并不总是这么顺利。在择偶的标准方面父母和孩子肯定是有不同意见的。父母作为过来人，能够比较理性地对待孩子的婚姻问题，既要考虑对方的家庭条件，又要考虑对方孩子自身的条件。孩子们可能比较感性，主要的是对对方是否有好感。也有的父母可能比较功利一点，把对方的家庭条件放在第一位去考虑，可能会和孩子产生一些分歧，如果分歧不是很严重的话，通过慢慢沟通会解决问题的。究竟是父母的意见起决定作用还是孩子的意见起决定作用，取决于父母和孩子之间的博弈。有的父母比较强势，最终战胜了孩子的意见。有的孩子比较强势，如果父母硬逼的话，会采取极端的方式来对抗父母的意见。社会环境和国家的法律政策为孩子自助选择提供了良好的条件。

在于庄有两个典型的案例分别代表了两种类型。

前面案例中提到的小英从小失去了母亲，因为她是长女而且是家里唯一的一个闺女，母亲去世后就担当起了母亲的角色，帮着父亲把三个弟弟带大。到了谈婚论嫁的年龄，媒人给介绍了一个对象。对方来相亲之后，她父亲觉得那个男孩子老实实在，是个正儿八经的庄稼汉，就同意这门亲事。小英看不上那个男孩子，觉得太老实，怕结婚后撑不起家。父女两个意见出现了分歧，为了这件事还吵了一架。小英觉得委屈，想起了自己去世的母亲，觉得如果母亲健在的话，母亲会支持自己的意见的。小英晚上独自一个人趴在母亲的坟上哭。小英的父亲一晚上不见闺女在家，也不知道出什么事了，就发动"院"里人到处去找。有人听见哭声，循声而去发现是小英一个人在哭。"院"里人都劝小英父亲还是依着孩子自己吧。最终没有和这个小伙子订婚。后来，又有媒人介绍了朱家庄的一个小伙子，小英自己觉得满意，她父亲也没有什么意见，就这样订了婚。后来，小英和丈夫又搬迁到张家庄。

在这个案例中，小英在和父亲的博弈中通过自己的抗争做出了自己的选择。"院"里的人还是支持小英的选择。另外，小英的父亲也没有那么固执和强势，只是和闺女的标准有些分歧而已。

后面的案例中还要说的大翠的大姑姐在订婚这件事上没有小英那么幸运。大翠的婆婆是一个很强势的人，尽管水平不高，但是还要说了算。大翠的父亲在外地上班，下面就两个弟弟，家庭负担不重。这样的家庭在于庄算是比较好的家庭了。按照一般的逻辑，大翠的大姑姐应该找个不错的婆家。有几个媒人给提的亲事确实不错。其中，有一个媒人给提了一个汽车司机，是复员军人。大翠的婆婆觉得司机轧死人是要偿命的，她总是往最坏处想，没有答应，尽管大翠的大姑姐愿意，但是，没有拗过母亲。后来，大翠的婆婆的父亲给提了一门亲事，是婆婆父亲朋友的小儿子。那小伙子高中毕业，自己觉得有才，一副愤世嫉俗的模样。因为看不上自己的媳妇，刚结婚不到一年就离婚了。大翠的婆婆的父亲就把大翠大姑姐介绍了过去。大翠的大姑姐不愿意，大翠的婆婆觉得她爹当媒人不会有问题的，二婚就二婚吧。来相亲的那天晚上，那个小伙子要穿一双旧鞋子来，他大哥揍了他一顿，勉强穿了一只新鞋就来了，另一只脚上还是旧鞋。小伙子来了后，先给大翠的婆婆家讲了一堆大道理，比如，要吃苦在前享受在后，等等。大翠的婆婆喜欢这小伙子，觉得以后会有出息，事实证明，这小伙子以后还真没有出息。大翠的大姑姐没能战胜母亲的意见，她也没有小英那种抗争精神，爷爷的反对意见也没能改变大翠的婆婆的固执。在母亲的主导下订婚了。订婚前她母亲请人给在外地上班的父亲写了封信，说闺女要订婚。还没有等到父亲的回信，母亲在"院"里人的帮助下举行了订婚礼。村里人都知道大翠的大姑姐不同意这门亲事。

在这个案例中，大翠的婆婆是一个很强势的人，大翠的大姑姐始终没有走出母亲和姥爷强势的"阴影"，在和母亲的博弈中，被母亲的强势所战胜，被迫嫁给自己不喜欢的人。由于母亲的坚持和强势，爷爷的意见没有被重视，姥爷的意见被采纳。

在一般情况下，相亲之后，经过媒人的沟通，如果双方没有意见的话，下一个环节就是订婚，订婚俗称"过帖"，就是男女双方要互换写着对方生辰八字的庚帖。订婚是个大事，订婚要过礼，男方送给女方订婚礼物，为了给女孩买到喜欢的衣服，男孩家里人会让男孩陪着女孩先把衣服、围巾等要送给女孩的订婚礼物买下来，顺便扯两个包裹皮把订婚礼物包起来，放在男孩家里，等过帖那天再送过去。订婚礼物一般是几件衣服或围巾，用红色包裹或花布包裹包着由媒人送到女方家里，男方"院"里的长辈近亲属陪着媒人一起去，男孩的父亲这个时候是不能去的。女方要摆个酒场，请"院"里关系近的亲属陪着媒人和男方"院"里的人。和男方不一样，女方不会通知亲戚大摆宴席，酒席所用的菜肴和酒都是男方带过去的，女方帮着把菜做好，只是象征性地添加点菜肴。媒人把庚帖和订婚礼物送给女方，女孩的父亲把女孩的庚帖和送给男孩的礼物一起交给媒人，象征性地喝酒吃饭后，媒人和男方"院"里的长辈带着女方的庚帖和女方送给男孩的礼物回到男方家里。女方家里送给男孩的订婚礼物要少于男方家里送给女孩的订婚礼物。男方家里事先几天就通知亲戚朋友来参加订婚宴，亲戚朋友要随份子，有专门的人记"红账"。

订婚之后也有退婚的情况。因为在订婚之后，发现了订婚对象有未曾发现的严重缺陷，或订婚对象出了让对方或对方家庭不能接受的事情。按照村里的规矩，如果是女方主动提出退婚，女方就要退还男方给的彩礼。如果是男方提出退婚，就不能向女方索要彩礼。这一切都要通过媒人在两边进行沟通协商。有很多因为退婚时彩礼清算不清而发生矛盾的。不管是男方提出的，还是女方提出的，如果要退婚的话，男方或多或少要有经济方面的损失。村里有一种"臊男不臊女"的说法，就是说如果女方提出退婚的话，女方面子没有损害，男方面子损害不大。如果是男方提出退婚的话，女方面子损害很大，男方有面子。如果要退婚了，不管是哪方先提出的，对外都声称女方家提出退婚的，尽管大家心里都很清楚是怎么回事。

桂香是家里的长女，人长得漂亮，是十里八乡数得着的漂亮姑娘。漂亮姑娘肯定得找个好人家。有人介绍了附近孟家的一个小伙子，小伙子参军，在部队当排长。相亲那天小伙子是穿着军装去的，更显得帅气威武。大家都很羡慕桂香有福气，找了个好丈夫。利用小伙子回家探亲的时间，相了亲，订了婚。双方对这桩婚事都很满意。

小伙子家以自己家找了个漂亮媳妇而自豪，桂香家以闺女找了个军官而骄傲。订婚后小伙子回部队了。

之后，事情的发展让人有些惋惜。桂香和本村一个已经有了三个孩子的中年男人通奸。论辈分桂香还是那个男人的姑姑辈，尽管他们已经出了五服，但都是一个姓，同宗同脉。后来，桂香怀孕生下了一个孩子，两个人终于奸情败露。桂香的父亲快被闺女活活气死了，没想到自己人见人夸的闺女干了这么丢人的事情，让自己怎么见人。为了挽回面子，桂香的父亲控告那个男人强奸他闺女，那个男人被逮捕判了三年刑，给桂香家赔了钱养月子。生下的孩子被悄悄送了人。这件事情很快就传遍了，桂香的未婚夫家也知道了这件事情，未婚夫家也觉得丢人，没有想到自己这么好的儿子竟然找了这么一个女孩子，真是自己全家瞎了眼。媒人也觉得丢人，本来想办件好事，没有想到事情会是这个样子。很快那个小伙子从家里知道了事情的原委，就从部队给桂香家里写了封信，提出退婚的事情。桂香全家知道自己理亏，对不起小伙子和小伙子父母，就主动把彩礼给退了回去。

好长时间桂香和她的父母都不出门，在地里干活的时候也尽量不和别人说话，村里人没有人故意当面和桂香家里人谈论这件事，但在背后都纷纷议论说，桂香这孩子自己糟践自己，把自己的好事都给毁掉了。

后来，她父亲托一个在天津郊区农村的远房亲戚帮着给找了个婆家，婆家没有人知道她的故事。

桂香丈夫退婚是因为她自己给自己涂抹了一个大大的污点，出现了让人难以接受的奸情。

美新的父亲是生产队会计，美新下面还有一个弟弟，美新小学毕业就不上学了，他父亲本来想让他继续读初中，但是上学读书对他来说是很痛苦的事情，所以他父亲用尽了各种办法还是无法让他继续上学。在生产队参加劳动年龄还小，他父亲就托人让他跟着别人学手艺，可是他悟性不好，学什么也学不好。年龄大了点之后干脆就在生产队参加劳动了。20多岁的时候，村里有人给他提了一门亲，经过相亲、过帖等程序后，把婚订下了。后来，女方打听到美新有点傻，而且好色。据说，那一次在生产队劳动的时候，其中有一个社员看见一个过路的女子进了路边一个厕所，就跟美新开玩笑说，有个漂亮的女的进厕所了，站在高处能看得到。美新就真的爬上一个高地向厕所方向看。这事成了笑话，不知怎么就传到美新未婚妻家里了。未婚妻一家人觉得这孩子有点傻、好色、容易惹祸，不如趁早把这婚事退了，免得以后更麻烦。就通过媒人提出退婚的事，一开始，美新一家人不同意退婚，他家也知道再找个媳妇不容易，但是女方坚持退婚，理由是请人算卦了，说是孩子在这个方向找亲戚不合适。就通过媒人把彩礼都给退回去了。美新的父亲觉得媒人没有尽心，媒人觉得很委屈，说你家孩子不行还埋怨媒人呀，哪个媒人不是希望亲事成呀。

美新被退婚是因为他的行为被认为是不正常的，被推断为好色而且智商有问题。这对于一个男孩来说是一个很大的污点。

六　"认家"

订婚之后就是女孩到男孩家"认家"。女孩父母通过媒人和男孩家商量"认家"的事，确定好来"认家"的时间，谁陪着女孩一起来，还有男孩母亲送给女孩"认家"的见面礼，见面礼要给钱，给多少钱要通过媒人进行沟通，一般不会少于最近女孩村子里其他女孩"认家"时婆婆所给的钱，否则女孩家里人会觉得没有面子。

女孩来"认家"不但是男孩家里的大事，也是村里的大事，某某家的媳妇来"认家"的消息会让整个村子兴奋不已，大家都会站在大街上女孩必经的道路上观望，评头论足一番。如果女孩子长相好，大家自然是赞叹人家有福气找了个好媳妇，婆婆一家自然是脸上有光。如果女孩子长相一般或长相不太好，大家自然会说，长相不管用，只要心地好，能干活，能生儿子就是好媳妇。这样的话也让婆婆一家有了好多的安慰。一般是女孩的婶子大娘等女性长辈陪着来"认家"，男孩家也要请上"院"里的婶子、大娘、大嫂，还有姨妈、舅母、姑姑等女性亲属来与女孩相认，男孩母亲会把所有的参加"认家"仪式的女性亲属介绍给女孩，女孩按照结婚后的角色和身份来称呼男孩家的女性亲属，每个女性亲属都会给女孩见面礼，见面礼的多少要根据亲属远近而有所不同，见面礼统一交给男孩的母亲，等女孩要走的时候，男孩的母亲会按照事先通过媒人说好的见面礼的数目给女孩，亲戚们给的钱如果多于这个数目，男孩母亲会把多余的钱自己留下来，如果亲戚们给的钱不够，男孩母亲会自己补足这个数目后再交给女孩。既然通过这个场合大家都认识了，赶集上店的时候再见着面就不能装作不认识了。临走的时候，女孩会从男孩母亲那里要走男孩的鞋样子，回家后给男孩子纳鞋底做鞋子，做好后给男孩子捎过来，男孩子穿上未过门媳妇做的新鞋子心里都美滋滋的。

"认家"之后，结婚之前，逢年过节的时候男孩都要带着礼物到女孩家去，女孩家把未过门的女婿当贵客招待。到秋收、麦收的时候，男孩会抽空到女孩家去帮工干自留地里的活，不仅参与生产队的劳动，还要带上一些礼物，这是礼节，也是男孩展示和表现自己的机会。女孩村里人会对男孩的表现进行评价，某某家闺女找了个能干的女婿，某某家闺女找了个不能干活的女婿，等等。

七　登记

"认家"之后过个一年半载的男孩家会通过媒人催问女孩家什么时候去登记，也就是去公社民政所领结婚证。女孩家会说不着急，让女儿在家再出两年力，帮家里干干活什么的。经过男孩家的催促，女孩家会同意去领结婚证，双方都到各自的大队开证明信，男孩家事先跟民政所管婚姻登记的工作人员联系好什么时候去登记，当然要送些烟酒、糖茶之类的东西了。女孩家里由"院"里的女性长辈，如婶子、大娘等陪同，男孩家里也由婶子、大娘等女性长辈陪同一起去领结婚证。领完结婚证之后，再领着女孩到县城或公社的商店买些衣服之类的东西，男孩、女孩还有陪同去的人一起到饭店吃饭。

一般秋后农闲季节去登记的人多，登记之后不久就要准备结婚了，也就是举行婚礼。在农村人的眼中，只有举行了婚礼才算是真正结婚了。婚礼一般是在年前举行的多，一是农闲季节有足够的时间，二是举办婚宴准备的菜肴冬天天气冷能放得住，三是剩下的菜就着过年用了。新媳妇过门第一年娘家要来很多人拜年，所以得多准备过年的东西。家庭条件好点的，为了给儿子办婚宴要自己杀头猪。

登记之后，举办婚礼之前，男孩家要给女孩嫁妆费，嫁妆费的多少由女孩家提出，告诉媒人，媒人再告诉男孩家，有的时候两家的矛盾就出在嫁妆费的多少上，男孩家想少给点，女孩家想多要点，媒人会在中间做些协调，这也显示出媒人的水平。女孩家会用这些钱置办嫁妆，有时候父母再给添上些钱置办嫁妆。如果女孩陪送的嫁妆不值男孩家给的嫁妆费，女孩嫁过去后会受到婆家人的鄙视，如果父母又给闺女添了些钱置办嫁妆，女孩结婚后会受到婆家人的尊重。

八　定日子

定日子是男孩家的事情，男孩家会请算卦的给看个黄道吉日。看好日子后，通过媒人事先告诉女孩家，让女孩家做好结婚的准备，会亲家的时候再由双方父亲最后确定结婚的日子。女孩家一般会尊重男孩家定的日子，不会让男孩家另选日子。如果女孩家随便改日子那会造成很大的矛盾，甚至导致婚姻的破裂，因为按照民间的习惯说法，"前错死公公，后错死婆婆"，就是说，如果女孩家要改的日子在男孩家定的日子之前的话，对公公不利；如果要改的日子在定的日子之后，对婆婆不利。所以，有的时候如果女孩家反悔想散掉这门亲事的话，会通过在结婚日子上做文章，让男孩家最终自己主动放弃，谁家也不会为了一个未过门的媳妇而牺牲公婆，尽管没有科学道理，但大家觉得还是应该相信的，没有人会拿着自家的事情去验证这种说法的对错。

结婚前，男孩家要给女孩买衣服。买衣服是结婚前的一个重要活动，女孩由自己家的婶子大娘或嫂子陪着跟男孩去买衣服，男孩这边也由自己家的婶子大娘或嫂子陪着去，媒人是必须在场的。这次买衣服是允许女孩多买点的，一般去县城的商店买，女孩家的婶子大娘或嫂子们会鼓励女孩尽量多买，男孩家的婶子大娘或嫂子们则想办法让女孩少买点。双方往往在这件事情上搞得不愉快。买衣服的时候有一些跟着围观的人。买完衣服在饭店吃饭，然后，女孩把买的新衣服带回家，有些衣服结婚的时候穿。

九　会亲家

举办婚礼之前，大约一个月的时候，要会亲家。会亲家是男人的事情，是亲家公亲自会面商谈结婚的一些事情。亲家母是不会出面的，但都是在各自的家里参与商讨的。在媒人的陪同下，男孩的父亲、叔叔大爷等带着烟酒、糖茶还有菜肴去女孩家会亲家，女孩家用男孩家带去的菜肴准备个酒场，也把女孩家的叔叔、大爷请过来一起会亲家。会亲家是个仪式，很多事情在会亲家前已经订好了。男孩父亲会把嫁妆费交给媒人，媒人再转手交给女孩的父亲，数目是事先已经订好了的。男孩的父亲再把结婚的日子告诉女孩的父亲，其实女孩家早已知道了。然后再商讨一些细节性的事情，比如结婚三天之后，是娘家人去叫女孩，还是婆婆家送，等等。在这个场合，女孩出来给未来的公公和叔叔、大爷们满水，女孩的父亲会鼓励女孩称呼未来公公"爹"，未来的公公会谦让道"现在别难为孩子了，过门后再改口也不晚"，然后，掏出事先准备好的钱给将要过门的儿媳妇，问问儿媳妇还有什么要求，等等。有些人家会商量好在这种场合让未来的儿媳妇给未来的公公提一些要求，如要再额外添置什么东西。这一般是对男家不太满意的人家做的事情，女孩家想通过这种方式给男孩家出点难题，发泄一下自己觉得嫁给他家吃亏的情绪。女孩的父亲会象征性地训斥女儿不要太过分，越是这样，男孩的父亲越是表现得一定要满足未过门的儿媳妇的所有要求。大家都清楚这不是未过门的儿媳妇一个人的意思，而是全家人事先都商量好了的。未来的公公尽管觉得不舒服，这种要求又增加了结婚的成本，但还是高姿态地答应未过门的儿媳妇提出的所有要求，如果不答应未过门的儿媳妇的要求的话，一是让人觉得不够场面，二是这个亲事可能会散伙，儿子也可能会怨恨自己。其实，这样的儿媳妇没有过门就已经和公公婆婆结怨了，过门后婆媳关系相处融洽的很少。所以，会亲家的时候公公最怕未过门的儿媳妇提出一些过高的要求。

如果男孩家的条件比较优越，女孩家觉得找了这家做亲戚是高攀，会亲家的时候，女孩不会提出过分的额外要求。

如果男孩的父亲不在了，男孩"院"里的男性长辈会代替男孩父亲的角色会亲家。究竟是哪位男性长辈去会亲家，一般是依据父系关系的"差序"，请关系最近、年龄最长的长辈代劳。在这样的情况下，不管对这门亲事是否觉得吃亏，女孩一般不会对男孩"院"里会亲家的长辈提出过分的要求，假如女孩真的提了过分的要求，参加会亲家的长辈也不会当场答应下来，推说自己做不了主，要回家再商量商量。那样的话，女孩家就被动了。

十　结婚

会完亲家，双方都准备着结婚的事情。结婚也叫过门。在于庄人的观念中，领了结婚证并不是结婚，只有举办了婚礼才是大家都认可的结婚。

临近结婚的时候，女孩家会给孩子准备被褥铺盖、桌椅、橱柜和一些梳妆用品等，结婚那天女孩家送嫁妆的人会把嫁妆送过来，不管是男孩村里的人还是女孩村里的人都会对女孩家陪送的嫁妆评头论足，陪送的铺盖是大家都比较关注的，也是嫁妆是否丰厚的重要评判标准。男孩子家要布置好新房，等着女孩家在结婚那天把嫁妆送过来安排好。

无论是男孩家还是女孩家，结婚的前几天至少是前一天，一般都会把姥姥、妗子、姨、姑姑等长辈女眷亲属请来住下，妗子、姨、姑姑有的不住下，结婚当天来当天回，但是，姥姥一般都会提前来住下，媳妇娶进门后的第二天再被送回家。

结婚的前两三天，无论是男孩家还是女孩家，主家都要"请职"，摆个酒场把生产队干部和院里管事的和帮闲的人请来，主家把要招待客人的大体数目、要请哪些亲戚朋友等事项向管事的做个交代，主家就开始当起"东家"来，具体的事就由管事的来办，负责迎来送往、端盘送水、借桌椅板凳等事项的人员的具体分工都由管事的负责安排。在这个酒场上，管事的全部安排好。

结婚的前一天晚上是比较热闹的，男孩家比女孩家更热闹。男女两家在结婚前一天晚上就开始招待各自的客人，在自家的院子里用砖头或土坯临时砌上个灶，请来厨子做饭，在院子里用帆布搭起帐篷，从"院"里和邻居家借来桌椅板凳、盘子、碗、筷子、茶壶、茶碗、酒壶、酒盅等。招待完客人后再分别给送回去。这种借用带有互助性质，大家都会彼此提供方便。结婚的前一天晚上就开始记"红账"，一直到媳妇迎进门或闺女出了门为止，请一个专人做"账房先生"，把亲戚朋友、庄里庄乡随的份子钱记下来，主家把"红账"留好，这是人情来往的根据。以后谁家有事要随份子的时候，先看看"红账"，确定彼此之间是否有来往，自己有事的时候人家随了多少份子钱，这期间是否还欠人家的人情债，然后确定要随的份子钱。如果这期间欠人家的人情债的话，要借这个机会补上这个人情债，随的份子钱一定要比对方随自己的份子钱要多，至于多多少，要看这个人情债有多大了。如果不欠对方人情债的话，随的份子钱只能多于或等于对方随的份子钱，一定是不能少于对方曾经随的份子钱的。这个时期，份子钱的多少与血缘关系的差序基本吻合，关系近的亲属随的份子钱多，关系远的随的份子钱就少，庄乡随的份子钱比亲戚少。

结婚那天，男孩在"院"里长辈的陪同下要亲自到女孩家迎亲，于庄的习俗是早上早去，必须在中午之前把媳妇娶回家，回来得越早越好。

在这个时期，一般是赶着马车或骑着自行车去迎亲，再晚些时候也有开着大队的拖拉机迎亲的。女孩家摆个酒场，招待迎亲的新女婿和其他陪同迎亲的人，象征性地吃过饭之后，陪同迎亲的人会催促着早点"起轿"，新女婿吃过水饺之后就开始"起轿"，新郎开始改口称呼岳父岳母"爹""娘"，岳父母给女婿一个红包。女孩家送嫁妆的队伍也跟着迎亲的队伍一起前行，女孩的舅舅作为新娘娘家人的代表负责送嫁，送嫁的人员中有伴娘，伴娘一般都是儿女双全的性格泼辣的中年妇女，可以是自己"院"里的，或是自己村的，或是自己的一个亲戚。伴娘的一个主要任务是保护新娘，如果迎亲那天有人玩笑开得太过分的话，伴娘就会替新娘挡驾。还有挂门帘的，一般是两个小男孩，还有"压车"的，"压车"的一般也是一个小男孩。女孩家管事的给男孩家来迎亲的发赏钱，赏钱数目一般是固定的，包在红包里。女孩家在结婚前一天晚上，在锅里烙一些像象棋子般大小的小火烧，俗称"岁火烧"，"岁火烧"的数目是女孩年龄的两倍。"岁火烧"烙好后装在一个盒子里，或包在一个布包里，由伴娘随身带着。新娘一般是早上吃几个煮鸡蛋，少喝水或不喝水，因为到了婆家之后就坐在自己新房的炕上不动，尽量少上厕所，以免被闹洞房的抓住机会。

迎亲的队伍到了后，早已等候的人们开始燃放鞭炮，最活跃的是年轻的小叔子辈的男孩子们。新娘子在鞭炮声中，在伴娘和男孩家接亲的女性亲属的簇拥下，冲过准备给新娘子开玩笑的男人群，进入新房，把婆婆的衣服给新媳妇披一下，表示她已经真正成为婆婆家的人了，今后她要接婆婆的班。伴娘开始扔随身带来的"岁火烧"，人们开始哄抢"岁火烧"。"压车"的小男孩在进门之前要"赏钱"，新郎这边管事的把早已准备好的红包给他，他才"下车"进门，有的聪明顽皮的小孩得给两次"赏钱"才能"下车"进门。

结婚这一天，在新娘子的新房里摆一桌酒席，新郎家辈分高的几个女眷亲属陪着新娘和伴娘吃饭，如果媒人是女的，媒人也陪着新娘。送嫁的舅舅是最尊贵的客人，舅舅这一席是上席，舅舅坐在最上首，如果媒人是男的，媒人陪着。送嫁妆的新娘家的"庄乡"则坐在另外挨着舅舅的一桌。这些都是娘家人。新郎家"院"里辈分高的男性亲属及大队或生产队有"身份"的人陪着娘家人。新郎家对娘人家让酒要热情，保证让他们尽兴，尤其是要让舅舅喝得尽兴，否则舅舅会"挑理"的，所以，娘家人这几桌陪酒的不但要能说会道而且要有酒量。一般的情况是，其他的席都散了，娘家人的酒席还在继续。舅舅喝醉酒是经常的事情，这也成了社员们津津乐道的趣事，比如，某某家送亲的舅舅喝得不省人事了，是被抬上车送回去的等等诸如此类的事情。

"压车"的小孩要"偷"一个茶碗，这是习俗，有的小孩不"偷"，新郎这边管事的会挑一个好看的茶碗装在小孩的口袋里，以表示"偷"了一个茶碗。至于"压车"的小孩为什么要偷一个茶"碗"，现在已经没有人说得清这个习俗的缘由。新郎家给娘家人来送嫁妆的每人都有赏钱，赏钱用红纸包着，赏钱的数目都是会亲家的时候事先谈好的。

吃过午饭后，客人们陆续都走了。新郎的姥姥、妗子、姨、姑姑等女性长辈亲属要留一下，婆婆领着新媳妇拜见各位长辈，各位女性长辈要给新媳妇"拜钱"，新媳妇要回赠一块毛巾。然后，大家都陆续回家了。第二天早上，自家的嫂子或"院"里的嫂子领着新媳妇到"院"里各长辈家拜见长辈，认认门。嫂子手里托个茶盘，茶盘里放着一叠毛巾。各家的女性长辈会给新媳妇"拜钱"，嫂子代表新媳妇收下钱，然后回赠一块毛巾。

客人走后，管事的安排把桌椅板凳、茶壶茶碗、酒壶酒盅等待客用的东西给人家送回去，灶头还留着不拆，第三天娘家人来"叫闺女"的时候待客用，也有让喜庆之气多留一些时日的意思。管事的把"红账"交给主家，把收支情况给主家做个交代。管事的任务就算完成了。第三天娘家人来"叫闺女"的时候，再把管事的请过来陪客人，这也算是一种酬谢。

结婚当天晚上是最热闹的。村里年轻的小辈或同辈的男小伙子来闹洞房，长辈的男性，无论年龄大小是不能来闹洞房的，知道这个规矩，他们也不会来凑热闹，所以，新郎在村里的辈分越大，来闹洞房的人越多。自家的嫂子或"院"里的嫂子、婶子、大娘会来帮着保护新娘子。闹过一阵洞房，嫂子、婶子、大娘会把那些来闹洞房的小伙子们赶走。结婚第一晚的被子是请"院"里或村里儿女双全的中年妇女来铺的，在枕边放上红枣和花生，寓意是早生子、多生子。结婚第一个晚上，新房里的煤油灯是一直亮着的。有些调皮的小伙子悄悄藏起来等新郎新娘入睡后"听房"，这也成了日后给新郎新娘开玩笑的由头和事实根据。

第三天，新媳妇的娘家人来"叫闺女"，新媳妇"院"里的男性长辈亲属都过来，这也算是来认认亲。新郎这边"院"里的男性长辈、媒人、

"院"里管事的陪着。如果媒人是男的，也要请上媒人，如果媒人是女的，不请媒人，但要请上媒人的丈夫。还有村里随上份子钱了，但是没有来座席的，趁这个机会也要再邀请一下。吃过中午饭，新媳妇跟着娘家人回娘家了。砌在院子里的灶头可以拆掉了，大宗的客人算是招待完了。过几天，有时候是两三天，新郎这边"院"里的男性长辈要去新媳妇娘家"叫媳妇"，一般是新郎自己的叔叔或大爷去一两个人就代表了，也算是去新媳妇娘家认认亲，新媳妇的娘家请上"院"里的男性长辈作陪。吃过中午饭后，新媳妇就跟着回来了。从此，开始在婆婆家安安稳稳过日子。

十一　婚后生活

新媳妇过门第一年的时候，新媳妇娘家"院"里的哥哥、弟弟、侄子们要来拜年，每人带一个筐子或提包，里面装着馒头、用红枣做的面糕等礼物。正月初三这天是新媳妇娘家人来拜年的日子，一般会全员出动，有多少该去的、能去的就去多少，以彰显新媳妇娘家人多，势力大，暗含着不要欺负我们家姑娘的意思。午饭前，新媳妇婆婆家的小叔子或者侄子带着娘家人的礼物到"院"里各家各户去送礼，各家各户会留下一个馒头或糕，然后再压回一个馒头或糕，表示认了亲，而且亲戚之间开始有了交往。吃过中午饭，新郎的哥哥或"院"里的哥哥领着新媳妇娘家人到新郎"院"里拜年。第二年开始的时候，新媳妇的哥哥、弟弟和侄子们来拜年，"院"里其他人就不来拜年了。正月初四，新女婿带着礼物，陪着媳妇给岳父母拜年，进门叫"爹娘"然后磕头，有的开明的岳父母不会让女婿磕头，女婿一有表示要磕头的时候就扶住不让磕头，女婿也就趁势免了这个礼节。第一年的时候，岳父母家会叫上自己的哥哥、弟弟或"院"里的其他人来陪着，吃过中午饭后，由新媳妇的哥哥或弟弟陪着新女婿到"院"里拜年。新媳妇以姑娘的身份自己到"院"里给长辈们拜年，因为是回到自己家，所以，自己去不用人陪着。

新媳妇过门后的第一个年，"院"里的各家各户要请新媳妇吃饭。这是习俗。新媳妇要给请吃饭人家的孩子压岁钱，如果请吃饭的人家里孩子都大了的话，就免了这份钱。

新媳妇过门后的第一个麦收之前，新媳妇娘家的女性长辈姥姥、母亲、妗子、姨、姑姑等要来"看闺女"，"看闺女"的日子要提前通知婆婆家，好让婆婆家有所准备。婆婆家请上奶奶、大娘和婶子等自己"院"里的女性长辈来陪着，不会请姥姥、妗子、姨、姑姑这些外人来陪着。新媳妇的母亲一般会自己给闺女做个大蚊帐捎来，还要带着一个筐子或提包，里面放着咸鱼、自己蒸的馒头、包子作为礼物。母亲带来的礼物婆婆除了给她留下一个馒头或包子之外，其他的都留下，婆婆要给新媳妇母亲压回一个自己蒸的馒头或包子作为回赠。其他亲属的礼物和母亲的礼物基本一样，两条咸鱼是不能少的。婆婆家对于其他亲属的礼物只留一个馒头或包子，然后压上一个自己蒸的馒头或包子作为回赠，其他亲属带来的咸鱼是万万不能留的。为了能区分清楚哪个筐子或提包是新媳妇母亲的，新媳妇的母亲会特意跟闺女说好认准，闺女再告诉婆婆，婆婆会区别对待的。

　　有的富裕人家的儿子结婚前就盖好了新房子，结婚直接到新房子住，但自己不开火做饭，还是和父母一起吃饭。收完麦子后，父母给儿子和媳妇买好烧火做饭用的锅碗瓢盆等家什，分给他们一些粮食，小两口就开始自己起火做饭了。等媳妇把户口迁过来之后，父母会向生产队要自留地，生产队给了自留地后，也把小两口的自留地单独分出来给他们。也有的会把结婚欠下的债分给小两口一部分，很多时候这会引起媳妇的不满，引发家庭矛盾。媳妇表示不满的最常用的方式就是跑回娘家不回来了。媳妇跑回娘家不回来，丈夫去叫，丈夫叫不回来，公公会请"院"里或村里有面子的人去叫媳妇。如果媳妇不想离婚的话，就给个面子借着台阶跟着回来，否则就真的没法回来了。公公婆婆会妥协一下，少给点债，或干脆就不给债了，累死累活都要自己还。也有比较精明的人家，在会亲家的时候就讲好，结婚后不能给闺女分债。

　　家境差点的人家儿子结婚后仍然和父母吃住在一起。媳妇盼着早点分家自由地过日子，公公婆婆会尽力尽快借点钱给儿子和儿媳妇盖房子，房子盖好后收拾一下就把家分开了。如果房子迟迟盖不上的话，分不了家，家庭矛盾会越来越激化。媳妇通过经常性地发泄情绪迫使公公婆婆早点盖房分家，有时也会因为矛盾跑回娘家去，还是丈夫去叫，叫不回来，然后请"院"里或村里有面子的人去叫，媳妇会提出要盖房子分家自己过的要求，答应之后跟着回来。分家也得过完麦收，这已经成为一个传统了。这种情况下分给小两口一些债是必然的了，又引起媳妇的不满，吵吵闹闹，但媳妇的心理预期已经可以接受偿还一部分债务了。

有些家里儿子少而经济条件又不错的，结婚盖房子可能不会欠账，所以，分家的时候不会分给小两口债。相对来说，这种情况的家庭矛盾较少。应了那句俗话，"家贫百事哀"。所以，给闺女找婆家都希望找家庭条件好的。分家后，已婚男子和他的妻子关系最近，其次是和他父母的关系，最后才是和他兄弟的关系。这也说明，女性的地位正随家庭结构的变化而有所变化。① 分家对于传统的婆媳关系起到一种釜底抽薪的作用，让婆媳关系这个女性主义争取男女平权的千古难题不攻而破，不战而胜。② 看重家庭独立和认可分家的规范，促进了提前分家，也削弱了父亲的权威以及父子轴心在更宽阔的亲属关系网络中的重要性。③

一般情况下，结婚后一年左右媳妇会怀孕生孩子。结婚三年还不怀孕生孩子的，婆婆着急，媳妇也着急。求医问药、求仙拜佛各种方法都会用上。实在不能生育的就认命了，或者领养个孩子或者过继个儿子。

媳妇生孩子一般都是在家里，请民间的接生婆来接生，很少有直接到医院生孩子的，除非是难产的。生孩子俗称"坐月子"，产妇在屋里待一个月以后才能出来干活，很忌讳月子里干重活、受凉，一般都认为月子里干重活或受凉落下的病根是治不好的。临产之前告诉媳妇的母亲来照顾闺女，一般情况下，媳妇的母亲要守着闺女生完孩子。婆婆当然也是在场的。媳妇坐月子期间婆婆要尽心尽力伺候，这除了是一份责任和关爱之外，更多的也是积累婆媳之间的情感资本，等婆婆老了媳妇伺候婆婆也不会觉得委屈。婆婆在媳妇坐月子期间没有好好照顾媳妇影响婆媳之间的感情，容易引发婆媳矛盾，这也成为很多媳妇在婆婆晚年的时候不善待婆婆的借口。媳妇容易拿婆婆怎么对待坐月子的小姑子来做标准，看看婆婆是否善待自己。产妇在"坐月子"期间的饮食以小米、鸡蛋、红糖、油香为主，家境好的也杀只老母鸡熬汤给产妇补一补。媳妇的母亲知道闺女生孩子会提前准备好这些东西，婆婆也会准备一些。在 20 世纪六七十年代生活艰难的时候，产妇只是吃几个鸡蛋、喝点红糖水、喝几顿小米粥补一补身子。后来生活条件好了，吃的这些东西也多了起来。

媳妇娘家的婶子、大娘、嫂子等关系近的女性亲属在孩子三天的时候

---

① 李银河：《后村的女人们》，内蒙古大学出版社 2009 年版，第 119 页。

② 同上书，第 116 页。

③ ［加］朱爱岚：《中国北方村落的社会性别与权力》，胡玉坤译，江苏人民出版社 2004 年版，第 147 页。

会带着礼物过来看看，"院"里或邻居的家庭主妇也会在知道生孩子后随点份子，一般是给送几个鸡蛋。孩子十二天的时候，媳妇娘家的妗子、姑姑、姨等女性亲属会带着礼物过来看看。孩子满月的时候，产妇可以适当干点活了。一般的习惯是媳妇出满月后带着孩子在娘家住上一段时间。孩子百天的时候，家庭条件好的会给孩子照相留念，一般的家庭也就不在乎这些了，这一天孩子爸爸把孩子的胎毛（头发）剪下一绺扔到大街上，寓意是孩子大了后要走出去见世面。不管分家与否，孩子一周岁生日的时候，婆婆会主持邀请女性亲属们来给孩子过个生日，大家都给孩子买块布料，关系近的亲属觉得孩子用不了这么多布料，就给大人买块布料。过生日的时候要"抓周"，就是在一张小饭桌上放着一个椓盘，椓盘里面放着筷子、算盘、笔、鞭子等常见的东西，孩子的妈妈扶着孩子让孩子随便抓自己喜欢的东西，孩子抓着鞭子就说孩子以后就"扯牛尾巴"了（种地当农民），抓着笔就说孩子大了是个念书的料，抓着算盘就说孩子以后是个当会计或管账的料，抓着筷子就说孩子光知道吃，等等。其实大家都知道这是寻开心的游戏。

　　不管家里有几个儿媳妇，每个媳妇生的第一个孩子都比较重视，又是三天、十二天，又是满月、生日的。以后生的孩子多了也就不那么在乎了，什么三天、十二天、满月、生日的都不在乎了。孩子出了满月后，孩子的母亲就算坐完了月子，就可以适当地干一些家里的活和地里的活。一般来说，如果不是农忙季节的话，孩子的母亲就可以在家里多照看一下孩子，农忙季节的时候，孩子的母亲会让婆婆帮着照看孩子，如果婆婆年龄大了，不能下地干活了，那是可以的。如果婆婆还年轻，能下地干活的话，孩子的母亲就把孩子关在家里或把孩子带到地里去。如果家里有几个孩子了，就让稍微大点的还不能下地干活的孩子帮着母亲照看最小的孩子，经常是大孩子照看小孩子。由于对孩子照管不周，也出现了孩子死亡或重伤的一些悲剧性的事件。

　　一家人都企盼着儿媳妇第一胎生个儿子，如果第一个孩子是闺女，倒也无所谓，不会对孩子和媳妇有什么明显的歧视性言语和行为，因为在没有实行计划生育政策之前，相信只要多生总会生出儿子来的。如果生的儿子多了，倒希望生个闺女，尤其是当娘的更希望生个闺女，儿子是家里的顶梁柱，是家里的根，但闺女是娘的贴身小棉袄，当娘的年老的时候，闺女比儿子和儿媳妇更体贴娘。

十二　家庭关系

儿媳妇娶进门来，添丁加口，是件好事。但是，新人的加入使原来的家庭关系和家庭结构出现了一些微妙的变化，儿媳妇的角色发生了变化，陌生的儿媳妇与新的家庭成员之间有一个相互适应的过程。如果婆家人尤其是婆婆能换位思考，或者是回想一下自己刚过门时的感觉，对新媳妇多加体贴，帮助儿媳妇愉快地融入这个新家庭，适应新家庭的生活，婆媳关系能更融洽一些。如果婆家人以挑剔的眼光审视新媳妇，家庭容易出现矛盾，这成了家庭成员之间，尤其是婆媳之间积怨的开端。

1. 姑嫂关系

姑嫂关系是很微妙的。过了门的媳妇对于小姑子来说就是嫂子，姑嫂之间难免会发生些矛盾，小姑子从心理上比较排斥这个"外来人"变成的"自家人"，而想到自己将要由"自家人"变成"外人"的时候，小姑子一般会对嫂子做些让步，做些感情投资，唯恐自己嫁出去之后再回娘家的时候遭到嫂子的白眼，进不来门。在家当闺女的时候处理好和嫂子的关系对自己今后是有好处的。在小姑子看来，嫂子是自己的娘家人，以后自己到了婆家如果有了事情还是得靠娘家人撑腰。婆婆从家庭团结和自身利益的角度考虑，一般会让自己的姑娘对嫂子做些让步，尽管在情感上还是和自己的闺女近。不管是小姑还是大姑姐，由于是女性亲属，嫂子或弟媳妇"坐月子"的时候都帮着伺候，这也积累了她们之间的情感资本。嫂子生了孩子后，小姑子会帮着照看孩子，姑姑和侄子、侄女的感情不亚于母子、母女的感情。所以，农村有句俗话，孩子姑姑多了是幸福的，因为疼的人多。

婆婆在处理好姑嫂关系中的作用是非常关键的。婆婆不能让媳妇明显感觉到她偏向自己的闺女。过年买衣服的时候，给闺女和媳妇买一样的衣服，或者给媳妇买的衣服比给闺女买的衣服好些。在姑嫂之间闹矛盾的时候，要多给媳妇说理，多责骂闺女。

当大姑子、小姑子熬成了姑奶奶的时候，在亲属关系中的层级辈分升高，在娘家人中的威信也越来越高。

2. 兄妹之间的关系

嫂子的出现也使兄妹之间的关系发生了一些微妙的变化，兄妹是血缘关系，夫妻是姻缘关系，到底是谁和谁的关系更近呢？嫂子没有出现的时候，妹妹是哥哥的"自己人"，嫂子出现之后，嫂子成了哥哥的"自己人"，有了他们共同的家庭利益，而妹妹在某种程度上却成了哥哥嫂子这个新组成的婚姻联合体的"外人"，随着哥哥嫂子这个联合体的不断壮大，有了自己独立的家庭，生育了孩子，妹妹这种"外人"的感觉会越来越明显。妹妹会觉得哥哥越来越偏向嫂子。妹妹出嫁后，这种在娘家由于嫂子的出现而产生的"外人"的感觉消失，她又成了一个新的联合体的"自己人"，对于娘家的哥哥、嫂子来说，她真正的成了"外人"。家谱中没有写自己名字的位置却有写嫂子名字的位置，在过年这个合家团圆的节日，家谱悬挂起来自己却不能看。就是以后婚姻出了问题，即使离婚了也不能在娘家过年。

一般家庭都是按照年龄的长幼来依次解决孩子们的婚姻问题。就姐弟而言，姐姐先结婚，然后弟弟才能结婚。如果姐姐还没有结婚，甚至还没有对象，弟弟是不能结婚的，否则家庭关系就更不好处理了。有的人家闺女还没有嫁出去就给弟弟娶了媳妇，大姑姐和弟媳妇相处起来与小姑和嫂子相处起来比较，大姑姐比小姑子的失落感更强。自己年长而又从小从这个家庭长大，对于这个家庭来说，自己一直以来以"自己人"自居，弟媳妇的出现使自己对于这个家庭的"自己人"的自我认同感受到挑战。现实的情况是，对于这个自己从小长大的家庭而言弟媳妇才是真正的"自己人"。由于年龄，弟媳妇对大姑姐的尊重与大姑姐自我认同感的失落使她觉得在这个家里越来越不自在了。久而久之，会发生一些或明或暗，或大或小的矛盾。解决的方法只有一个，大姑姐赶快嫁出去。所以，一般而言弟媳妇娶进来不多久大姑姐就想方设法嫁出去了。

3. 兄弟之间的关系

没有儿子或只有一个儿子的家庭是不会涉及兄弟之间的关系问题的。在这个时期，于庄多数家庭都有几个儿子。在儿子没有结婚前，兄弟们之间是没有什么大的利益冲突的，至多是其中某个或某几个儿子觉得父母偏心眼，疼爱其中的一个或几个儿子，而不疼爱自己而已。为了一点鸡毛蒜皮的小事打打闹闹是很正常的事情。每个人的生命历程都是独特的，同样是生长在一个家庭中的儿子，因为每个人所面临的时代机遇不一样，最后成长的结果就不一样。从人民公社时期开始到实行家庭联产承包责任制这个时期，中国的经济社会一直在向前发展，一般家庭的经济状况和生活水平也随着社会经济的发展而有所改善。所以，大儿子结婚时父母给盖的房子肯定没有后面的弟弟们结婚时父母给盖的房子质量好、空间大；大儿子因为家庭困难或者是因为正好赶上实行推荐政策而没有被推荐上学，后面的弟弟陆续上了学，甚至考上了中专或大学跳出了农门，等等。这种差异本来是一种很正常的差异，但它可能会成为兄弟们之间发生矛盾的诱因。

兄弟们结婚后分家，每个小家庭就是一个小利益共同体。兄弟们之间的关系状况取决于在处理以下几个问题的时候是否会发生分歧。在父母生病需要兄弟们共同照顾、共同承担父母的医药费的时候；在父母年老需要儿子们赡养的时候；在父母去世后分割遗产的时候，如果能够达成一致的意见，兄弟们之间不会发生矛盾和冲突或者不会有大的矛盾和冲突。如果不能达成一致的意见往往会发生冲突。兄弟们是否能达成一致的意见，大哥是关键。如果大哥在弟弟们中有威信，在尽自己对父母的义务和责任的时候能够为弟弟们做出榜样，对弟弟们尽到关爱的责任，那么，大哥能够把弟弟们团结起来，共同行使好对父母应尽的义务和责任。另外，大哥在处理大家庭事务的时候能够合情合理地听取妻子的意见，而不是被妻子的意见所左右。如果大哥不能做出表率，而是觉得自己在这个大家庭中受了委屈，比如，自己结婚时父母给盖的房子没有弟弟们的好，自己只上了个小学就在家劳动了，供着弟弟们上学了，等等。兄弟们之间的矛盾和冲突就会不可避免。如果大哥被媳妇的意见所左右的话，问题将变得更复杂。如果兄弟们不能就尽到对父母的责任和义务达成一致意见的话，舅舅或者"院"里有威望的长辈往往充当调解人，解决不了的会通过大队调解。极端的情况会通过司法程序解决。

无论兄弟们之间发生了什么样的矛盾和冲突，在父母或者兄弟们中的一家受到外人欺负、挑衅，或者遇到较大困难、重大变故的时候，兄弟们能够表现得很团结，以父母为核心的大家庭这个共同体就会彰显出来。

兄弟们之间的关系影响到妯娌们之间的关系，也影响到孩子们之间的关系，进一步说，也影响到妯娌们娘家人彼此之间的关系。

在于庄也出现了这样的现象，兄弟们中如果有一个通过考学、参军或招工成了"公家人"，在家务农的几个兄弟们在对待"公家人"方面表现得异常一致，他们都把"公家人"视为自家人中的"外人"。长期以来的城乡差距使农民对城镇和"公家人"有一种艳羡的情怀，觉得"公家人"优越，通过扩大"公家人"对父母所尽的义务而满足自己的弱势心理，甚至期望从"公家人"那里得到更多的好处，如果不能满足那种他们没有边际的要求，就会感到失落，以至于产生怨恨的情绪。这也会造成兄弟们之间关系的不和谐。在农民的实际生活中，族亲之间的关系还不如姻亲。族亲中多有利益冲突，姻亲却是利益加感情的结合。姻亲是夫妻的合二为一，族亲却是兄弟的一分为二。①

4. 婆媳关系

婆媳关系是家庭矛盾的多发地带。婆媳之间发生矛盾、吵吵闹闹是经常的事情。在这种矛盾关系中，最为难的应该是身兼丈夫和儿子双重角色的男人。一边是母亲，另一边是妻子。婆婆总有一种儿子"娶了媳妇忘了娘"的感觉，会不自觉地把这种因失落而产生的不满情绪宣泄在儿媳妇的身上。有的儿媳妇娘家条件不是很好，会经常帮助娘家，往往引起婆婆的不满，婆婆会说儿媳妇吃里爬外。儿媳妇则觉得婆婆多管闲事，自己没拿婆婆的东西去帮娘家，婆婆凭什么管。有的儿媳妇娘家条件好，会经常得到娘家的帮助，婆婆则认为理所当然。

自觉不自觉地，婆婆则经常拿自己和儿媳妇的母亲做比较，觉得儿媳妇对自己不如对她母亲好。婆婆还经常拿自己的女儿和儿媳妇比较，觉得女儿对自己比儿媳妇对自己好。同样，儿媳妇则经常拿婆婆和自己的母亲比较，觉得婆婆对自己没有母亲对自己好。儿媳妇也经常拿自己和婆婆的女儿比较，觉得婆婆对女儿比对自己好。如果家里有几个儿媳妇，婆婆也老是拿几个儿媳妇做比较，儿媳妇之间也觉得婆婆对每个人都不一样。问题就出在，婆婆和媳妇对角色边界认定不清晰上。婆婆就是婆婆，婆婆不是母亲。媳妇就是媳妇，媳妇也不是闺女。

儿媳妇"坐月子"是考验婆媳关系的一个重要事件。儿媳妇"坐月子"除了儿媳妇的母亲来伺候外，婆婆也要尽心伺候，毕竟儿媳妇的母亲不能天天在闺女家伺候闺女，待的时间长的还是婆婆，婆婆为儿媳妇做饭，给孩子洗尿布等。如果婆婆尽心尽力地去伺候儿媳妇，儿媳妇会记在心里，对婆婆心存感激。如果婆婆不那么尽心尽力地去伺候儿媳妇，儿媳妇也会记在心里，这成为日后婆媳矛盾的一个口实和爆发点，也是婆婆年老或生病需要人伺候的时候媳妇不尽心伺候的借口。

有些婆婆到处说自己媳妇的不是，话传到媳妇耳朵里，媳妇再诉说婆

---

① 李银河：《生育与村落文化》，内蒙古大学出版社 2009 年版，第 67—68 页。

婆的不是。许多人家的家丑就是通过婆媳之间的口水战而外扬的。在于庄经常听到婆媳之间口水大战的故事。有些好事的人闲着没事就喜欢把婆婆说的话告诉媳妇，又把媳妇说的话告诉婆婆，这样两头传话就进一步加剧了婆媳之间的矛盾。

　　月华一提起婆婆就激动起来。她说从订婚的时候开始，婆婆就处处为难自己。结婚前买衣服的时候，别人都是未婚夫陪着一块去，月华的未婚夫在外面建筑工地干临时工，婆婆没有让他回来，是婆婆、未婚夫的舅舅和媒人一块去县城商店买的。月华说，婆婆为了不让自己多花钱买衣服不明着说，却暗地里使阴招让自己难堪。自己还没买两件衣服，婆婆就说没有钱了，就让她弟弟出去借钱，其实她带着钱呢。那时候，新媳妇买衣服的时候有好些人跟着看热闹。一个新媳妇买衣服买到老是让婆婆家去借钱也不是好事。反正那次买衣服她让她弟弟出去借了三次钱，最后一次她弟弟回来说借不到了。跟着一起去的媒人说帮着去借，婆婆不让，说借那么多钱自己家还不起。这明显是给自己难堪。自己那次买衣服的事成了十里八乡的笑话。

　　结婚之后和婆婆住在一起，婆婆住一间屋子，自己住一间屋子。自己娘家经济条件不是很好，陪送的嫁妆简单，婆婆觉得没有面子，老是旁敲侧击地说谁家媳妇陪送了什么什么的，月华觉得婆婆是有意说给自己听的，嫌弃自己娘家陪送的不好。和婆婆在一起吃饭也不敢吃饱，怕婆婆挑毛病嫌自己吃得多，有的时候下地干活就觉得饿。盼着婆婆早点盖好房子自己分家过，那样还自由些。可婆婆说现在家里没有钱，盖不起房子，等有了钱再盖房子，其实这是借口，村里哪家盖房不借钱欠债的。婆婆想让她和丈夫多干活，让他们自己攒钱盖房。月华说现在他们家的房子是结婚两年后盖的，婆婆心里最清楚他们自己出了多少钱。大姑姐家盖房子的时候，婆婆偷偷给添了点钱。闺女结婚娘家陪送多少嫁妆都不算多，这是应该的，大家都这么做。闺女家盖房子娘家添钱不能说是应该的，那是她公公婆婆的事，有本事娶媳妇就有本事盖房，盖不起房子娶什么媳妇呀。

　　月华说，分家的时候婆婆买了一口新柴锅，打磨好了自己用，婆婆把她那口旧锅给了我，说新锅有铁锈味，让我用那口没有铁锈味的旧锅，没过多长时间那口旧锅漏了，那时没有钱，给婆婆要钱再买口新锅，婆婆不但不给钱，还说我自己不小心，刷锅的时候不能用锅铲抢得太厉害。我到娘家要了几块钱又买了口新锅。

月华说自己和大姑姐同一年结的婚，同一年生的孩子，大姑姐比自己早三个月"坐月子"。大姑姐"坐月子"的时候婆婆那个上心呀，孩子三天的时候，带的东西太多，女婿推手推车来接的，带了两个大筐子去闺女家，一筐子小米，一筐子自己请人炸的油香，还有给闺女有意攒了几个月的几十个鸡蛋。月华说她坐月子的时候，娘家带的东西不是很多，婆婆有意见。婆婆给准备的东西比给大姑姐的少多了，但是，婆婆老是说媳妇闺女一样对待，其实是不一样的。月华又说，她母亲在的时候婆婆表现得很好，母亲走了以后就不一样了，还在"月子里"的时候就自己起来给孩子洗尿布，婆婆只是偶尔帮着洗洗，婆婆坐过月子知道坐月子的时候不能沾凉水，但还是让媳妇自己洗。

大姑姐的奶水不够，大姑姐的婆婆年龄有点大了，照顾不了孩子，出满月后婆婆就把大姑姐和孩子接过来了，公公自己花钱给孩子买炼乳，大姑姐一分钱都不拿，婆婆还用猪骨油和鸡蛋黄做炒面喂孩子。月华说，自己的奶水好，孩子小的时候不用喝奶粉，省了不少钱，若是自己的孩子奶水不够的话，公公婆婆未必就这么大方。婆婆虽然也疼自己的孩子，但是一家人更疼大姑姐的孩子。

大姑姐的女婿不正经干事，一家人过得不是很好，公公婆婆每逢赶集的时候就给闺女买一些菜，闺女来赶集的时候就让闺女自己带走，闺女不来的时候就让她闺女村里来赶集的人给捎过去。尽管婆婆从来不跟我说，但是我知道，村里人都知道。我刚分家那会儿，没有钱买酱油，给婆婆要钱买瓶酱油，婆婆不给，说分家了自己挣自己花，不能惯这坏毛病。月华回娘家跟她母亲要了五毛钱买酱油。

月华说，她有一次闹痢疾，孩子还小做不了饭，丈夫在外面干临时工，让孩子叫婆婆来帮着做饭，婆婆不管，跟孩子说你娘怎么那么娇贵呀，什么病呀做不了饭。让孩子把大娘叫过来帮着做饭，婆婆看见了不愿意了，跟大娘说风凉话，大娘是亲婆婆了，她是后婆婆了等等。大娘也不敢来了，急得自己直哭。大姑姐动了个小手术，婆婆几乎天天去看闺女，整天还说闺女、媳妇一样待呢，就这么一样呀？你跟闺女近跟闺女亲我也没话说，别老那么虚虚假假的。

　　婆婆一和她闹矛盾吵嘴的时候就说老了指望着闺女伺候不指望媳妇，这话让人听了很不舒服。公公住院的时候，是月华的丈夫和他弟弟们一直在轮流陪着，闺女和女婿到医院去了一次就再也没有去，治病花的钱闺女一分也没有出，公公婆婆自己出了一部分，月华和丈夫及丈夫的弟弟们每家分摊了一部分。

　　月华说，婆婆对妯娌们也不一样，老二媳妇娘家过得好，老二的岳父是生产队队长，结婚的时候陪送得多，婆婆对老二媳妇就高看一眼，娘家来人的时候招待也好。老三娘家人口多，家庭条件不是很好，结婚的时候陪送得不多，婆婆对人家就明显看出不如对老二家好。

　　月华的婆婆则另有一种说法，大媳妇（月华）结婚前买衣服的时候就是成心想多花钱，她买衣花了300多块钱，在村里算是多得了，我们老大不是找不上媳妇来，只有不好找媳妇的人家才让未过门的媳妇多买衣服，你买衣服多了，婆婆家也没有面子，再说了，下面还有老二、老三，当老大的一定得带个好头。闺女婆婆家穷，闺女结婚后婆婆给她盖不起新房子，闺女和婆婆住在一起不分家不自由，借给闺女婆婆家点钱让他们家把房子快点盖起来，是借给闺女婆婆的，不是白给闺女添上的钱，老大媳妇不知从哪里听说的是白给闺女家添的钱，我下面还有儿子，要盖房子娶媳妇，凭什么给闺女添钱盖房子，闺女有困难总不能看着不帮吧。

　　老大分家的时候，给她一口旧锅，老大就小两口，而且老大还经常出去干临时工，新锅不经常用就生锈，所以好心好意地给她一口我们家经常做饭用的柴锅，最起码给她的那口柴锅被用出来了，隔几天不用不会生锈的。谁知怎么回事，也可能是不经常用的原因，那口柴锅不多长时间就漏了。锅漏得不厉害的时候，我经常糊上点面糊将就着蒸干粮用。分家的时候还给老大买了口小锅，老大媳妇平时做饭就用小锅。当家过日子，能节省就节省。老大媳妇跟我要钱买锅我没有给，我说能将就着用就先将就着用，实在不能用的时候再说。她就回娘家要钱买了个新的。

　　闺女"坐月子"娘家就得多给东西，免得自己闺女受委屈。媳妇"坐月子"婆婆得给媳妇准备东西，老大媳妇"坐月子"的时候，我也给她准备了鸡蛋、小米、红糖什么的。老大媳妇娘家条件不是很好，她娘给她带的东西不是很多，我也没有怎么在乎，她娘家带的少，我就多给准备点，别和我闺女攀比，我给闺女带的东西少了，她婆婆家会小看我们家，闺女在婆婆家也没有面子。后面还有老二、老三媳妇，我不能让媳妇们说我相同的媳妇不同对待了。老二媳妇她爹娘办事场面，过年过节的时候给亲家有个礼，咱总得回个礼吧。老二媳妇回娘家的时候，她娘嘱咐自己的闺女把从娘家带的东西给婆婆送点，那次老二媳妇从娘家捎回来几个咸鸭蛋，还给我送了两个过来。老大、老三媳妇从来不这么做。人心换人心呀。

孩子他爹住院的时候，儿子们轮流伺候，他们平摊了一部分药费。闺女不该跟着摊钱，这是村里的风俗，我和孩子他爹死了后，闺女不能分我的房子和宅基地，房子和宅基地都归儿子们了。孩子他大娘老是挑拨家务事，你帮媳妇做饭总得问问我呀，我还没有过去，你就先过去帮媳妇做饭了，你做就你做吧，我就不去了。

月华婆婆说，当爹的和当娘的不一样，老了动不了的时候，闺女能帮着娘洗洗澡、洗洗头什么的，儿子就不如闺女方便，媳妇伺候着给你做饭吃就不错了，别提那些额外的要求，让媳妇给你洗洗澡、洗洗头什么的，就是媳妇帮着给你洗上那么一次，媳妇不情愿，婆婆也不自在，毕竟不是自己生的、养的。儿子给爹洗洗澡、洗洗头什么的方便，闺女给爹洗洗澡总不是那么方便。

从上面的案例可以看出，媳妇有媳妇的理，婆婆有婆婆的理。婆媳之间的矛盾都是由日常生活中一些婆婆妈妈的小事情引起的，矛盾出在由于婆媳各自的边界意识不清，对对方的期望和要求过高。而且，由于经济条件较差，双方都比较在乎些小的物质利益，缺少互敬互让的心态，总是用一种挑剔的眼光去看待对方。居住空间的狭小也是引发婆媳冲突的一个客观原因。

大玲和她婆婆之间的故事也是于庄婆媳关系的一个典型案例。大玲的丈夫是家里唯一的一个儿子，上面有两个姐姐。大玲结婚前两个大姑姐都已经结婚了。大玲娘家和于庄是一个公社，距离于庄五六里路。大玲的丈夫自身条件不错，初中毕业后没有被推荐上高中，就回乡务农了。大玲的丈夫是个头脑比较灵光的人，能说会道。虽然是农民，但是，他和大队的干部相处得很好，主动参加大队的一些活动，比如张贴标语之类，也和公社企事业单位的人有些交往。过年的时候经常请公社的人来家里吃饭，他的父母也很支持儿子的活动。后来，担任了大队会计。

大玲结婚的时候和婆婆住一个院子里。自从过门以来，婆婆就看媳妇不顺眼。在婆婆眼里，媳妇做什么都是错的。媳妇尽管很小心谨慎地避免和婆婆发生冲突，但是婆媳之间的冲突还是不断地发生。婆婆和媳妇都觉得郁闷，她们解决郁闷的办法就是闲着没事的时候到邻居家串门，向邻居诉说对方的不是。邻居家再传话，话是越传越多，越传越变味，以至于婆媳之间的冲突不断升级，积怨越来越深。媳妇生气跑回娘家去了。媳妇真跑了，婆婆反而有些沉不住气了，让儿子去把媳妇叫回来。儿子夹在婆媳中间也挺为难的。

大玲的公公和婆婆原本以为一个儿子没有必要这么早分家，所以，尽管要了宅基地也没有盖新房子。解决婆媳间不断升级的冲突的办法就是盖房子分家。房子盖好后，大玲分家自己过了。分家自己过以后，大玲母亲来于庄赶集的时候经常到女儿家看看，顺便吃午饭。大玲的婆婆很生气亲家母经常来儿子家，更生气的是，亲家母来吃饭的时候儿媳妇不请她过去作陪，儿子家好吃的都让亲家母吃了，养儿子还不如养闺女呢。一些闲言碎语传到儿媳妇耳朵里，婆媳两个又发生冲突。亲家母为了避免给闺女添麻烦，赶集的时候也不怎么去闺女家了。后来，大玲相继生了两个儿子。婆婆对孙子还是很疼爱的，帮大玲照看孩子。

20 世纪 70 年代中后期农村计划生育搞得非常严格，凡是生育两个以上孩子的育龄夫妇都要做绝育手术。大玲的两个大姑姐和大玲都是应该手术的。大玲婆婆在这件事上表现得很偏心了，她让两个女婿做绝育手术，坚决不让闺女做绝育手术，理由是闺女从小身体就不好。在自己儿子和媳妇这边，她让媳妇去做绝育手术，理由是儿子是家里的顶梁柱，做了手术会影响儿子干重体力活。当时，妇女做绝育手术的居多，男的做绝育手术的极少。村里人也认为大玲的婆婆太偏心眼，有点不讲理。村里人都说大玲的婆婆是于庄三大不讲理的狠婆婆之一。

大玲和婆婆每次冲突的时候，婆婆挂在嘴边的一句话就是后悔给儿子娶了这样的媳妇，媳妇挂在嘴边的一句话就是后悔没有好好打听打听婆婆的品性，没想到婆婆的品性这么差。大玲丈夫觉得婆媳这么闹，家丑这么外扬对一家人都不好。大玲丈夫买了些母亲喜欢吃的食物，自己一个人到母亲家吃饭。母亲对儿子还是很疼爱的。大玲丈夫做母亲的工作，说孩子都这么大了，离婚对孩子们也不好，如果没有孩子的话，媳妇惹您生气肯定要离婚的。尽管大玲丈夫说的纯粹是一些哄母亲高兴的话，但是大玲的婆婆觉得儿子是站在自己一边的，减少了对媳妇的怨恨之情。大玲丈夫跟大玲说，跟母亲说的话就是为了哄母亲高兴，减少婆媳之间的怨恨之情。大玲也是通情达理的人，很理解丈夫的良苦用心。大玲的婆婆到处说，儿子是宝贝，孙子们也是宝贝，只是媳妇不行。大玲丈夫使出自己浑身的招数来化解婆媳之间的矛盾。

从以上的案例可以看出，大玲婆媳之间的矛盾和冲突源于彼此之间的不能接受，其实没有什么大的利益冲突。大玲的丈夫运用自己的谋略较为成功地化解婆媳之间的矛盾，扮演了孝顺儿子和好丈夫的双重角色。

大翠的婆婆也是很强势的那种，公公在外地上班，家里的事情都是婆婆说了算。大翠丈夫姊妹三个，上面一个哥哥一个姐姐。大翠结婚的时候，丈夫的哥哥和姐姐都已经结婚，而且都有了孩子。大翠的婆婆和大儿媳妇之间矛盾重重。大儿媳妇是邻居一个大嫂娘家院里的一个没有出五服的妹妹，邻居大嫂当媒人把院里的妹妹介绍到于庄。在没有结婚前，大翠的婆婆和大翠娘家因为彩礼、买衣服、结婚定日子等事情发生了一些矛盾，媒人也被牵扯进来了。结婚后，大翠的婆婆和媒人吵了起来。媒人觉得很窝火，给你家当媒人是做好事，不但不搭人情反而落了一身不是。亲家母专门来为两家人和好，没想到话不投机，大翠的婆婆竟然和亲家母当街吵了起来，把亲家母赶出了于庄。让大儿媳妇和大儿子都很难堪。婆媳之间的隔阂日益加深。

大翠订婚前打听到了这个情况，大翠一家人犹豫再三，最后决定订婚是因为大翠的丈夫是个很优秀的青年，大翠一家人觉得找的还是丈夫，婆婆不好处可以避着点。因为有大妯娌的教训，大翠从过门开始就对婆婆敬而远之。尽管减少了冲突，但是，婆婆对两个儿媳妇还是有戒备心的。婆婆觉得一个儿媳妇让她这么生气了，两个儿媳妇肯定会合谋对付她。老了之后只能依靠闺女了。恰恰大翠的婆婆给大姑姐找了个不争气的丈夫，好吃懒做，大事做不了，小事不愿做，好高骛远，喜欢高谈阔论闲扯皮。本来生了两个儿子，按照要求要做绝育手术，他愣是不做，也不让媳妇去做，想公然对抗国家政策。大翠婆婆知道女婿在蛮不讲理，怕女儿和女婿吃亏，去女婿家劝女婿别发倔强脾气，否则要吃亏的。女婿还真对岳母发了倔强脾气，说如果不劝，还可能就去了，越劝还越不去了呢。大翠婆婆知道女婿发浑，就生气不管他了。大翠的大姑姐还是去做了手术，当大队干部去找大翠大姑姐和女婿的时候，一家人什么脾气也没有了，乖乖就去做了手术。有的事情真是出人意料，大翠的大姑姐做了手术后竟然又连着生了两个闺女。

大翠的大姑姐孩子多，丈夫又不正经干事，所以生活比较困难。当母亲挂念着女儿也是人之常情。尽管大翠丈夫对姐姐也有一些经济方面的帮助，过年过节的时候给姐姐买些东西送去，但是，婆婆还是觉得不够。婆婆经常当着儿子和儿媳妇的面说，你姐姐别看现在孩子多日子不好过，等人家孩子大了比你们两家谁都好过，人家孩子多，一个孩子给一个馒头就四个馒头，你看你们两家孩子没有人家多。大翠觉得婆婆有些过分，你挂念着女儿大家没有说什么，你偷着给女儿东西，大家又没有说什么，你非得看着儿子过得比女儿差才开心，心里才平衡吗？大翠的丈夫也觉得母亲有些过分，但是，儿子又能怎么样呢？

从以上的案例可以看出，大翠家婆媳之间的矛盾是婆婆不能平衡子女之间的关系所致。母亲偏爱女儿可能是母亲的本性，疼爱女儿是人之常情，但是，疼爱儿子也是人之常情。婆婆没有处理好家庭关系，对女儿的过度偏爱导致子女之间亲情关系的疏远。

对儿媳妇不好的婆婆，儿媳妇会放出风去说，再这样对我不好，等你老了我才不伺候你呢。婆婆则会反击道，我有儿有女谁要你伺候。其实，最后公公婆婆年老的时候还是儿媳妇来伺候。

在生产队时期婆媳关系紧张主要是经济条件不好和居住空间狭小造成的。俗话说，"家贫百事哀"。另外，农村精神生活的贫乏为人们喜欢谈论别人家家长里短的闲事提供了土壤，而婆媳解决自己郁闷情绪的习惯性的方法就是向邻居或亲朋好友诉说对方的不是，这样的种子在这样肥沃的土壤里容易茁壮成长。

笑冬对婆媳关系做过专门研究，认为婆媳冲突的根本原因是妇女身陷农村男性占统治地位的家族体系和从夫居制度的文化和环境中，深受歧视和压迫，身心都没有得到解放。而她们冲突的实质是，竞争和控制赖以养老的资源——儿子、丈夫。① 在婆媳关系问题上，与性别权力关系有关的一个观点是，中国虽然在女权和妻权方面是男女不平等的，但是在母权和父权上男女基本是平等的。比较有代表性的是文人林语堂在《中国人》一书中所表达的一个观点：人们对中国人的生活了解越多，越会发现所谓的妇女的压迫是西方人的看法，似乎并不是仔细观察研究中国人生活之后得出的结论。这个批评肯定不适用于中国的母亲这个家庭的最高主宰。②

5. 儿媳妇和公公的关系

在家庭中，儿媳妇和公公的关系是最严肃的关系。尽管媳妇婆婆吵吵闹闹是经常的事情，但公公一般不和儿媳妇吵吵闹闹，在婆婆媳妇的吵吵闹闹中，公公一般持超然的态度，他无法责备老婆，也无法责备儿媳妇，他始终搞不明白女人间的是是非非。如果他觉得儿媳妇做得太过分了，他不会直接找儿媳妇，他会把气撒在儿子身上，责怪儿子管不好媳妇，其实儿子也很无奈，儿子无法对老爹撒气只能把气撒给媳妇，儿子开始和媳妇吵架。

> 镇鹏是家里唯一的儿子，上面有三个姐姐，下面有两个妹妹。由于他是家里唯一的儿子，唯一的根，所以父母从小就很疼爱娇惯他，无论是姐姐还是妹妹都让着他。镇鹏他父亲一拉溜盖了六间房，中间拉了一堵墙隔成两个相邻的院子，分别走东门和西门。镇鹏结婚后，直接住进了西边那个院子。一开始一家人在一起合着吃饭，过了麦收之后，开始分家。镇鹏小夫妻两个开始自己起火做饭。尽管分了家，但是婆婆和媳妇之间依然产生了矛盾。婆婆媳妇由隔着墙头故意说风凉话给对方听，到隔着墙头互相谩骂，以致媳妇经常踩着板凳把头探

---

① 笑冬：《最后一代传统婆婆?》，《社会学研究》2002 年第 3 期。
② 魏开琼：《中国：与女性主义亲密接触》，九州出版社 2004 年版，第 121 页。

过墙头来和婆婆吵架。尽管镇鹏为了此事也和媳妇吵过架，说媳妇做得太过分，媳妇则说婆婆做得太过分。镇鹏的父亲也劝过自己的老婆，但老婆不听，说都是媳妇的不是，要是媳妇好好的话她才不和媳妇吵架呢。有一年夏天的中午，吃过午饭后，镇鹏父亲在屋里午休，不知什么原因，婆婆媳妇又在院子里说起了风凉话，媳妇踩着板凳探过头来和婆婆吵架。镇鹏父亲无法午休，被搞得一肚子气。他转过去到儿子家把儿子拽出来踹了两脚大骂了一顿，还觉得不够解气，竟然爬上屋顶揭下儿子房上的瓦，说养了这样的儿子还不如不养，把房扒掉不让他们住了。邻居出来劝架，把镇鹏父亲从屋顶上劝下来让他消消气。镇鹏被父亲这一打一骂一揭瓦激怒了，不由分说就把媳妇拖到屋里关上屋门，两个人开始动手打架。赶来劝架的邻居把屋门弄开把媳妇拉到外面来。这次事件之后，婆婆媳妇的吵闹有所收敛，媳妇不会明目张胆地踩着板凳探头去和婆婆吵架了，婆媳关系进入"冷战时期"，由互相谩骂到互不理睬。

公公刻意和儿媳妇保持一定距离，公公很少和儿媳妇聊天说话，保持着大家长的威严。媳妇一般会诉说婆婆的不是，但很少有儿媳妇诉说公公的不是。一旦儿媳妇和公公发生直接的冲突，村里人不但笑话儿媳妇不懂事，也笑话公公不懂事。公公和儿媳妇之间关系的这个底线一旦突破，公公不再被儿媳妇尊重，父子之间的关系也会出现一些微妙的变化。公公希望儿子能管住自己的媳妇，儿子会责怪父亲不自重，儿子情感和心理的天平会向自己的媳妇倾斜，在儿子的心理上和情感上，媳妇是需要保护的弱者，父亲是强者。

镇德年轻的时候当过生产队队长，有两个儿子，没有闺女，老伴50多岁的时候因痨病去世了。大儿子结婚后带着媳妇下东北，在东北的某个村定居。家里只剩下小儿子，后来给小儿子盖了房子娶了媳妇。小儿子结婚后，三个人在一起生活。镇德自己一个人住在老房子里，儿子和媳妇住在新房里。后来因为吃饭问题，镇德和儿媳妇产生了矛盾。一般情况都是儿媳妇做好了饭就去叫镇德过来吃饭，有时候镇德自己早早过来等着吃饭，他吃过饭之后回到自己的老房子，没有事情就不去儿子家。有一次，镇德吃过晚饭后把帽子忘在儿子家里了，又去儿子家拿帽子，看见儿媳妇和儿子在吃煮鸡蛋，媳妇看见公公又回来了，也觉得不好意思了，撒谎说他们两个闹肚子，吃个煮鸡蛋补补肚子，儿子什么也不说。镇德对于儿媳妇的辩解没说什么，拿着帽子就走了。镇德觉得不是滋味。过了几天镇德跟儿子说，自己来回跑着吃饭不方便，还是自己在老房子里开火做饭吧。儿子觉得父亲就自己一个儿子，母亲还不在了，再让父亲自己开火做饭，这事说出去有点丢人。镇德则坚持自己开火做饭。媳妇也觉得如果让公公一个人开火做饭，自己也不好看，没有面子。她也来劝公公不要自己开火做饭。公公不听他们的劝说，还是自己开火做饭了。媳妇觉得公公这是故意给自己难堪，就找公公说理。一开始，镇德还能克制自己的情绪，后来儿媳妇说得越来越不像话了，镇德对儿媳妇也有情绪了，这样一来二去的矛盾激化了。再后来，儿媳妇堵着公公的门口骂，说当老人的故意给儿子出难题，让别人说儿子不孝顺。镇德忍无可忍就出来和儿媳妇对着骂。邻居们出来劝架，把儿媳妇和公公都劝回了家。

　　镇德的小儿子就给他在东北的哥哥写信，让他哥哥回家来。他哥哥回来后，听他父亲、弟弟和弟媳妇跟他说家里的事。最后他弟弟要让他哥哥把父亲带到东北去。哥哥来的时候没有要带走父亲的思想准备，跟弟弟说自己先回去收拾收拾再回来接人。哥哥回去后，弟弟又一连写了两封信催哥哥回家来接父亲。哥哥没有办法就把父亲接到了东北。后来，镇德在大儿子家去世，镇德的两个孙子带着他的骨灰盒回来把他埋葬了。

　　如果公公不小心和儿媳妇开了过分的玩笑的话，双方都会很尴尬的。于庄曾经有这样一个事情，公公在县城工厂上班，有一天傍晚公公借了别人一辆自行车回家。公公把自行车放在院子里直接进了屋里，看见一个妇女把身子伏在缸里收拾粮食，屁股露在外面，公公以为是自己的老婆，就想跟老婆开个玩笑。公公在后面用手扇了一下那个屁股，那个妇女吓了一跳，赶紧起身看看是谁，回头一看是公公，觉得很奇怪也很尴尬，就问了一句，"爹回来了，有事吗？"公公顿时懵了，脸红得像一块大红布。从此以后，公公老是躲着那个儿媳妇，觉得自己没有看清楚是谁就开玩笑有点鲁莽，而且恰恰是自己的儿媳妇。

6. 夫妻关系

新中国成立后，国家提倡婚姻恋爱自由，反对包办婚姻。但是，在生产队时期由于男女青年生产和生活空间的制约，男女青年自由恋爱的机会较少，实际生活中的婚姻还是"媒妁之言，父母之命"，是从父母的角度为子女选择对象，比较关注对方的家庭条件，现实主义的情调较浓，作为婚姻主体的男女青年却缺少选择的主动性，缺乏婚姻爱情本身所应具有的浪漫主义情调。而且在结婚之前已经订婚的男女青年也缺少单独接触的机会，仅有的几次见面机会也是在媒人与双方长辈的陪同与监督下进行的，因此，对对方的了解较少，经过一系列的仪式双方只是逐渐形成了对对方角色的认同，基本上没有感情，更无爱情可言。双方的感情是在结婚后共同的生活中逐渐培养起来的。结婚后，他们成为夫妻，夫妻关系把两个没有血缘关系的异性结合在一起组成一个小家庭，让一个没有血缘关系的外姓女子不但成为夫妻小家庭的"自己人"，也成为以父母为核心的大家庭的"自己人"。凭借妻子的身份，她可以把户口迁到丈夫家，可以在丈夫的村子里分得自留地，可以参加生产队的劳动，凭借劳动获得的工分从生产队分得粮食等生活资料，可以以主人翁的身份和姿态参加村里的活动，参加"院"里的婚丧嫁娶等红白大事，总之，通过婚姻关系她把根扎在了丈夫家。

生产队时期，按照丈夫和妻子职业身份的不同，于庄的夫妻组合有这样几种情况。

（1）丈夫是生产队地地道道的社员，妻子嫁过来之后也成为生产队地地道道的社员。

他们共同参加生产队的生产劳动，按照生产队的性别分工，妻子干女劳力干得比较轻松的活，挣的工分较少，丈夫干比较重的活，挣的工分较多。而且，丈夫在一定年龄段内（一般是18岁到50岁）在秋冬季节要上河工，给家里挣点粮食和工分，有时还有少量的钱。一年中，丈夫参加生产队劳动的时间比妻子长。农闲时，妻子一般不参加生产队的劳动，即使生产队有些活的话也是男劳力去干。自留地的活全家人是都要去干的，当然，重体力活还是丈夫干。

在家里，夫妻两个的家务劳动的分工也是比较清晰的，妻子承担了几乎全部的家务劳动，丈夫对妻子在生活方面产生了更多的依赖性，基本上是衣来伸手饭来张口。妻子比丈夫要辛苦。妻子负责全家人的一日三餐，负责全家人的穿衣，在生产队时期，有些家庭妻子自己纺线织布，给全家人做衣服、做鞋子、做被褥，等等。负责洗衣服、被褥，负责养儿育女。如果家里喂养的有猪、羊、鸡、鸭等家畜，这些活基本上都是妻子来做，丈夫偶尔也会帮帮手。如果家里有老人需要照顾的话，基本上也都是妻子的活。丈夫很少有在家做饭的，也很少有丈夫抱着孩子遛大街的，如果一个男人被发现会纳鞋底，这会成为一个连女人也会笑的笑话。农闲季节，妻子织布、纳鞋底、做被褥等。丈夫没有事可做的话，就凑在大街上聊天。

在这样的家庭中，夫妻两个如果吵架的话，妻子制裁丈夫的方法就是跑回娘家去，妻子一不在家，家务活没人干，孩子没有人管，饭没有人做，家里是一塌糊涂。丈夫才知道妻子在家里的重要性。丈夫不在家的时候，家里则依然井然有序。

（2）丈夫在外地上班，是公职人员，妻子是地地道道的社员。

这里又有两种情况，一种情况是丈夫和妻子结婚的时候年龄还小，结婚后丈夫继续读书考上了学，有了公职，或者是通过招工有了公职，或者当兵转业有了公职。丈夫户口是非农业户口，上班领工资。妻子和孩子们都是农业户口，妻子和孩子们是生产队的社员。这种情况出现在20世纪五六十年代。另一种情况是男孩获通过考学、招工或当兵转业有了公职，在村里找个媳妇，把家安在村里。由于男孩有公职，有稳定的工资收入，这本身就是一个很好的条件，不管男孩自身长相如何，也不管男孩家庭条件如何，单凭有公职挣工资这一点就是一个很好的资本，可以找一个相貌好、家庭条件又好的女孩。在农村人看来，如果哪个女孩能找着这样的丈夫，就算是有福气了。女孩如果通过考学、招工或当兵转业有了公职是不会在村里找个社员丈夫的。

丈夫如果在县城或其他公社的单位上班，可以经常回家帮帮忙。如果丈夫在离家较远的外地上班，则只有每年回家探亲的时候才能帮帮忙。这样，妻子是生产队的社员，又是一个家庭主妇。作为社员要参加生产队的集体劳动，由于生产队在安排社员劳动的时候，基本上是按性别进行简单的分工，女社员干活挣的工分要少于男社员，分得的粮食等生活物资就少一些。自留地里的活不管轻重基本上都是自己一个人在干，丈夫偶尔也会回家帮帮忙，但那不能指望。家里的活也都是妻子一个人在干，洗衣做饭、缝缝补补，还有养牲畜。由于丈夫挣工资，每月或多或少都能领到工资，所以，就整个家庭来说尽管妻子更辛苦，但是，家庭显得比较富裕。邻居家有时候临时缺钱用的，一般都要到家里有上班的人家去借。这样的家庭，丈夫一般更能受到妻子的尊重。丈夫对妻子在生活方面的依赖性较差，由于长期过着近乎分居的生活，丈夫经常自己缝缝补补、洗洗涮涮的，在单位吃食堂，不用自己做饭，甚至单位的伙食比家里还要好些。妻子在生产劳动方面既当男又当女的，也有着较强的独立性。这样的家庭，如果夫妻吵架，妻子也不会跑回娘家去，丈夫很可能一生气就回单位了。

在人情往来方面，丈夫和妻子的性别分工依然是明显的。妻子主要参加的人情往来是有关生孩子的人情往来，孩子三天、十二天、满月、生日随礼都是妻子的事情，这样的随礼主家不记明账，只记在心里。妻子娘家的侄女、外甥女或丈夫家的侄女、外甥女结婚后第一年过麦收季节看闺女都是妻子去，丈夫不会参加这样的人情往来。娘家人如果有嫁闺女或娶媳妇的，丈夫可以不参加，但妻子必须参加，随份子记"红账"要写丈夫的名字，不写妻子的名字。岳父母去世，妻子作为女儿披麻戴孝、陪灵、守灵。丈夫作为女婿不披麻戴孝、陪灵、守灵，只是作为贵客去吊唁，出殡的时候吃完午饭就走人，不送到坟地上。丈夫作为贵客要随礼，"白账"上写女婿的名字。妻子娘家"院"里如果有人去世，五服以内的，妻子都要参加，三服以内的丈夫可以去吊唁，也可以不去，随份子记"白账"写丈夫的名字。妻子的娘家舅舅或妗子去世了，妻子作为外甥女得去陪灵、守灵、穿白戴孝。丈夫可以去吊唁一下，也可以不去。

"院"里或村里有结婚、嫁闺女、老人去世这样的事情，随份子记"红账""白账"写丈夫的名字。丈夫和妻子都去帮忙。如果是自己"院"里关系近的亲属有事，丈夫和妻子都座席。如果是"院"里关系稍微远点的或村里不是一个院的人家有事，丈夫座席，妻子不去座席。像丈夫在外面上班的，随了份子钱写丈夫的名字，由于丈夫可能正赶上不在家，家里就没有人去座席。如果儿子大了，儿子可以代替父亲去座席，女儿不能代替父亲座席。丈夫是一个家庭的代表。

公公或婆婆去世，丈夫和妻子都得披麻戴孝、陪灵、守灵。叔叔、大爷去世了，丈夫和妻子一样披麻戴孝、陪灵、守灵。丈夫的姥爷、姥姥、舅舅或妗子去世了，丈夫和妻子都得披麻戴孝、陪灵、守灵。

家里来客人，如果是女客人，妻子陪着客人吃饭，有时会请婆婆作陪，客人们吃完以后，丈夫和孩子们再吃客人剩下的饭菜。如果是男客人，则丈夫陪着客人吃饭，有时会请公公作陪，客人们吃完饭后，妻子和孩子再吃客人们吃剩下的饭菜。如果家里同时来了男客人和女客人，会分开招待，妻子陪女客人，丈夫陪男客人，孩子们则等客人们吃完饭后再吃。

在家庭重大事情的决策方面，如申请宅基地、盖房子、孩子的婚姻大事、老人赡养、财物保管、家庭开支等，一般都是夫妻两个协商决定，协商不成的就吵架，如果一方没有经过另一方同意就决定了，也会吵架。涉及外面的较大的事项由丈夫出面，孩子大了，要申请宅基地，都是丈夫去找支书。盖房子也是丈夫出面找人帮工，因为盖房子是重体力活，都是男人做的活，妻子则在家里张罗着给干活的人做饭。孩子的婚姻大事最后也要经过父亲的同意才能定下来。家里的财物都是妻子保管着，家庭里日常开支，过年过节添置新衣服、新鞋子、新布料，添置床单、被面等这些琐碎的家务事都是妻子负责。于庄有句俗话"男人是耙子，女人是匣子"，是说男人要在外面多挣钱，女人在家里要管好钱。家里要借钱的话，数目较大的款项都是丈夫出面借。邻里之间相互甯换着借小钱的话，都是妻子出面借。在如何赡养公婆这个问题上，尽管是丈夫出面和弟兄们协商，妯娌们则在背后出谋划策。夫妻两个在这个问题上很难达成一致的意见，为此而吵架的较多。真正霸道的妻子和真正霸道的丈夫是少数的。

在孩子的教育方面，夫妻之间既有合作又有分工，单亲家庭被认为是不利于孩子的教育的。这个时期于庄流行的说法是"爹和娘一个唱黑脸一个唱红脸""爹打哭了娘再哄乐了"，是说夫妻在教育方面有一个合作的关系，扮演不同但合作的角色。父亲打儿子是经常的事情，但是父亲一般是不会打女儿的。当孩子淘气不听话的时候，母亲会威胁说，别不听话，等你爹回来的时候告诉你爹。孩子听了这话会有所收敛。夫妻之间还有一个大致的分工，丈夫负责儿子的教育，妻子负责女儿的教育。丈夫作为父亲对于儿子的青春期教育是缺失的，妻子作为母亲对女儿的青春期教育则是相对到位的。父母这种对孩子青春期教育的意识和做法源于生活中的传承和自身的生活经验，由于女儿青春期出现经血现象等显著的生理变化，女儿的青春期教育更能引起母亲的重视，所以，女性这方面自发的传承教育显然比男性要好。由于这个时期对学校教育都不是很重视，加上家里孩子多，夫妻受教育水平不高，基本上没有人有意识地去辅导孩子的功课，都是凭孩子自己去努力，考上了就考上了，考不上就回家务农。

十三　离婚与再婚

离婚是不得已的事情，结婚的时候无论是双方父母还是夫妻双方没有哪一方是愿意离婚的，但是，后来由于种种原因还是有离婚这样的事情发生。于庄人的基本价值观是"劝合不劝离"，有"宁拆十座庙不拆一桩婚"的说法。

离婚的原因不外乎以下几种情况。一是夫妻两个感情不和，不能在一起生活，虽然双方父母、亲戚朋友还有邻居做了劝说工作，最后还是离婚了；二是丈夫在外地工作，由于长期两地分居，丈夫有了外遇，妻子被迫和丈夫离婚；三是丈夫性功能有问题，不能过正常的夫妻生活；四是由于婆媳矛盾不断激化，婆媳不能相容，在婆婆的干涉下导致离婚的。

离婚时夫妻双方有无孩子的情况。第一种情况是结婚时间不长，没有孩子；第二种情况是只有一个未成年的男孩；第三种情况是只有一个未成年的女孩；第四种情况是既有未成年的男孩也有未成年的女孩。

离婚的方式有双方协议离婚的，也有协议不成或一方不愿意离婚而通过法庭判决离婚的。

离婚的结果是，一般情况下，曾经的妻子自己或带着孩子先回到娘家住，然后再寻找机会找个合适的人家。男孩子是不能带走的，婆婆家也不会让离婚的媳妇带走男孩子，可能的话会带走年龄较小的女孩子。离婚的媳妇也不愿意带走孩子，尤其是不愿意带走男孩子。离婚的媳妇再带个男孩子是不太好找婆家的。对于离婚的丈夫来说则不存在这样的负担。房子是结婚时婆婆家盖的当然不能带走，结婚时自己娘家陪送的东西要带走，其他的东西酌情带走。如果家里有嫂子或弟媳妇的话，离婚后回娘家住，时间长了会遭到嫂子或弟媳妇的白眼，还有冷言冷语，这也给父母带来很大的麻烦和压力。离婚回娘家后，父母还有家里其他人会尽力尽快给她物色合适的婆家。一般情况是，离婚后能不在娘家过年的就不在娘家过年，在娘家过年的话会给娘家带来很多不方便。按照农村的习俗，出嫁的姑娘不能在娘家过年，如果在娘家过年的话，不能看家谱，年三十和年初一躲在屋子里不出门。或者是到自己的姥姥家，或姑姑家、姨妈家去过年。

离婚媳妇拉着东西回娘家的时候，一般会哭着、骂着在大街上走，觉得婆婆家让她受了很大的委屈，作为一个女人出一家再进一家是很不容易的。

　　离婚的媳妇再婚的话，一般是当年提亲、订婚，当年结婚，不会跨过年的。如果是带着孩子再结婚的话，先让孩子在娘家，等过了门以后再把孩子接过去。再婚媳妇一般都比较难，丈夫那边可能有自己的孩子，自己再带过去自己的孩子，结婚后再生一个或几个孩子，既当后娘又当亲娘的，确实不容易。也有离婚不离家的情况。

　　广泉兄弟五个，他是家里的长子，下面四个弟弟。他是新中国成立后初中毕业考上省里的卫生学校的。他十四岁还在上初中的时候就结婚了，他媳妇是百里挑一的漂亮姑娘，村里人说他媳妇像唱戏的演员那么漂亮。广泉在县城上初中的时候就住校，每个月回家一次，媳妇到他该回家的时候就站在村口等他。广泉初中毕业考上卫校，每个假期回家一次，媳妇也是早早到村口等他，村里人说这小两口好得像一个人似的。媳妇也很懂事，对家里人都很好，公公婆婆也以娶到这样好的儿媳妇而自豪，婆媳关系一直很好。广泉卫校毕业后分配到枣庄市的一家医院做医生，上班一年左右，媳妇生了个儿子。广泉说把媳妇接到枣庄去，媳妇说离不开家，让广泉以后慢慢调回老家来上班。就在儿子不到两岁的时候，广泉突然回家跪在媳妇面前，说他对不起媳妇和儿子，他现在遇到难处了。要么媳妇同意跟他离婚，要么他就去坐监狱。媳妇被他这一折腾闹懵了，就问到底是怎么回事。广泉说他科里的一个未婚的护士看上了他，让广泉和媳妇离婚再和广泉结婚，广泉舍不得家里的媳妇和孩子，没有答应那个护士的要求。后来那个护士想法勾引他，和他发生了关系。独自一人在外地工作也难耐寂寞，没想到那个护士怀孕了。那个护士跟他说，要么回家离婚他们两个结婚，那样什么事都没有了，要不回家离婚，她就告他强奸，最后的结果可能是广泉被开除公职，然后被判刑蹲监狱。在那个时代，男女之间不正常的性关系被曝光后，男的可能要承受更多的处罚甚至是要担负刑事责任。广泉被那个护士折腾傻了。经过痛苦的思想斗争，他选择和家里的媳妇离婚。媳妇被他这么一折腾心也软了，同意和他离婚，媳妇哭得像泪人似的。广泉问他媳妇有什么要求，媳妇说离婚不离家，她要把儿子抚养成人，和儿子一起生活。其实，他媳妇心里还有一丝盼头，想着有那么一天丈夫还会回到这个家里来。

　　广泉和家里的媳妇离了婚，回去和那个护士结了婚，结婚不久那里的儿子出生了，比家里的儿子小一岁多点。结婚后，那个护士媳妇对他管得很严，除了给父母的钱以外，不准他给家里多寄钱。后来广泉带着那个护士媳妇和孩子回了趟老家，住在父母家里，父母家和他原来自己的家就一墙之隔。那个护士媳妇对他看得很严，基本上是走一步跟一步，不让他跟原来的媳妇有机会见面。广泉家里的媳妇看见前夫带着新媳妇和孩子回家，心里特别不是滋味，晚上婆婆那边一家人有说有笑，她这边自己哭湿了枕头。其实广泉心里也很不好受，从那以后他再也没有回老家来。后来，他家里的儿子得了一种病，在县医院没有治好，他母亲说你去找你父亲吧，他医道好，医院又大。儿子去找他父亲，他父亲一家对他很热情，帮他治好了病。

广泉家里的媳妇离婚后一直没有改嫁，也没有招上门女婿。她公公婆婆也曾劝她找着合适的人家就改嫁，她不同意，说守着孩子在家过一辈子。尽管离婚了，但她对公公婆婆依然如故。村里也挺照顾她的，儿子初中毕业被推荐上了高中，高中毕业后回生产队当社员。20多岁的时候，他爷爷奶奶还有院里人帮着给他盖了房子娶了媳妇。

广泉在父母去世的时候给家里寄了些钱回来作为安葬费，他自己没有回来。

后来广泉去世了，埋葬完之后，枣庄那边的孩子来信告诉广泉家里的儿子。他母亲让他到村口向着枣庄方向的地方烧了些纸钱，磕了几个头。

现在，老太太九十多岁了，两个孙子都结婚有了孩子，可谓四世同堂，子孙都觉得老人家一辈子不容易，所以对老人很孝顺。

广泉夫妻两个离婚是外遇造成的，属于离婚不离家类型的，前妻依然保持了和婆家的关系，没有再婚。离婚的结果是妻子独自承担了抚养孩子的责任，历尽千辛万苦把孩子抚养成人。

镇熙是家里的长子，下面还有一个弟弟和妹妹。经人介绍和附近陈庄的姑娘结婚。那个姑娘也挺可怜的，从小没有了娘，是跟哥哥、嫂子长大的。媳妇的哥哥在县运输公司当司机，和于庄的一个也在运输公司当司机的关系不错，于庄那个司机就当起了媒人。经过了相亲、过帖、认家等程序后两人就结婚了。据镇熙媳妇说，结婚第一天晚上他们没有像其他新婚夫妻那样激情地过夫妻生活，镇熙媳妇以为丈夫忙活得累了，没有心思。接下来的几天，丈夫都没有和她过夫妻生活。起初她以为丈夫不喜欢她，后来才发现丈夫没有夫妻生活的能力。媳妇有苦自己往肚里咽，这样的事也没法跟别人说。媳妇觉得在婆婆家没有意思就回娘家了，而且住的时间也很长，婆婆觉得不正常，媳妇的嫂子也觉得不正常。起初，镇熙自己去叫媳妇，媳妇跟着他回家了，住不几天又回娘家了，镇熙又去叫，又跟着回来了。再后来，镇熙去叫就不跟着回来了。婆婆请"院"里的长辈去叫，媳妇的嫂子跟"院"里的长辈说出了实情。"院"里的长辈回来跟镇熙的母亲说了这件事，母亲问儿子，儿子跟母亲说了实话。母亲觉得很吃惊，因为她从来没有想到儿子会这样。母亲让儿子去医院治疗，镇熙去了好多家医院，也吃了很多民间偏方，其间媳妇也回来帮他煎药。但是最后还是没有治好他的病。媳妇的嫂子和哥哥一看这种情况就做好离婚的准备，村里也有人帮着寻找对象。

媳妇提出离婚，镇熙不同意。媳妇就起诉离婚，法院作了调查认定了事实，经过调解无效后判决离婚。媳妇娘家人来拉东西的时候，镇熙觉得很失落就躲了出去。媳妇娘家人把东西装好了车开始走的时候，媳妇哭了，觉得自己受了委屈，觉得自己受了骗，一肚子的苦水一下子都倒出来了。边走边哭边骂，一直到了娘家。

离婚后镇熙一直过着独身生活，后来收养了一个小女孩，自己一把屎一把尿，既当爹又当娘地把孩子拉扯成人，给闺女招了一个上门女婿。

镇熙媳妇离婚后嫁给了她本村的一个四条光棍的人家，父亲把三个儿子拉扯成人，由于三个儿子都有身体缺陷，而且家境又不是很好，所以三个儿子找对象都比较困难。镇熙媳妇就嫁给了那户人家的老大。

镇熙夫妻两个婚姻的不幸是由于丈夫没有性生活能力，妻子由于不能忍受丈夫这久治不愈的疾病，主动提出离婚。以离婚的方式宣告了这段婚姻的失败。镇熙由于自身的生理原因没有再婚，也不可能再婚了。由于是二婚，妻子再婚后生活状况也不是很理想。

广举 30 多岁的时候娶了附近张家的一个常年患痨病的媳妇。过门没有多久，媳妇回娘家的时候死在了娘家，此后，广举一直过着独身生活。过了两年，广举又娶了村里一个离婚的媳妇。媳妇带着一个未成年的男孩。那个媳妇住在村里的南边，广举住在村北边。那个媳妇的丈夫在外上班，由于嫌弃自己的媳妇，在外面自己又搞了一个在同一个单位上班的寡妇，丈夫提出离婚，而且不要孩子。那个媳妇还没有搬回娘家住的时候，有人掂量着把她介绍给了广举。两个人都没有意见，媳妇直接把东西拉到了广举家里，把孩子也带过来了。广举的这个媳妇没有哭也没有闹。广举对妻子带过来的儿子视为己出，疼爱有加。结婚后，广举和媳妇又生了个儿子。

广举夫妻两个尽管都是再婚，由于都在一个村，彼此都已经相互了解，再婚后的生活还算幸福。广举甚至对妻子抱有某种程度的同情之心，这种同情之心体现在对孩子的关爱上。

十四 赡养老人

在生产队时期，养老方式依然是传统的居家养老，由儿子们共同协商解决父母的养老问题。如果父母都健在，能自己做饭的话，父母自己独立生活，自留地由儿子们耕种，收获物归父母，如果自留地的粮食不够吃的话，儿子们协议每年给父母多少粮食等，如果父母生病，儿子们轮流伺候，医药费等由儿子们平均分摊。如果父母其中有一个去世了，健在的那位老人如果能自己照料自己的生活，儿子们征得老人的意见，或者是老人自己依然独立生活，儿子们给粮食等生活资料，或者是轮流来老人家照顾老人，或者是轮流把老人接到儿子们的家里照顾。

女儿一般都希望父母在自己家里，由儿子们轮流在父母家里照顾父母，因为那样的话，女儿来父母家看望或照顾父母比较方便。如果儿子们把老人接到家里轮流照顾，女儿得去哥哥家或弟弟家看望照顾父母，那样不方便，担心看白眼，而且容易引发家庭矛盾。但是，在父母的养老方式问题上做女儿的是没有发言权的。一般情况下，女儿不会把父母接到自己家里去赡养。在物资短缺的时代，家家户户的粮食基本上不够吃，父母的自留地、口粮等都在家里，女儿无法耕种，父母的口粮问题就无法解决，短时间可以就拖，时间长了可是个大问题。家里的房子都不宽敞，没有多余的房子供父母居住。再者，如果有儿子的话，女儿平白无故地把父母接去赡养，儿子和媳妇脸上也无光。

父母年龄大了，一般是家里的大儿子就父母的赡养问题召集弟弟们来商量，如果大哥的权威足以让弟弟们信服的话，事情就很顺利地解决了。儿子们没有意见了，有的儿媳妇却不一定没有意见，她们很容易回想起年轻时婆婆对自己的不好，老了却让自己来承担赡养的义务，心里肯定不乐意，只能通过发泄情绪来表达自己的不满，这给儿子出了难题。儿子和媳妇就吵架，最后还得承担赡养义务。如果家里的儿子们不能就父母的赡养问题达成一致的话，那就要请一个威信比较高的长辈来主持公道了。如果是母亲健在的话，一般会请舅舅来主持，如果是父亲健在的话，一般会请叔叔来主持。也有请大队干部或生产队干部来主持的。

在协商解决父母的赡养问题的同时，也就把老人去世后遗产的继承问题协商好了。一般就是房屋和宅基地的问题。有些家庭因为赡养老人的问题，儿子们产生矛盾的很多，以致形同陌路。

汝桢曾经当过大队长，生有四个儿子、两个女儿。老伴50多岁的时候因病去世，老伴去世的时候还有两个儿子和一个女儿没有结婚。汝桢独自一个人把剩下的三个孩子培养成人。孩子都结婚成家后，汝桢自己一个人过日子。在他60多岁的时候中风，经过治疗还是落下了后遗症，生活不能自理，自己是不能烧火做饭了。大儿子召集几个弟弟商量怎么照顾老父亲，有的弟弟能当场表态，有的则表示要回家和媳妇商量一下。大儿子就让弟弟们回家和媳妇商量一下。轮班照顾是没有问题的，媳妇们在这一点上意见是统一的，但在怎样轮班这个问题上，媳妇们的意见自然是不能统一的，有的说要老人住在自己家，该谁家照顾谁家就去送饭，有的说如果送饭不方便，下雨阴天的时候可能就没法送。有的说该谁照顾谁就把老人接到自己家，有的就不同意，不同意的理由是家里房子紧张，没有多余的房子让老人住。有的儿子和媳妇能达成一致意见，有的儿子和媳妇为这事情还吵起了架。大儿子觉得自己威信不够，不能解决这个问题，就请他的亲叔叔主持召集弟弟们商量这件事，媳妇们都不能参加。叔叔觉得还是谁照顾谁把老人接到自己家，自己家有困难自己去解决。下一个问题是每家轮流照顾的时间是多少，有的希望每次时间长点，有的则希望时间短点。叔叔综合了侄子们的意见，提出每家轮流照顾一个月，每月的最后一天吃完晚饭后，下一家主动过来接老人，如果生病住院，几个儿子平摊药费，住院期间几个儿子轮班照顾，出院后，应该在谁家，谁家就继续照顾。如果老人去世，在谁家去世谁家就负责安排丧事。老人去世后，老人的房屋、家具还有宅基地折合成钱几个儿子平分。

老人在谁家，闺女来的时候就去谁家看望老人，不能给白眼。

叔叔还让几个侄子就以上问题签了个协议，协议由叔叔保存，并由叔叔监督执行。

这样一来，老人的养老问题就解决了。

为了不引起家务矛盾，两个闺女基本上去每家的次数都是一样的，每次去了都给父亲带点好吃的东西，顺便给侄子和侄女们带点吃的东西，然后给父亲洗洗衣服、洗洗脚什么的。

也有个别的情况，老人到闺女家轮流居住。女婿和亲家其实很不愿意，以致对老人时有冷言冷语，让闺女承受了很大的压力，因为在他们的观念中儿子们应该养老。

汝芳有一个儿子，三个女儿。儿子最大，结婚后分家自己过日子，儿子还当了生产队副队长。汝芳50多岁的时候患病去世，当时只剩下最小的闺女还没有出嫁。老伴和小闺女娘儿俩一起生活。汝芳去世后不久，他的儿子得了病去世了，留下两个没有成年的孩子。儿媳妇带着两个未成年的孩子艰难度日。面对亲人的相继去世，一家人应该和和睦睦共渡难关，可是由于婆媳之间矛盾很深，儿子去世后，婆媳之间的矛盾进一步加深。后来，小姑娘出嫁。婆媳两个还是各自过各自的日子，互不往来。再后来，老人年纪大了，自己做饭也困难，几个闺女聚在一起商量怎么办。看来儿媳妇是不给养老了，儿子不在了，也不能勉强媳妇。老人住在自己家几个闺女轮流照顾吧，时间长了真不方便，把老人接到自己家去吧，怕丈夫、公公婆婆不愿意，再说了，把老人接走了，过年怎么办，总不能在闺女家过年吧，这是村里人比较忌讳的一件事。她们想和嫂子商量一下，嫂子说她不管，爱怎么办就怎么办，自己的孩子还管不过来呢。

没有办法，闺女们回家和丈夫商量这件事，有的女婿不同意，有的女婿比较通情达理。最后还是几个闺女轮流把母亲接到她们自己家去照顾。大闺女的婆婆事比较多，老是说一些风凉话，养儿子不如养闺女了，等等。大闺女只能有苦往肚子里咽，谁让自己的母亲在自己家呢。过年的时候，嫂子也不来接母亲回家过年，闺女也没法送母亲回家，长时间不住老房子也没法住了，总不能把母亲愣愣送到嫂子家吧。母亲还是在闺女家过年了，年三十和初一让老人在屋子里不出来，把饭给老人送过去，不能看闺女家的家谱，也不能让闺女村里人给拜年。后来，老人在闺女家去世，闺女们把她送回来安葬了。

十五　最后的分家

儿子结婚后，过上不长的一段时间，父母给儿子和媳妇置办好烧火过日子的炊具，分给一些粮食，把自留地也分开，有的还分给一些结婚欠下的账。一般是有几个儿子就分几次家，这是初次分家，初次分家是父母和儿子分家。儿子们都结婚自己单过了，作为父母也尽到了自己的责任。父母年老或有病的时候需要儿子们共同赡养或照顾。因为赡养父母或照顾生病的父母，兄弟们之间也会发生矛盾，兄弟们之间的矛盾其实是妯娌们之间的矛盾通过兄弟们表现出来而已。

父母都过世后，兄弟们要再分一次家，这次分家是兄弟们之间分家。分家只涉及儿子，女儿是不参与分家的。如果大儿子在兄弟们中间有威信，并且在财产方面做出让步，那么，兄弟们不会因为分家闹出不愉快的事情。如果大儿子在兄弟们中间没有威信，或者自己在财产方面不肯做出丝毫的让步，那么，需要舅舅或"院"里的长辈介入才能分好这个家。外人的介入很容易伤害兄弟们之间的感情。因为分家打架或分家后再也互不来往的情况也不少见。阎云翔在他的村落研究中也关注到分家问题，他提出，分家习俗在改革开放后的 20 年中发生了某些重要的改变：第一，分家的时间提前，从父居的时间缩短；第二，传统的一次性平分被新的"系列分家"的方式所取代；第三，分家之后的家庭由于经济上的脆弱性，彼此间的依附与合作、支持关系加强。他认为，这三项变化都不是孤立发生而是紧密联系相互促进的，由此导致新的家庭伦理观念的出现。"越来越多的村民将分家视为解决家庭问题的良方而不是家庭政治中的违纪或伦理的失败。"①

第三节　从妻居

从妻居，俗称"倒插门"，也是一种历史悠久的婚居模式，从中国传统社会一直到现代社会，从妻居这种婚居模式仍然有着相当强的生命力。相对于从夫居而言，从妻居是一种次要的、非主流的婚居模式。从延续香火这种意义上说，从妻居是从夫居的一种变式，是从夫居的扩展和延伸。改革开放前，于庄的从妻居主要有两种形式，一是招婿，二是地头趴。招婿婚较为常见，而地头趴则是一种极为少见的从妻居形式。

从妻居就是结婚后丈夫到妻子家居住，成为妻子家庭成员，属于妻子所在的生产集体的成员，女婿成为儿子，替代儿子的角色，女儿则兼有媳妇和女儿双重角色。

一　招赘婚

招赘婚是在母系氏族社会的对偶婚从妻居婚俗向父系氏族社会过渡期间出现的，是对"从夫而居"的一种补充。早在商周之时，即有招赘婚闻名于世。辅助西周灭商的功臣姜尚，是见诸文字记载的最早的上门女婿，《战国策·秦策五》《说苑·尊贤》均有记载："太公望，故老妇之出夫。"秦汉时代，招赘婚曾十分流行。《汉书·贾谊传》载："秦人家富子壮则出分，家贫子壮则出赘。"唐代女子娶夫亦称"赘婿"，宋以后改"赘婿"为"舍居婿"或"入舍女婿"。这期间随宋明理学盛行于世，无子人家认为女子无赡养父母之力，于是为女儿招赘，以帮女儿履行赡养父母之责，故招赘亦称招"养老婿"。元明戏曲、明清小说等，多有述及招赘现象。②

家里只有女儿没有儿子的一般会选择招上门女婿，也有没有孩子领养个女儿然后再给女儿招个上门女婿的，这种情况较为少见。有儿有女的是

---

① 阎云翔：《家庭政治中的金钱与道义：北方农村分家模式的人类学分析》，《社会学研究》1998 年第 6 期。

② 李银河：《后村的女人们》，内蒙古大学出版社 2009 年版，第 110—111 页。

不会招上门女婿的。选择做上门女婿的一般是家里儿子多，给儿子盖不起房子，娶不起媳妇的，或是男孩子自身有缺陷而家庭条件又没有好到足以弥补这种缺陷而找不到媳妇的。对于一个男性来说，在婚姻问题上大概有四种选择，依据从优到劣的顺序是，一是盖房子娶媳妇，这是最基本的，二是做上门女婿，三是做"地头趴"，四是做一辈子"光棍"。

做上门女婿就是男孩要"嫁"到女孩家。女孩家招上门女婿就像男孩娶媳妇一样。女孩家如果要招上门女婿，女孩父亲就会告诉"院"里的人，象征性地把"院"里的长辈召集起来征求一下意见，"院"里长辈并不表示反对意见，有时只是善意地提醒说别委屈了闺女，不行就过继个儿子。然后大家都会放出风说要招上门女婿了，意思是说谁发现有合适的帮忙介绍一下。确定招上门女婿后，女孩父亲就会向大队申请宅基地。大队会给划出一块宅基地。家庭经济条件好的会把房子盖好，这有利于招到自身条件好的女婿。家庭经济条件不是太好的，就先要出宅基地，等女婿上门后再盖新房子，这显然要上门女婿出力才能盖起房子来。

女孩家要给男孩置办结婚穿的新衣服，要给男孩买礼物。结婚前有一个不可缺少的仪式，男孩的父亲和"院"里关系近的其他男性长辈和女孩的父亲及女孩"院"里关系近的男性长辈会有一个会亲家的场合，类似于娶媳妇之前的会亲家。在这个场合，男孩的父亲会程式化地向女孩的父亲说"小子无能改名换姓"，女孩的父亲也会程式化地回答说"你放心，我们会像对待亲儿子一样对待你儿子"。然后，女孩父亲把事先按照自家字辈起好的新姓名写在一张纸上交给男孩的父亲。男孩和女孩举办完婚礼后，男孩就不用以前的姓名，而用新的姓名了。

女孩家到男孩家去迎接男孩，和娶媳妇不同的是没有晚辈女性来闹洞房。

上门女婿过门后，就以儿子的角色生活在妻子家里，岳父母成了"亲"父母，生了孩子后，孩子称呼岳父母为爷爷奶奶，而不是姥爷姥娘，孩子当然随母姓。女婿的户口也要迁到岳父家，成为妻子所在生产队的社员，参加生产队的集体劳动，分得自留地。"院"里有婚丧嫁娶红白大事的时候，也是以儿子而不是以女婿的角色参与，"院"里人也会把他当成儿子而不是女婿来安排活计。

过年的时候在妻子家守着妻子家的家谱过年，按照农村的习俗，嫁出去的闺女是不能看自家的家谱的，女婿当然更不能看了，这是一个忌讳。

因为嫁出去的闺女和女婿都是外人了，上门女婿则成了自家人，闺女则变成了媳妇的角色，也成了自家人。死后他和妻子的名字都可以写在家谱上，可以埋葬在妻子家的坟地里。过完年后，丈夫和老婆孩子都要回自己的老家拜年，还要到自己的亲戚家拜年。尽管做了上门女婿，但是和自己老家父母、兄弟姐妹及其他亲戚的关系是不能因此而断绝的。

广春参过军，复员后回家继续务农，结婚后生了一个儿子和一个女儿，儿子比女儿大五岁。在村里来说，他算是儿女双全的，美中不足的是儿子太少。他常常说如果有那么两三个儿子就更好了，一个儿子显得有点单，有事的时候没有真正的帮手。儿子21岁的时候经人介绍和邻村的一个姑娘订了婚，订婚半年多的时候，正当两家商量着结婚的事情的时候，不幸的事情发生了。广春和他的儿子两人在自己自留地干活的时候，儿子不小心掉到井里，广春看到儿子掉到井里，心里着急想把儿子快点救上来，由于没有找到合适的足够长的救人工具，他想着自己跳下去把儿子托上来，结果他自己跳下去了，儿子也没有救上来，父子两个都淹死了。这对广春老婆和女儿是一个太大的打击。

这对未过门的儿媳妇及其一家人也是一个沉重打击。在老百姓看来，这个未过门的儿媳妇是个克夫命，并且是克得很厉害的那种，因为没有过门就把未婚夫给克死了，过了门还不知克成什么样子呢。这种民间的说法及未婚夫非正常死亡的事实确实给那个姑娘再找一个合适的婆家产生了非常不好的影响。

悲痛之后，广春老婆想着还要处理未婚儿媳妇的事情。按照农村的风俗，订婚之后，如果男家还提出退婚的话，男家送给女家的彩礼就不能要回来了，如果女家提出退婚的话，那么男家给女家的彩礼要如数退回。广春老婆心疼死去的儿子，但是她也心疼那些彩礼，如果她要提出退婚的话，女家的彩礼就不退回了。她找到媒人，说尽管儿子死了，但婚事不能散了，她要领养一个和死去的儿子差不多年龄的儿子和那个姑娘结婚。媒人把她的意思转达给了女家，女家的父母一听就知道她什么意思。就对媒人说，既然男孩不在了，那就把彩礼给退回去吧。

广春老婆张罗着给女儿招上门女婿，尽管女儿才16岁，不到结婚的年龄，但是大家还是理解她的苦衷的。后来有人介绍了离于庄不到 5 里远的陆庄的一个小伙子。陆庄也不是富裕村，他家在陆庄也不是富裕家庭。小伙子兄弟六个，他排行老三，23 岁，由于大哥、二哥结婚盖房子花了一些钱，家庭负债度日，日子过得比较艰难。所以，家里再给他盖房子娶媳妇就很困难了，准备让他做上门女婿。经人介绍他就到广春家做了上门女婿。尽管广春的女儿还未到结婚年龄，大队考虑到她家的特殊情况就开了证明信，领了结婚证。按照程序把户口迁到于庄，成为生产队的一名社员，由于广春家的特殊情况，他家的自留地没有调整，去世了两个人，又招进一个女婿，自留地暂时就这样了。

广春老婆向村里申请宅基地，村里又给了一块位置不错的宅基地。

结婚后，那个男孩就按照字辈重新起了名字。过年的时候，在广春家操持着过年的事务，大年初一跟着"院"里的弟兄们满村子去拜年。年后，带着老婆回陆庄给父母还有院里的长辈们拜年。后来，小夫妻接连生了三个孩子，一个男孩、两个女孩。男孩按照字辈起了名字，女孩则随意起了个很好听的名字。孩子称呼广春老婆奶奶而不是姥姥，"院"里人依然按照于庄的辈分称呼。陆庄的爷爷奶奶依然称呼爷爷奶奶，"院"里人依然按照陆庄的辈分称呼。于庄"院"里有婚丧嫁娶红白大事的时候，他都以广春家儿子的身份和角色参与。陆庄他自己"院"里有婚丧嫁娶红白大事的时候，"院"里人不要求也不期望他以一个儿子的身份和角色参与，他会尽力去帮忙。

后来，广春老婆生病去世。女婿像儿子一样披麻戴孝。

他自己的父亲生病的时候，他也尽力去照顾，但是当兄弟几个平摊医药费的时候，由于他是做了上门女婿的，所以他没有出一分钱。其他兄弟也认为这合情合理。

一家人在于庄生活得不错。广春家的根延续下去了。

维健因为家庭条件不好先做了"倒插门"的女婿，和广春家招的女婿不同，他在媳妇去世后，尽了自己对老人的义务后，搬回了于庄。

维健弟兄三个，他在家排行老二。家庭条件本来就不好，大哥又花钱买了个媳妇，这无疑是雪上加霜。家里商议着让他做上门女婿，经人介绍维健去了离于庄不远的张家村做了上门女婿。自然是改名换姓，迁户口等那一套。张家村那户人家夫妻两个老年得女，不幸的是那个女孩有先天性心脏病，体质较弱，不能下地干活，老夫妻两个很疼爱自己的闺女，对女婿也是非常疼爱。结婚不到两年，那个女孩去世了。老夫妻两个自然是很悲伤。为了留住这个上门女婿，老夫妻两个商议着再给上门女婿娶个媳妇。老夫妻两个放出风去，说要给上门女婿说媳妇。有人介绍了一个女孩和维健结婚了。老夫妻两个按照给儿子娶媳妇的规格给维健举办了婚礼，娶了媳妇。一年后，生了个小男孩，小男孩称呼老夫妻两个爷爷奶奶，按照字辈起了名字。后来，老夫妻两个相继过世，维健完成了养老送终的义务。维健一家人觉得在张家村没有亲人，有种无依无靠的感觉，经常回于庄和自己的父母及大哥说起这件事情。最后一家人商议着要搬回于庄。问题是如果要搬回于庄的话，张家村维健前妻的"院"里人肯定不同意，人家招你做上门女婿为的是延续香火，你倒好要走人了。一家人商议着偷偷搬过来再说，平时把那些能顺手带回的小件东西都陆续带回来了，然后"院"里那些关系比较近的年轻小伙子在夜里帮着把橱柜、桌子等大件的东西搬回来了。搬家的时候，张家村"院"里关系比较近的人出来阻拦不让搬家，经过一阵吵闹后，还是搬回来了。

回来后向村里申请了宅基地，盖起了房子，分了自留地，把姓名又改回了原来的姓名，孩子又按照于庄的字辈重新起了学名，乳名还是原来那个名字，又把一家人的户口从张家村迁回了于庄。因为原来是于庄的人，现在搬迁回来了，当然是不会不接收的。

维健一家人搬回于庄后，又陆续生了三个孩子，男孩子都严格按照于庄的字辈起名字，女孩子则稍微随意点，有的按照字辈，有的没有按照字辈起名字。过年的时候，维健的孩子们都要去张家庄拜年。

1. 丈夫与自己原生家庭的关系

男孩子做了上门女婿之后，户口迁到妻子所在的村庄，已经不属于自己原来所属的生产集体，也不是自己原生家庭的成员了。与自己的亲生父母仅仅具有血缘关系，而不具有民间社会所认可的赡养与继承的关系了，一个明显的标志是他已经不姓自己原来的姓了。自己的亲生父母年老丧失劳动能力的时候，不再承担赡养父母的责任和义务，而赡养父母的责任和义务则由家里的弟兄们共同承担，不再和其他弟兄们一样平摊钱粮，或者不再和其他弟兄们一起轮流把父母接到自己家赡养。丈夫可以经常去看望年老的父母，给他们带些东西。当父母生病的时候，不再和其他弟兄一样平摊医药费，但是需要人手的时候会出些力。父母去世后，和其他弟兄一样履行儿子的义务，妻子和孩子也和家里其他弟兄的妻子孩子一样履行义务，只是不再和其他弟兄共同继承父母的遗产，因此，与其他弟兄因为财产问题发生矛盾的可能性几乎为零。过年的时候，不和自己的父母在一起过年。过年之后，一家人回家拜年。家里的侄子们也去上门女婿家拜年。与其他亲戚的来往与家里的其他弟兄与亲戚的来往一样，没有什么差别。在自己的原生家庭，做了上门女婿后就成了"外人"，妻子和孩子也都是"外人"，就如同嫁出去的女儿一样。父母常常因为不能给儿子娶媳妇让儿子做了上门女婿而感到愧疚，觉得对不起儿子。因为这种情感的缘故，父母对做上门女婿的儿子显得格外疼爱。对于自己出生的村子而言，上门女婿显然也成了"外人"。除了参加自己原生家庭所属的"院"里的红白事以外，一般不会以庄乡的身份参与村子里其他人家的红白事。

也有因为家里弟兄们没有理清这层关系而发生家庭矛盾的事情。

2. 丈夫与新家庭的关系

上门女婿在自己的同辈群体中属于弱势者，因为他不能像同辈中的多数男孩子那样在自家娶妻生子，他要离开自己熟悉的生产集体，加入另一个陌生的生产集体，他要离开自己的原生家庭去一个陌生的家庭生活，改名换姓，延续别人家的香火。这在从夫居依然是主要婚居模式的社会中，"倒插门"是弱势的体现。之所以选择做上门女婿，是由家庭条件和自身条件决定的，或者是家庭条件不好；或者是家里弟兄多，父母不能给每个儿子娶上媳妇，只能让其中某个或某几个儿子"倒插门"；或者是家庭条件一般，小伙子自身有一些不足或缺陷，家里也不能给儿子娶上媳妇。上门女婿和从夫居中的女婿不同，上门女婿是新家庭中的"自家人"，自己原生家庭的"外人"，岳父母显然是"亲"父母了，自己的亲生父母也是亲父母，但不是亲父母家庭中的成员了。妻子依然是"自家人"。孩子随母姓，按照字辈谱起名字。有上门女婿的人家特别强调给孩子按照字辈谱起名字。孩子的姥爷和姥姥兼具双重身份，既是孩子的姥爷和姥姥又是孩子的爷爷和奶奶。孩子称呼他们爷爷和奶奶，孩子称呼父亲的父母也是爷爷和奶奶。对父母双方其他亲属的称谓没有什么变化。在孩子的亲属称谓中少了姥爷和姥姥这种称谓。上门女婿的妻子如果有姐妹的话，她们不称呼他姐夫而是称呼他哥哥。"院"里和村里的其他人也是这样按照儿子而不是女婿的身份进行称呼。

上门女婿以儿子的角色参与妻子"院"里的红白大事，以庄乡的身份参与妻子村子里的事情，以社员的身份参与生产队的集体劳动。在自己的新家过年，守着妻子家的家谱，也是自己的家谱了。

岳父母年老的时候要进行赡养，承担起儿子应当承担的责任和义务。岳父母去世后继承他们的遗产。由于招上门女婿的人家没有儿子，或者只有一个女儿，或者是几个女儿只留其中一个在家招上门女婿，其他的出嫁，彼此之间边界比较清晰，权利义务关系比较清楚，所以，一般不会因为财产问题与其他的姐妹发生矛盾。岳父母去世，上门女婿在丧礼中扮演儿子的角色。

上门女婿与岳父母的关系不会像婆媳关系那样紧张和严肃。对于岳父母来说，对儿子的期盼和爱护投射在上门女婿身上，不存在敌视和排斥的问题，而且自己还要指望上门女婿养老送终。上门女婿和"院"里近亲属的关系有的时候可能会比较紧张，这往往是由于岳父母与岳父的弟兄们之间在自己的养老送终问题上出现了意见分歧，岳父的弟兄们一般会支持过继而不是找上门女婿，岳父母可能会坚持招上门女婿。这背后涉及的是财产的归属问题。在岳父的弟兄们看来，招个上门女婿等于以后把财产给了"外人"。在岳父母看来，女婿总比侄子近，因为还有女儿这层关系，女儿是直系，侄子是旁系，自己去世以后财产还是留给了"自己人"。这种意见的分歧会使岳父的弟兄们把敌视的态度投射在上门女婿身上，在他们的潜意识中，如果没有这个上门女婿的话，财产可能会属于自己的某个儿子。

上门女婿去世后，名字写进妻子家的家谱里，只是妻子的名字在自己的前面。而在从夫居这种婚居模式中，去世后丈夫的名字写在妻子名字前面。埋进妻子家的坟地里。

也有在给岳父母养老送终后又举家搬迁到上门女婿原生家庭村子里的情况，那往往是由于感觉到在妻子的村子里或"院"里受到排挤。由于父母都入土为安，没有了什么牵挂，妻子也会支持丈夫回到自己的原生家庭。更多的上门女婿是一直生活在自己的新家庭里。

3. 妻子与丈夫原生家庭的关系

上门女婿的妻子与丈夫原生家庭的关系不同于其他的妯娌，上门女婿的妻子是"外人"，在大家庭事务方面没有了发言权，其他妯娌是"自家人"，在大家庭事务方面有发言权。上门女婿的妻子不对丈夫的亲生父母负有赡养的义务和责任，也不被要求替代丈夫履行赡养公婆的义务。对公婆只是礼节性地进行交往。公婆生病也只是礼节地进行探视，不会像其他妯娌那样进行实质性的照顾。公婆去世后，也只是礼节性地参加丧礼，在这方面与其他妯娌没有什么区别。不会因为丈夫父母的赡养问题像其他妯娌那样在丈夫背后积极参与，出谋划策，以致引发家庭矛盾。由于与婆婆的空间距离比较远，孩子也不需要婆婆看护，而且又不会涉及生活中琐碎的事情，所以，上门女婿的妻子不会与婆婆产生矛盾和冲突。

由于与妯娌们没有利益方面的冲突，所以，与妯娌们能和平相处。

如果丈夫有姐妹的话，上门女婿的妻子也不会和她们因为父母赡养等问题产生矛盾和冲突，传统意义上的姑嫂之间的那点矛盾由于丈夫"倒插门"而不存在了。

在丈夫原生家庭所在的村子里，上门女婿的妻子绝对是"外人"，不会以庄乡的身份参与村子里其他人家的红白大事。

4. 妻子与自己原生家庭的关系

没有女儿自己愿意留在家里招上门女婿，因为招上门女婿很难找到合心合意的，出来做上门女婿的不是家庭条件不好就是男孩子自身条件不好，或者是家庭条件和自身条件都不好。出来做上门女婿不是家庭和男孩子本人自觉自愿的选择，而是无奈的选择。留女儿在家招上门女婿，父母要做女儿的思想工作。对上门女婿的要求不是太高，只要能劳动，没有劣迹，没有明显残疾就可以。往往会出现这种情况，女儿的自身条件和家庭条件都不错，而上门女婿的条件却比较差，如果是嫁娶婚的话，上门女婿是娶不到这样的媳妇的。女儿可能觉得委屈，在夫妻之间出现矛盾或遇到一些生活困难的时候往往埋怨父母。

如果不是传统习俗的负面影响，能找到一个满意的上门女婿，对于妻子来说是不坏的事情。结婚前是女儿的角色，结婚后兼具女儿和媳妇的双重角色。结婚前是自家人，结婚后还是自家人。没有因为结婚而离开自己的原生家庭，也没有因为结婚而离开自己所属的生产集体。不需要像其他出嫁的女孩那样要有一个适应新家庭和新的生产集体的过程。

　　妻子和母亲的关系不同于媳妇和婆婆的关系，发生冲突的可能性极小，就是发生了冲突也是母女间的冲突，不会像婆媳冲突那样产生较大的伤害。妻子和父亲的关系也不同于儿媳妇和公公的关系，没有那么严肃和拘谨。如果还有姐妹的话，妻子能得到出嫁姐妹的格外尊重。因为在家招婿，被认为是担负起了养老送终、传宗接代的重任，又被认为是为了家庭做出了牺牲。

　　父母年老需要赡养的时候，能对父母尽到一个女儿的责任和义务，不像出嫁的女儿那样由于居住、交通等条件的限制不能尽到女儿应尽的责任和义务。在照顾年老父母的日常生活方面和饮食起居方面，女儿比儿媳妇更有耐心、更细心也更上心一些，不会产生不满和抱怨的情绪。

　　父母去世，女儿在丧礼中扮演儿媳妇的角色，她的子女们扮演着孙子、孙女而不是外孙子、外孙女的角色。

　　5. 夫妻关系

　　上门女婿与妻子之间的夫妻关系是这个新家庭的核心，夫妻关系决定和影响着上门女婿与岳父母之间的关系。妻子是父母和丈夫之间关系的协调人。丈夫与岳父母之间的关系在很大程度上取决于妻子的协调能力。在岳父母的潜意识中，他们害怕上门女婿跑回去，在疼爱上门女婿的同时也有些防范。不会让上门女婿轻易掌握家里的财权和物权，而是让女儿掌握家里的财物和权力。家里的大事，尤其是花钱方面的大事情基本上是由岳父母和上门女婿的妻子做出决定的。

　　上门女婿和妻子的关系大体上可以分三种情况。第一种情况是上门女婿配不上妻子，这种婚姻使妻子觉得有些委屈和不满，这种委屈和不满会指向父母，也会指向丈夫。上门女婿尽管是带着无奈和些许的委屈做了"倒插门"，但是觉得找了个好老婆，那种无奈和委屈在这种明显不般配的婚姻中渐渐消逝，会安心过日子。夫妻关系中妻子会强势一些，霸道一些，而丈夫以忍让来换取和谐。第二种情况是妻子配不上上门女婿，这种婚姻使丈夫觉得委屈和不满，丈夫发泄委屈和不满的方式就是扬言时机成熟后就要跑回去。岳父母和妻子会想方设法让丈夫安下心来，一家人对丈夫关心和爱护备至，期盼着早点生个孩子拴住丈夫的心，增加丈夫生活的幸福指数，尽量让上门女婿掌握家里的财权，让上门女婿在家庭事务中有更多的话语权。第三种情况是上门女婿和妻子都比较般配，妻子一家人对上门女婿比较满意，妻子不觉得委屈，也没有不满情绪，上门女婿对妻子和她的家人也比较满意。这种婚姻中，尽管丈夫对做上门女婿有些委屈，但是不会把这种委屈指向妻子和她的家人，可能更多的是抱怨自己原生家庭的贫困和自己的命运。上门女婿能够很快融入新家庭的生活中，和妻子一家人能和睦相处。

户口迁到妻子家，岳父是当然的户主。如果分家过日子，户主是妻子而不是丈夫。

6. 生育的性别偏好

在招赘婚中仍然存在较为强烈的生育男孩的偏好，因为男孩是家里的"根"。就岳父母来说，招上门女婿是他们没有生育出儿子的选择，在他们的内心深处是希望生育出儿子给自己养老送终的，能够传宗接代，延续香火。招上门女婿的目的和动机很明确就是替代儿子的角色，实现上述目标。岳父母会把生育男孩子的偏好投射在上门女婿和女儿身上，期盼着他们能够生育出男孩，不至于再重复父母辈的生活历程。就妻子来说，她也期盼着生育男孩子，因为感受到了父母没有生育出男孩子的痛苦和无奈，不想让自己再重复感受父母曾经有过的这种痛苦和无奈，生育男孩可以消除这种两辈人共同的痛苦和无奈，给家庭生活带来希望，实现父母赋予自己传宗接代的使命。生育男孩也在村里人和"院"里人面前争了一口气。对于上门女婿来说，生育男孩完成了岳父母招上门女婿传宗接代的使命，可以进一步提高自己在家庭中的地位。

家里人期盼着婚后早生、多生而且要生儿子。

在生产队时期的早些时候，国家的计划生育政策在农村只是提倡少生育，还没有强制执行。上门女婿一家人可以通过多生育孩子的方式实现生育男孩的偏好。在生产队时期的后期，由于国家人口形势的严峻，强制执行计划生育政策，在农村实行"一孩半"政策，如果第一胎是男孩就做绝育手术，如果第一胎是女孩，可以允许生育第二胎，不管第二胎生育的是男孩还是女孩，都要做绝育手术。为了生育出男孩或多生育男孩，上门女婿一家人会通过与国家计划生育政策的博弈，通过超生的方式实现生育男孩的偏好，但其代价也是巨大的。

二　地头趴

"地头趴"是民间对一种独特类型的从妻居形象化的俗称，这种婚居模式的最显著的特征是后来的丈夫去世后不能葬入妻子婆家的祖坟，只能埋在田边地头等荒凉的地方。从居住的形式上"地头趴"和招赘婚是相同的，都是在妻子家居住，但是"地头趴"和招赘婚还是有着本质的区别的，招赘婚是婚姻中的丈夫和妻子住在妻子的娘家，而"地头趴"这种婚姻中的丈夫和妻子则是住在妻子的婆家，即妻子已经去世的前夫家。

招赘婚的女方是没有过婚姻经历的姑娘，招上门女婿是来替代并履行儿子的角色的。而"地头趴"这种婚姻形式中的女方是已经结婚而且丈夫已经去世，还有孩子，一般都是中年妇女了。对于女方来说，她经历了人生中中年丧夫的大不幸。对于这种情况的妇女来说有三种选择：一是可以带着孩子改嫁；二是留在婆家独自辛辛苦苦把孩子们养大；三是招一个上门女婿。如果丈夫去世，没有孩子的话，改嫁是肯定的。如果孩子少而且孩子小，改嫁的可能性也是有的。如果孩子多而且孩子老大不小的，改嫁的可能性比较小，因为即使想带着孩子改嫁也是困难重重，一则几乎没有男性愿意接受这么重的负担，二则对孩子们的成长不利，孩子们也不愿意母亲带着他们改嫁。如果丈夫去世后选择留在婆家独自把孩子们抚养成人，孩子少了还可以，孩子多了，负担重了，困难是很大的。招一个上门女婿帮助一起把孩子抚养成人是一个不错的选择。如果有合适的男性，可以招进家来一起生活，共同抚养孩子们。对于丧夫妇女的任何选择，无论是公公婆婆，还是丈夫的兄弟姐妹，还是丈夫"院"里的近亲属都不会反对和干涉。但是，丧夫的妇女必须得征得上述人员的同意，这为上门女婿过来一起生活奠定一个好的人际关系。这种情况的妇女对未来的上门女婿的要求不是很高，只要身体健康能劳动，帮衬着把孩子们抚养成人就可以了。

愿意做"地头趴"式上门女婿的男性，一般都是家庭条件不好，或是家庭关系复杂，而且自身条件不是很好的，他们在应该谈婚论嫁的时候找不到媳妇，或是娶不起媳妇，甚至做个"倒插门"的机会都没有。就这么一直混着，或者是和父母一起生活，或者是独自一个人生活，期盼着能有机会找个媳妇成个家。由于没有成家立业，人们也觉得他们可怜兮兮的。有好心爱管闲事的人会打听着相关方面的消息帮助成个家。

人们很清楚，"地头趴"式上门女婿就是上门出力的，如果可能的话还可以生个自己的孩子，有的时候由于前夫的孩子多负担太重就放弃了再生个孩子的想法，也有女方做了绝育手术而无法生育的。在这种婚姻中，只要男的愿意，女方一般不会太挑剔。

这种婚姻从相亲到结婚的程序简化了很多，时间也缩短了很多。只要双方没有意见，经过一个简单的仪式，男的搬到女方家里住就可以了。结婚所花费的一切费用由女方承担，女方还要给男的置办一些结婚穿的新衣服。

1. "地头趴"丈夫与妻子前夫家庭的关系

做"地头趴"的上门女婿与妻子前夫家庭的关系和上门女婿与妻子原生家庭的关系不同，他不是替代妻子公婆去世的儿子的角色，而只是妻子的继任丈夫的角色，结婚后是妻子小家庭中的"自己人"，是妻子前夫大家庭中的"外人"。因为户口迁到妻子的村子里，参加妻子生产队的集体劳动，所以对于村里人来说不是"外人"了。"地头趴"式上门女婿对妻子的公婆没有法律赋予的赡养义务，也没有民间习俗所赋予的赡养责任。相反，妻子的公婆对这个来替代他们去世的儿子来抚养未成年的孙子、孙女的男人心存感激，这样总比儿媳妇带着孩子们改嫁要好很多。"地头趴"式上门女婿与妻子的公婆在平时也会有一些礼节性地走动，过年过节的时候也给妻子的公婆送些礼物，也去妻子的公婆家拜年。根据妻子的公婆与自己父母的年龄大小关系，或者称呼妻子的公婆为大爷、大娘，或者是叔叔、婶子。妻子的公婆生病的时候，没有义务去亲自陪护和照顾，也不和其他的子女平摊医药费等，可以像亲戚那样去探望一下。妻子的公婆年老需要子女赡养的时候，其他子女会一起协商一下，"地头趴"式上门女婿不参与协商，也不参与赡养。妻子的公婆去世的时候不参与陪灵、守灵，只是礼节性地吊唁。当然也不会继承妻子公婆的遗产。

对于妻子前夫的"院"里人来说，"地头趴"式上门女婿算是"外人"，但可以替代妻子前夫的角色参与"院"里的红白大事。

"地头趴"式上门女婿一般不改名换姓，和孩子的关系是一种继父与继子女的关系。有的家庭让孩子称呼"地头趴"式上门女婿"爹"，有的家庭则让孩子们称呼"地头趴"式上门女婿"大爷"或"叔叔"。由于对孩子们尽了抚养的责任和义务，"地头趴"式上门女婿在年老需要赡养的时候，孩子们有责任和义务进行赡养。

"地头趴"式上门女婿去世后名字不能写进妻子前夫家的家谱里，妻子的名字可以写进前夫家的家谱里，与前夫并排在一起。"地头趴"式上门女婿不能埋进妻子前夫家的坟地，至于安葬在什么地方就看子女们是如何处理了，一般都是选一个僻静荒凉的地方葬了。妻子则葬在前夫家的坟地里，与前夫合葬。

2. "地头趴"上门女婿和妻子与他们各自原生家庭和彼此原生家庭的关系

"地头趴"上门女婿与自己的原生家庭的关系和一般的上门女婿与原生家庭的关系相似。由于做了上门女婿，已经是原生家庭的"外人"了，不再承担父母双亲养老送终的义务，不再享有继承父母遗产的权利。由于户口迁到妻子村子里，成了妻子生产集体的社员，不再是自己原来所属生产集体的社员了。

"地头趴"上门女婿与妻子娘家的关系和"从夫居"这种婚居模式中丈夫与妻子娘家的关系一样。"地头趴"上门女婿也是岳父母的女婿，在岳父母心目中，"地头趴"上门女婿与女儿改嫁后的女婿没有什么实质区别，以女婿的角色与妻子娘家亲戚们来往。

妻子与丈夫原生家庭的关系与一般的上门女婿与丈夫原生家庭的关系一样。是丈夫父母的儿媳妇，却是丈夫原生家庭中的"外人"，只是在婚礼和丧礼等一些仪式性的场合上才以丈夫原生家庭"自家人"的角色出现。

3. 夫妻关系

由于双方各自特殊的生活经历和特殊的需求才组成一个新的家庭。上门女婿需要一个温暖的家，妻子和孩子们则需要一个强壮的劳动力来支撑这个家。夫妻双方条件自然悬殊。就夫妻双方的自身条件而言，妻子的自身条件比上门女婿的自身条件要好，比如，妻子的容貌、处理事情的能力等方面都比上门女婿要强。相对于妻子的前夫而言，上门女婿的自身条件肯定要差一些。所以，在夫妻关系中，妻子明显处于优势地位。再者，无论是对于这个家来说还是对于这个村来说，上门女婿都是一个陌生人，没有"自己人"。妻子则不然，到处都是熟人，到处都是"自己人"。妻子依然是以家庭主人的身份和角色应对和处理家里家外的事情，丈夫则处于从属的地位。上门女婿的户口迁到妻子村里，落在妻子名下，户主自然是妻子。自然地，妻子掌握着家庭里的财物支配权，在家庭事务的决策上，妻子具有更多的话语权。这种情况可能会随着生活时日的增加和彼此之间的接纳，尤其是新家庭对上门女婿的接纳而有所改善。

4. 两个案例

案例1：

汝金有一个弟弟和一个妹妹，尽管人很善良，很实在，由于有严重的口吃，半天憋不出一句话，而且家庭经济条件不是很好，因此找媳妇成了一个难事，而且做上门女婿也没有人家愿意要。眼看着弟弟结婚了，妹妹出嫁了，再也没有人给他提亲了。按照农村的风俗，家里有几个儿子，如果老大没有结婚，而老二、老三等后面的弟弟们结婚了，老大的亲事就算耽搁了。所以，父母都是按照从老大到老小的顺序依次解决他们的婚姻问题，无论是娶媳妇还是做上门女婿。

汝金30多岁的时候，有人给提了一门亲事，说是去离于庄30多里的乔庄做"地头趴"。那个妇女有四个孩子，其中三个姑娘一个儿子，都还没有结婚，最大的孩子13岁，最小的是个儿子，才6岁，那个妇女还有一个婆婆，院里也没有什么关系亲近的人，她的丈夫在生产队劳动的时候，突然得了一个急病，等送到公社卫生院的时候，人已经去世了。一个妇女拉扯四个尚未成年的孩子负担确实太重了，想改嫁，由于孩子太多也找不到合适的人家，决定招个"地头趴"女婿。汝金去乔庄做了"地头趴"，成为乔庄生产队的社员，没有改名换姓。汝金对老婆和孩子们都很好，三个姑娘相继长大结婚了。这期间他和老婆又生了一个姑娘和两个儿子，孩子随汝金的姓，按照在于庄的字辈起了名字。赡养妻子的婆婆，直到老人去世入土为安。汝金觉得在乔庄有种寄人篱下的感觉，心里不踏实，想到自己死后在乔庄无葬身之地，更觉悲凉。想把家搬回到于庄，老婆也同意跟着他搬回于庄，汝金回到于庄跟他弟弟商量，弟弟同意哥哥搬回来，弟兄两个也好有个照应。弟兄两个向大队申请了宅基地，弟弟在家帮哥哥盖好了房子，就等着一家人搬回来住了。

为了不让去世的前夫断了香火，汝金和老婆把前夫的儿子留在乔庄自己过，带着自己亲生的三个子女搬回到了于庄。汝金的老婆说，他们搬家的时候，儿子哭得死去活来，抱着她的腿不让她走，她还是铁了心把未成家的儿子留下，自己随丈夫搬到了于庄。

汝金回到于庄，全家的户口也迁回来了，成了第四生产队的社员，参加集体劳动，又按照人口分了自留地。因为他做"地头趴"的时候，户口迁走，他自己一个人的自留地被生产队收回。后来，汝金在参加生产队的劳动中因工伤而死，生产队出钱把他安葬了。

人越是上了年纪就越是怀旧。汝金老婆老是怀念前夫，说死后要回乔庄和前夫葬在一起，不能舍下他一个人孤零零地在那里。她和前夫所生的孩子们也有类似的想法，他们想在他们的母亲死后和父亲合葬。汝金的妻子80岁那年病逝了。她和汝金所生的孩子们把她和汝金合葬在了一起。汝金老婆和她前夫所生的孩子们则给他们的父亲刻了一个女人样子的木偶合葬，算是了却了一桩心事。

案例2：

　　汝金老婆和前夫所生的儿子在他们搬回到于庄后自己一个人在乔庄生活，邻居和生产队也给了他一些照顾，他也不时跑到于庄来住些日子。后来有一个参军的机会，乔庄大队的干部们觉得孩子有些可怜，想给他一个机会和好的出路，就动员他参了军。本想在部队有一个好的发展，可是由于没有文化，人也不够精明，当了三年兵就复员回来了。回来后，家里原来的土坯房子由于长期没有人居住已经坏得不成样子，无法再住了。他就跑到于庄来。对于于庄的人来说，他是外人，一是他户口在乔庄而不在于庄，二是他姓乔而不是姓于，三是他和汝金没有血缘关系。他就在于庄过着寄人篱下的客居生活。有人劝他母亲说你应该让他回乔庄，帮他把乔庄的房子修好，然后帮着他找个媳妇立个门户。由于经济方面的原因，他母亲不能帮他修好乔庄的房子，也不能帮他在乔庄立个门户找个媳妇。由于他不是于庄的人，所以也无法在于庄盖房娶媳妇生孩子。就这样，他上不着天下不着地把婚事耽误了，自己本身也没有志气。

　　在37岁那年有人给他提了个"地头趴"的亲事。对方那个妇女比他大三岁，有三个孩子，一个闺女两个儿子，最大的闺女15岁，最小的是儿子，才10岁。由于生最后那个孩子的时候出了点问题，医生说今后不能生育了。她丈夫病逝，由于给丈夫治病，欠了一些外债。公婆还健在。公婆支持媳妇招"地头趴"。他和母亲商量后决定去做这个"地头趴"，有人劝他和他母亲，说这门亲事不划算，进了门就是干活，连个自己的孩子也没有，这辈子不是白混了吗。他和他母亲觉得有个媳妇总比打一辈子光棍要强。

　　那个媳妇给他买了几件衣服算是把亲事定下了，然后领了结婚证，办了个小小的婚宴，他就去对方家过日子了。他不改名换姓，孩子们称呼他叔叔。他称呼媳妇的公婆叔叔、婶子。

　　有一年冬天，于庄分到河工任务，到他们村附近清理河床。他听说后特意和老婆一起包了水饺，把于庄到他们那里上河工的人请到家里吃水饺。于庄那些上河工的回到村里说，他们一家对村里去的人很热情，招待挺好的。孩子们和他们的"地头趴"叔叔相处得不错，都挺喜欢他的。孩子们陆续长大成人结婚了，听说他老婆和他分床睡了，让他睡在柴棚里。有一次，他和老婆吵架，为了发泄不满，他用铁锹把猪嘴铲坏了，吓得跑到于庄。过了几天，他老婆和已经出嫁的大女儿来于庄把他叫回去了，说那头被他铲坏的猪已经卖了，家里人不怪他了，今后会对他好的。他就跟着回去了。

汝金去世的时候他来了，像儿子一样穿白戴孝陪灵，他媳妇和大女儿也来了，按照儿媳妇和孙女的身份穿白戴孝陪灵。后来，他母亲去世的时候，他自己回来送葬。他和同母异父的弟弟说要回于庄来居住，他弟弟觉得这是个大事，他贸然回来住的话，他老婆和孩子们会答应吗？再者，在于庄能申请到宅基地吗？申请不到宅基地怎么盖房子，不盖房子住哪里？后来，他还是回到老婆那里了。

第四节　其他类型的婚居模式

这个时期的于庄除了从夫居和从妻居这两种婚居模式之外，还存在极少数其他类型的婚居模式。

一　独居

独居也是一种"婚"居模式，是男性婚姻失败者的无奈结局。于庄人习惯上把成年男性独身者称为"光棍"。至于到什么年龄找不到媳妇算是"光棍"，人们没有一个统一的年龄标准，到了该结婚的年龄而找不到媳妇的男孩，人们觉得这个条件的家庭和男孩不可能找到媳妇了，就认为这个男孩可能要打一辈子"光棍"了。在于庄人的观念中，结了婚就算成人了，不再是孩子了。"光棍"尽管没有结婚也不是男孩，而是男人了，因为"光棍"不再属于未婚青年群体中的一员了，他们已经走出媒人们的视线，在媒人们的视野之外了。家长对小男孩进行教育的时候经常说这样一句话，"别不好好干，你要是不正儿八经地好好干，长大了没有人给你说媳妇，让你打一辈子'光棍'"。没有男人愿意当"光棍"，也没有父母希望自己的儿子成为"光棍"。不是"光棍"们不想结婚成家,而是由于各种原因他们没有找到媳妇,或者找到媳妇后媳妇跑了,再也找不上媳妇了。"光棍"因为没有老婆孩子,也就是说"光棍"没有家庭的牵挂,具有凡事都能豁得出去的可能性,所以,尽管"光棍"是婚姻的失败者,但社员们对"光棍"还是比较敬畏的,没有人敢惹"光棍",在和"光棍"的矛盾与争执中,一般都会对"光棍"做些让步。在社员们的心目中,"光棍"也成了一种可能"什么都不怕"的象征,逐渐进入社员们的话语体系中,并且和男性性别特质联系在一起。当一个人在和别人的争执与冲突中蛮不讲理或豁出去要拼命的时候,社员们都会说这是在要"光棍"。

男人打"光棍"无非是这样几种情况。

第一种情况是因家庭成分高,而找不到媳妇才打"光棍"的。家庭成分对男女未婚青年的影响是不同的。家庭成分高的女孩没有嫁不出去的,只是婚姻的质量受到影响。家庭成分高的女孩不会找一个和自己差不多同样成分高的男孩,倾向于找一个家庭成分低而家庭状况又不太好的男孩来弥补自己的不足。家庭成分高的男孩找对象比较困难,有的根本找不到对象,或者找到有残疾或其他缺陷的非常不般配的女孩。找不到对象的就打"光棍"了。没有姑娘愿意嫁给家庭成分高的男孩,因为在"唯阶级成分论"的时代,较高的阶级成分不但给自己,而且可能会给子孙后代带来说不尽的负面影响。

在划分阶级成分的时候,镇隆被划为地主,社员们习惯称他家是地主恶霸,称他们家儿子是地主伢子,尽管他们一家人对这种带有侮辱性的绰号表示了愤怒,但是这个标签还是深深地影响了孩子们的婚姻。镇隆有三个儿子,这三个儿子无论在哪一方面都还是不错的。老大到了应该谈婚论嫁的年龄的时候因为家庭成分是地主没有能娶上媳妇,打了一辈子"光棍";老二也因为家庭成分高没有娶上媳妇,到了不讲阶级成分的时候已经错过谈婚论嫁的年龄,后来娶了个"傻媳妇"——患有精神病的媳妇,而且还给他生了个女儿,由于媳妇患有精神病不能照顾孩子,孩子基本上是由老二自己一手带大的,好在女儿各方面都还健康;老三运气比较好,在应该谈论嫁的时候,国家和社会已经淡化了阶级成分,老三结婚生子。

老大是"光棍",在老二和老三陆续成家后,他和父母在一起生活,后来父母相继过世,老大则自己一个人生活。由于老二媳妇患有精神病,所以,过年过节的时候老三会请两个哥哥去自己家里过年过节,老大会带些东西和弟弟一家人一起过年过节。平时农闲的时候,老三的媳妇偶尔也会帮着大伯哥做被子、做鞋子等一些被认为是男人做不了的针线活,老大也帮着弟弟和弟媳做些自留地里的农活,老三媳妇刻意和大伯哥保持一定的距离,免得招惹别人说闲话。老大还是比较疼爱自己的侄子和侄女的,把他们当自己的孩子看待,在他的心里,期望着在他年老的时候,侄子和侄女能够帮上忙,有个照应。因为家里有侄子,而且觉得弟弟和弟媳妇对自己还算说得过去,所以,老大没有申请"五保户"。20 世纪 80 年代初,老大去世,出殡的时候,侄子代替儿子的角色,按照村里的习惯,他的微薄的遗产由侄子继承。

第二种情况是因为家庭条件相对较好,在找亲事的时候过于挑剔,以致错过了机会,再也没有人给提亲事了,最后不得不打"光棍"了。当有人给下面挨阶的弟弟提亲并且定下亲事之后,上面挨阶的哥哥打"光棍"基本已成定局,除非哥哥有公职或在外地工作。所以,一般人家都是按照顺序依次解决儿子们的婚姻问题的,否则的话就会错过机会,造成终身遗憾。如果哥哥的婚姻问题没有解决,当有人给弟弟提亲的时候,父母就会以哥哥还没有结婚为由拒绝,但是,这样的拒绝不能太多,否则弟弟会重复哥哥的命运,这是父母和弟弟等一家人所不愿意看到的结果。再者,如果父母拒绝给弟弟提亲的人,也会遭到弟弟的反对。

广仪也是一个"光棍",他成为"光棍"是因为他的家境相对殷实,到了谈婚论嫁的年龄的时候,他母亲自恃家境殷实,觉得自己的儿子不愁媳妇,对媒人给介绍的对象过于挑剔,以致人们觉得他家的事难管,后来没有媒人给广仪提亲了。广仪挨阶有一个弟弟,比广仪小四岁,到了弟弟该谈婚论嫁的时候,有媒人给弟弟提了一门亲事,广仪的母亲觉得大儿子还没有成家,如果给二儿子定了亲的话,大儿子注定就成"光棍"了,所以,广仪的母亲建议媒人是否能把给二儿子提的亲改成给大儿子提的亲。媒人说这不可能,人家姑娘看上的是你们家老二不是老大。广仪母亲跟媒人说还是等老大的婚事定下来以后再说老二的事，就这样婉言拒绝了媒人给老二提的这门亲事，老二听说后心里很是不高兴，但是想着母亲说得有道理也就没有怎么抱怨母亲。后来，老二的婚事也没有人给提了，老二也就这么耽误了。村里人说广仪母亲是个挑剔的人，不好相处，她家的事不好管，这样的评价一经传扬出去更没有人愿意管他们家的事情了。20世纪70年代末，有人开始介绍四川等地的姑娘来于庄安家落户，但是要收取一定的介绍费。广仪一家人合计着给弟弟找了个四川的媳妇，结婚后，弟弟和弟媳妇自立门户单过，广仪和他母亲两人一起生活。后来，广仪的母亲去世，广仪自己一个人生活。广仪的弟弟和弟媳先生了一个女儿，后又生了一个儿子。有人建议广仪领养一个孩子给自己养老，广仪说年龄有点大了，不愿意为养孩子的事情操心受累了。也有人建议他申请"五保户"，他说有弟弟在，还有侄子，自己申请"五保户"弟弟脸上也不好看，平时对弟弟和弟媳一家人好点，老了后靠侄子养老送终了。广仪的弟弟和弟媳对广仪还算说得过去，缝缝补补的事情基本都由弟媳承担，过年过节的时候都去弟弟家，平时弟弟和弟媳做点好吃的也会让孩子给送过去。广仪对弟弟和弟媳也不错，除了帮着干自留地的活以外，还经常给弟弟和弟媳一些零花钱，因为广仪农闲的时候会去"赶脚"① 能挣些额外的零用钱。20世纪90年代初，广仪去世了，生病期间弟弟和侄子帮着照顾。出殡的时候侄子替代儿子的角色打幡、摔瓦②。广仪的遗产按照风俗由侄子继承。

　　第三种情况是男孩本身有劣迹或有污点，这种劣迹或污点影响了自身的形象，没有人给提亲，也没有人家看上这样的男孩子，最后"打"了"光棍"。

　　治军"打光棍"完全是由于他自己的坏名声所致。20世纪70年代的时候，治军的妹妹未婚先孕，他父亲气得要死，把女儿狠狠打了

---

① 就是赶着驴车帮人运送货物。

② 于庄地区农村丧礼的一种仪式性动作，按照风俗习惯，只有长子才能打幡、摔瓦。如果没有儿子，侄子或外甥可以替代长子的角色，谁打幡、摔瓦谁就继承遗产，一般都是侄子替代儿子的角色。

一顿，女儿不说是谁的孩子，他父亲发誓一定要把那个让女儿怀孕的野男人找出来送进监狱，治军吓得不敢吱声。这件事情闹得沸沸扬扬，他父亲甚至要报案。女儿经不住父母的严厉逼问，最后说出是她哥哥的孩子，治军的父母惊呆了，万万没有想到自己的儿女竟会做出这样的事情，真是一大家丑。俗话说家丑不可外扬，现在已经是沸沸扬扬了。治军的父亲又气又急，觉得窝囊，把儿子狠狠打了一顿，自己也窝囊病了。这件事就这样偃旗息鼓、无声无息了。其实村里人都知道是怎么一回事了。对于这样的事情没有人问，大家都在背后议论。

治军的妹妹悄悄堕胎后，被家里送到东北的一个远房亲戚家里，让亲戚在当地帮着找个婆家，借口是东北农村比山东老家富裕。后来治军的妹妹就在东北安家落户了，很少回娘家来。没有人给治军提亲事，治军的两个弟弟相继结婚后，治军注定要"打"一辈子"光棍"了。后来，实行家庭联产承包责任制，父母让他自己立门户独立生活了。由于有这样一个污点，治军的两个弟弟和弟媳妇都和他保持一定距离，基本不帮他做针线活，也不帮他拆洗被褥，这些活都是他自己做。父母在世的时候，过年过节的都去父母家过年过节。父母去世后，弟兄三个各自在自己家过年过节。时间久了，村里人都淡忘了他过去的事情，可他依然是"光棍"一人。

第四种情况是男孩本身有男性病，村里人知道这种情况没有人愿意招惹麻烦给他提亲，或者是结婚后发现他不能过正常的夫妻生活，然后迅速离婚的。

镇起"打光棍"是他自身的生理原因造成的。像村里的其他青年一样，他20多岁的时候就结婚了，结婚一个多月媳妇就回娘家不回来了。一开始，镇起的父母以为小两口闹别扭也没有太在意，就让儿子去岳父母家把媳妇叫回来，儿子去把媳妇叫回来了，可没有多久媳妇又回娘家不回来了，镇起父母再让儿子去叫媳妇回来，这次媳妇不跟着回来了。镇起父母请院里在生产队当干部的一个叔叔出面去叫媳妇回来，看在"院"里长辈也是生产队干部的面子上，媳妇是跟着回来了，但是，媳妇的母亲跟那个叔叔透露了一个难以启齿的秘密，说镇起有病，不能过夫妻生活。那个叔叔答应回去跟镇起的父母说这件事情，并且一定给镇起治病。镇起的父母听说这件事情后颇受打击，还是让镇起去治病。镇起去了县医院，甚至也去了北京和天津的大医院去治病，还吃了流传于民间的偏方，但还是没有治好病。媳妇在绝望与无奈之中和他离婚了。离婚后镇起自己一个人过日子。后来弟弟结婚，父母相继过世，再后来弟弟因病去世，弟媳带着孩子改嫁。一直到现在，镇起仍然一个人生活，尽管经济方面不是多么困难，但是一个人生活显得孤单。镇起没有想养老的事情，他觉得在自己能干活的时候多挣点钱，以备养老之用，实在不行也可以进养老院养老。

第五种情况是孤儿，并且本身有轻度精神病。

广相是个孤儿，8岁那年父母相继去世，院里也没有关系特别近的近亲属，关系最近的是一个四服的堂兄。广相是个孤儿，他基本上是吃百家饭穿百家衣长大的，村里人对他很同情也很照顾。广相没有上过一天学，村里人觉得他有点"傻"，他的"傻"确实给村里人带来了乐趣，他成了大家善意取笑的对象。比如，有人问他这样一个问题，"一只羊四条腿，跑起来以后几条腿？"这样的问题确实把他难住了，他有时说"羊跑起来六条腿"，有时又说"羊跑起来八条腿"，逗得大家哈哈大笑。

父母留给他的老房子由于无力维修渐渐坏掉了，生产队安排他住到生产队的场院里，同时也能帮着照看一下场院。到了该谈婚论嫁的年龄，尽管他渴望自己能娶个媳妇成家立业，但他那种条件和状况是没有人给他提亲的，生产队的几个干部和他"院"里的哥哥也曾试图帮他解决婚姻问题，但都没有成功。他很听生产队干部的话，把生产队的场院看得好好的。自己晚上寂寞害怕的时候，就在场院里对着抽水机管学着村干部的样子高声讲话。唐山大地震那年，于庄人都不敢在自己屋子里住了，在院子里搭起帐篷。广相则钻到场院里的麦秸垛里睡觉，村里有些小伙子和他开玩笑，悄悄晃动麦秸垛，他惊醒后大声呼喊地震了。

44岁那年，有人和他开玩笑说要给他找媳妇，他当真了。和他开玩笑的那人说人家姑娘才20岁，你44岁，年龄差距太大了。广相认真地问那人这该怎么办，那人教给他说，如果姑娘见面问你多少岁，你就说22公岁。

过年过节的时候，广相那个院里的哥哥和嫂子也会叫他到家里来。那个哥哥和嫂子也会象征性地帮他拆洗一下被褥之类的，但那只是象征性地做给别人看的。实行家庭联产承包责任制以后，生产队的场院被拆除了，村里在大队部给他安排了一间住房，队里没有分给他承包地，他成了村里的"五保户"，谁家有掘猪圈之类的重活会请他去帮忙，他很乐意去，因为可以有一些好的饭食给他。

20世纪90年代，广相去世了。就像悄悄送走一位来去匆匆的过客那样，村里简单操办了他的后事。

和一般社员相比，"光棍"生活压力小，生活负担不重，生活得很自在，无拘无束。"光棍"最不愿意过年过节，因为一到过年、过节合家团圆的时候，"光棍"才感觉到孤独和寂寞。尽管，过年过节的时候，"光棍"的弟弟或侄子或者"院"里的近亲属会把"光棍"请过去一起过年或一起过节。究竟去哪家或者哪家去请过来一起过年过节，这会依据血缘关系远近的差序而定。"光棍"年纪越大的时候越担心自己的养老问题，根据以往的经验，"光棍"的晚年一般是不会很幸福的。"光棍"解决养老问题的方式多种多样，无非是领养、过继、依靠侄子，或者干脆图个心静，做个"五保户"，生是生产队的人，死是生产队的鬼。

二　离婚不离家的婚居模式

离婚不离家是离婚后妻子没有改嫁，也没有招上门女婿，而是带着孩子继续在婆婆家居住，在婆婆家生活，婆婆家仍然视其为儿媳妇，离婚后的丈夫则在外地居住，很少回家或基本不回家。这种情况一般是男的有公职，在外地上班，男的提出离婚，而女的对丈夫十分眷恋，仍然期盼着丈夫能回心转意，有朝一日回到家里来继续和自己过日子，尽管丈夫已经再婚，但是仍然幻想着丈夫和那个女子的婚姻不会长久，早晚还得回来。

于庄就有一个这样的情况。在20世纪50年代初，那个时候还时兴早婚,于庄有一个小伙子在上初中的时候就已经结婚了,这一对小夫妻属于金童玉女般的般配,而且夫妻感情很好。当时全德州就在德州市区有两所初中,县里没有初中,小伙子一个月回家一次,由于交通不方便都是步行回家,要走 60 多里的路。每次月底小伙子要回家的时候,媳妇都到村口等着,盼着丈夫早点回家。这个小伙子初中毕业后考上了地处鲁南的一所卫校,卫校毕业后又分配在当地的一个市级医院当医生。由于路途遥远,再加上交通不方便,一般都是一年回家一次探亲。小伙子工作后想把媳妇带出去,媳妇恋家没有跟着丈夫出去。小伙子工作后的第三个年头出事了。医院的一个女护士看上了他,并且和他发生了关系,有了身孕。那个护士给他两个选择,或者回家离婚然后两个人结婚,这样什么事情都没有了,或者不回家离婚然后她就把事情捅出去,在那个年代小伙子知道事情被捅出去的后果是什么,不但自己失去工作,可能还要被判刑蹲监狱。

小伙子回家后和媳妇说起这件事情,说媳妇可以给他一个选择,或者离婚,或者自己进监狱。媳妇这时也怀有身孕。由于她不想让自己的丈夫进监狱,就非常痛苦地答应和丈夫离婚,丈夫许诺和那个护士结婚后再想办法和她离婚,媳妇半信半疑地和丈夫离婚了。媳妇的条件是离婚不离家,丈夫一家在无奈中答应了媳妇的所有要求。后来,媳妇生了个男孩,丈夫也没有回家,也没有寄钱回家,据说那个护士媳妇管得特别严。再后来孩子大了,娘儿俩相依为命,娘儿俩就像是失去丈夫和父亲那样生活。孩子的名字还是按照他父亲的辈分往下排。其间有人给介绍了几个人家,媳妇都没有答应,她一是怕孩子受欺负,二是还抱着丈夫迟早有一天还要回来的幻想。

无论是生产队还是"院"里都对她娘儿俩很照顾。儿子初中毕业的时候正好赶上推荐升学,大队考虑到她家的情况就把大队分得的唯一一个升高中的名额给了她家儿子。儿子高中毕业后回家务农当了一名社员,后来,到村里的榨油厂、纺织厂去上班。前几年的时候,那个当医生的丈夫去世了,去世之后他在城里的儿子通知他在于庄的儿子说父亲去世了,那个儿子说父亲去世前很惦记于庄的前妻和儿子,觉得很是愧对他们娘儿俩。现在,老太太已经九十多岁了,四世同堂。老太太的儿子有一个解决不了的难题,他母亲去世后和父亲没法合葬了,母亲孤孤单单了一辈子,到了另一个世界还是这么孤孤单单吗？

三　转亲和换亲

转亲和换亲是两种独特的婚姻形式，从婚居模式的角度说，属于从夫居，但是，又不同于传统意义上的从夫居。有必要作为独特的婚居模式进行研究。在 20 世纪中国的农村普遍存在这样一个现象，女孩找婆家比男孩找媳妇容易。男孩打"光棍"的比较常见，而女孩嫁不出去的则较为少见。俗话说，有女不愁嫁。于庄也不例外。在这个时期，转亲和换亲在于庄 20 世纪 60 年代各出现过一例，从此以后，再也没有出现过这类婚姻形式。

1. 转亲

转亲同时涉及三个家庭之间的婚姻关系。就是 A 家庭的闺女嫁给 B 家庭的儿子，B 家庭的闺女嫁给 C 家庭的儿子，而 C 家庭的闺女嫁给 A 家庭的儿子。这样，ABC 这三个家庭形成一个相对封闭的"亲家环"，彼此之间的婚姻都是有条件的，如果有一家的婚姻出现问题，如离婚，必然会引起其他两家的连锁反应，其他两家也会出现婚姻危机。所以，要维持婚姻的稳定，三家的婚姻当事人必须保持克制和忍耐，甚至要做出一定程度上的感情方面的牺牲。为什么要转亲呢？因为三家中至少各有一个子女有严重缺陷，通过正常的途径不能婚配，只能以牺牲其中一个子女的婚姻幸福来解决另一个有严重缺陷者的婚配，如果不采取这种婚姻方式的话，这三家有严重缺陷的子女都不能婚配。一般情况下，都是各个家庭中的儿子有缺陷，找不到媳妇。如果闺女有缺陷的话，也会嫁出去，只是嫁的婆家不会太好，丈夫也不会太好而已。

于庄在 20 世纪 60 年代初期的时候只出现过一例这样的情况。

这是 20 世纪 60 年代初期的事情。于庄的维光家生育了六个子女，四个儿子，两个女儿。大儿子身体残疾，从一出生就是个瘸子。到了 30 多岁还没有成家，父母也没有打算给他找媳妇。有媒人给他父母提了一个转亲的亲事，提的是李庄一户人家的姑娘，条件是要把他一个妹妹嫁给张庄那户人家的儿子，那人家的儿子是一个瞎子，那个瞎子比他妹妹大 10 多岁，张庄那户人家的一个姑娘要嫁给李庄那户人家的儿子，那户人家的儿子也是个瘸子。三个姑娘都是差不多年龄，也都很正常，三个家庭的儿子却都有严重的残疾。维光既高兴又难过，高兴的是儿子可以娶上媳妇了，难过的是要牺牲一个闺女的婚姻。其他两个家庭和维光有同样的感受，三个家庭的儿子都很高兴，而三个家庭的闺女却很不高兴，都不想做这么大的牺牲，因为这是一辈子的事。在媒人不断的撮合下，三个家庭的父母在悲喜交加中做着各自闺女的思想工作，三个家庭参与转亲的闺女都承受着来自父母和哥哥的压力。迫于压力都答应了。三家的婚事是同时办的，对于每个家庭来说，都是同时既娶媳妇又嫁闺女。因为都有一个担忧，如果不同时办婚事的话，你家闺女嫁出去了，人家闺女不嫁过来怎么办。所以，最保险的、三个家庭都能接受的就是同时进行婚事。

结婚不久，维光的闺女回来跟父母哭诉，说一见到丈夫就心烦，父母也知道闺女委屈，老是给闺女宽心。有一次，闺女回娘家住了一段时间不愿意回婆家了，想闹着离婚。那两家一看这样，也就把闺女叫回家去了。眼看三家的婚姻出现危机，那两家父母又请媒人出面协调，三个妻子各自又都回到了自己的婆家。

在于庄人看来，当媒人说成一门转亲事是很不容易的。这种婚姻形式中的当事人都是被彼此家庭的婚姻利益相互牵连着，无论是结婚还是离婚都是不自由的。由于这种婚姻形式是以家庭成员中某些子女婚姻利益的牺牲为代价的，所以，一般家庭的父母不会选择这种婚姻形式。而且，这种三个家庭都有类似情况的巧合也很不容易遇到。

2. 换亲

换亲涉及的是两个家庭自己相互交换婚姻的问题，其中的婚姻关系比转亲要简单一些。换亲就是 A 家的闺女嫁给 B 家的儿子，B 家的闺女嫁给 A 家的儿子。婚事涉及的所有程序都是同时进行的。一是体现了对等，二是也形成一个制约。对于参与换亲的两个家庭来说，婚姻的总体利益是对等的，不过就参与换亲的子女而言则是不均衡的，一个家庭的儿子获得较多的婚姻利益是以牺牲女儿自己的婚姻利益为代价的，同理，女儿获得较多的婚姻利益是以牺牲儿子的婚姻利益为代价的。一般情况下，受到牺牲的是女儿的婚姻利益。因为只有儿子有缺陷，找不到媳妇的时候，才会想到通过换亲的方式解决儿子的婚姻问题。于庄只在 20 世纪 60 年代后半期出现过一例换亲。

　　维宝是在 20 世纪 50 年代初结的婚，由于家庭贫穷，再加上自己本身也不利索，到了 30 多岁的时候才娶上个媳妇，媳妇比他小 10 多岁。与其说是娶不如说是买，因为当时女家比他家更穷，家里答应给女家一麻袋地瓜干才应的这门亲事。婚后不久生了个儿子，夭折了。60 年代初的时候，又生了个女儿，女儿不是多么聪明，三年后又生了个儿子，儿子说话有些口吃。姐弟两个陆续长大成人，都读到小学二年级就辍学回家了，帮着家里做点农活。到了该谈婚论嫁的年龄，有爱管事的人试探着问维宝是否考虑找个换亲，维宝觉得自己的家庭条件不好，女儿找不到好婆家，儿子找媳妇也比较困难，如果把女儿嫁出去了，儿子打光棍的可能性就比较大。与其那样的话，还不如找个换亲，既解决了女儿的问题，又解决了儿子的问题。可能两个孩子不都满意，但都满意是不可能的。附近公社的郭庄有一家，六个孩子，四个男孩，两个女孩，老大是个儿子，有点轻微的精神病，其他孩子都很好。这家考虑到如果老大"打光棍"的话，可能会影响家庭的形象，影响下面几个儿子的婚姻问题。如果有点毛病的老大都娶到媳妇了，其他儿子找媳妇就不成问题了。通过正常的途径不可能解决老大的婚姻问题，当有人试探性地提到和维宝这里是否可以换亲的时候，这家又有些犹豫了，到底拿哪个女儿去换亲呀。两个女儿听到家里要给哥哥找换亲的时候，都不愿意牺牲自己的婚姻。经过父母和亲戚不断地做工作，大女儿要给哥哥做换亲。郭庄的兄妹俩在年龄上都比维宝的两个孩子大。两家同时嫁娶，既嫁闺女又娶媳妇。郭庄的大女儿觉得自己亏了，满肚子的委屈。她父母也觉得委屈女儿了。女儿经常借口住娘家，维宝的女儿一看小姑子经常住娘家也跟着学。双方父母都劝她们在娘家住个一天两天赶快回婆家，都怕引起更大的矛盾。

四　其他类型

　　除了从夫居和从妻居之外，于庄还出现了嫁出去的姑娘回来做"住房户"。这种情况只有一例。

　　20 世纪 70 年代的时候，于庄的一个闺女看上了一个在公社饭店里做饭的男临时工，由于当时公社饭店规模不大，也就是卖包子、油条、烧饼和简单的炒菜，不承办酒席，烹饪技术要求不高，在饭店做饭的工作人员还算不上是厨师。饭店紧靠这个姑娘的家，两个人彼此有好感，偷偷地谈起了恋爱。到了谈婚论嫁的时候，那个男的家里请了一个媒人，经过相亲、过帖、认家等一系列的程序后，两人结婚了。姑娘把户口迁到了婆婆家，婆婆家也给他们盖了新房子。那个男临时工家就在离于庄不远的刘庄，刘庄也和于庄是一个公社。姑娘觉得于庄是个公社驻地，回来和丈夫一起在饭店干个临时工比在家种地要强。经过婆婆和公公的同意，他们夫妻两个就在于庄找了个旧房子住下了，在娘家做了一个"住房户"。夫妻两人每年要向刘庄他们所在的生产队交一些钱买工分，麦收和秋收后从生产队分口粮。后来两个人自己开了个小饭店，卖包子、油条等。但是他们在于庄申请不了宅基地，不能盖自己的房子。后来于庄城镇化以后，他们买了一个门面楼，继续做饭店生意，而且越做越大。

第三章

社会变革与新户型从妻居的产生

新户型从妻居是改革开放后，随着于庄乡镇企业和村办企业的发展，伴随着于庄城镇化的推进而形成的一种新的婚居模式，它不同于传统的以招赘婚为主的从妻居，也不同于传统的从夫居，是传统的从夫居在农村城镇化背景下所呈现的一种新形式。新户型从妻居是农村社会变革的产物。

第一节　家庭联产承包责任制后于庄的社会结构和社会关系

1978 年 12 月，党的十一届三中全会后，逐步实行了农业生产责任制。1979 年开始实行以"五定一奖"（定人员、定任务、定措施、定时间、定报酬，超额完成任务奖励）、"联产计酬，责任到人"（按产量或产值记工，按地块、作物或专业分工到人）为主要形式的责任制。1980 年逐步发展成包产到户、包干到户、专业承包等几种形式的责任制。于庄的生产责任制形式主要采取的是包干到户的形式，全村分为四个生产队，在生产队统一管理下，实行分户经营。土地按人口、劳力比例承包到户。对社员不定工，不计工分，不统一分配，只定提留，年初一次定死。村民全年收入完成提留后，全部归户。

县里给公社开会传达上级精神，公社给各大队开会传达县里的会议精神并要求各大队扎扎实实地落实县里的会议精神。大队召集社员召开动员大会，各生产队拿出具体承包方案。各生产队组织人丈量土地，测算出每人可能承包的地亩数，根据各家人口数划定各家各户承包的地块，一般都是把关系近的一家人的承包地划在一起，耕种收获的时候好有个照应。生产队把大型农具、牛马驴骡等大牲畜也都分开了。比如，几户人家分了一头牛，几户人家分了一头骡子等。

实行家庭联产承包责任制以后，农民的生产积极性提高。这一时期，由于农业科技的进步和良种的使用，农作物产量大幅度提高，农民的收入增加，农民逐步解决了温饱问题。由于农村生产体制的变革，农民有了更多的生产自主性和生活自主性，农村的社会结构和社会关系也发生了相应的变化。

一 社会结构的变化

农村实行家庭联产承包责任制后，生产队这个最基本的社会共同体被消解，家庭作为一个共同体被强化，家庭成为基本的生产单位和基本的生活单位。

1. 家庭成为基本社会单位

是土地改革创造出众多小农户，并使之获得独立发展的机会。而人民公社又把农民个人从家庭中分离出来。在所有的生产资料都集中于集体手中时，农民家庭的生产职能荡然无存。始于1978年的包产到户，使农民从依附于公社的个体向家庭的回归，农户重新成为农村社会运转的基础和发展起点。[①] 此后农村家庭经历新的变迁，一部分通过家庭经营、家庭企业使家庭的生产功能在市场化条件下得到新的发挥，家庭内建立在性别和年龄之上的分工便利使它在农村社会的转型过程中，表现出很大的适应弹性和顽强的生命力。[②] 中国进入20世纪80年代以来进行的以经济体制改革为先导的一系列改革，极大地改变了农村经济政治组织也改变着农村的家庭结构、亲属制度、男女两性之间的关系及与此相关的价值观念系统。比如，初级关系（如血缘和地缘关系）的重要性不断下降、血缘纽带趋于松弛、经济实力成为权威的新资源，等等。这些变化不能不冲击着改变着原有的父权、夫权结构。[③]

在生产队时期是集体劳动，每个成年劳动力作为生产队的社员由生产队统一安排劳动任务，根据劳动任务的不同而获得数目不等的工分，麦收和秋收季节统一按工分分配生活资料。家庭是一个基本的生活单

---

① 王晓毅：《血缘与地缘》，浙江人民出版社1993年版，第67—120页。

② 同上书，第30—31页。

③ 金一虹：《江南农村现代化进程中的性别研究——父权的式微》，四川人民出版社2000年版，第342页。

位，而不是一个基本的生产单位，生产队作为一个基本生产单位直接与国家发生经济关系，生产队根据国家分配的生产任务统一向国家交公粮、棉花等物资，按照国家分配的指标统一从国家购买或无偿获得化肥、农药等生产资料。社员不作为经济主体与国家发生经济关系，不直接以个体的身份向公社粮所交公粮，向公社棉站卖棉花，也不直接从市场购买化肥、农药等生产资料。整个国家是一种计划经济体制，生产队的集体劳动就是计划经济体制下进行生产的一种组织形式，每个家庭作为基本的生活单位而不是生产单位，家庭的商品经济意识是比较淡薄的。

土地承包经营后，家庭不但是基本的生活单位，也变成了基本的生产单位，每个家庭承包土地后所履行的义务是要向生产队和大队交集资提留款，根据承包的地亩数以家庭为单位向公社（乡镇）粮站缴纳公粮，向棉站售卖棉花，完成国家的任务后，多余的粮食等物资归自己所有，自己可以将其作为商品卖掉。家庭自行购买化肥、农药、农具等生产资料，家长自己安排家庭成员的生产劳动，除了麦收和秋收农忙季节外，每个家庭和每个人都有大量的自由时间可以支配。有事情要办的话，自己可以抽时间去办，也不需要向队长请假了。自己做个小生意的话，也不用担心会因为耽误生产队的劳动而受到批评或处罚。有些农活需要几家合作，麦收季节，割麦基本上是一家一户单独作业，后来有了收割机，不再用镰刀割麦了，尽管后来也有了脱粒机代替牲畜拉着石碾，或拖拉机拉着铁制的轧麦器，但是不管怎么收割、打轧，打麦场需要更多的人手，几家关系近的人家会合作打麦场，自发地形成短暂的生产合作。由于浇地是用柴油机带动水泵在机井里抽水，后来是用电机带动水泵在机井里抽水，单独一两个人或一家一户是做不好这个工作的，也需要地块靠近且关系近的几家合作。秋收的时候，基本上是各家各户单独作业，也有的请亲戚来帮忙。秋后，耕地播种的时候又需要几家合作，因为这个工作也不是一家一户单独能完成的。

男女之间劳动的性别分工依然和生产队时期差不多，家里的女性干一些较为轻松的活。比如，拾棉花基本上是家里的女性干的活。男性干一些重活，像摆弄农具和机器、夜里浇地这样的活都是男性去干。但是也有一些活计的性别分工不是很明显，麦收和秋收季节男女老少能干活的都一起干。

2. 生产队功能的消失和生产队干部权威的消解

由于包产到户，生产队作为基本生产单位的功能丧失，各生产队之间的边界开始变得模糊，社员的概念被村民的概念所替代。在村民的心目中，作为村民已经不属于哪个生产队了，他们只是这个村的村民。过去生产队的队长、副队长、会计、保管等也只是一个普通村民，耕种着自己的承包地。他们也不需要安排生产队的集体劳动了，不需要对每个社员的出工情况记工分、统计工分再按工分分配粮食等生活资料了，不需要定期组织社员开会布置生产任务了。生产队长敲着铃铛，催促社员上工的那一幕已经成为历史。生产队也不需要在麦收和秋收之后组织人赶着马车到公社粮所送公粮了，也不需要组织人赶着马车到公社的供销社拉化肥农药了，也不需要组织人白天黑夜地看管生产队的庄稼了。生产队的场院被几家社员分着使用了，生产队的农具和大牲畜也被分到了各家各户。生产队时期那种轰轰烈烈的劳动场面被各家各户热火朝天的劳动场面所代替。

生产队的干部在生产队时期基本上是半脱产的，他们是生产队集体生产的组织者和指挥者，与生产队社员的关系是管理者与被管理者之间的关系。生产队这个生产组织在社员们社会生活中的作用远远大于家族组织的作用。新中国成立后经过多次的政治运动，家族组织逐渐被消解，家族存在象征的建筑物也被拆毁。每个村民作为社员被纳入生产队这个农村社会最基本的生产组织而成为国家的公民。

生产队干部的权威首先在于他们是生产队集体生产的管理者和组织者，掌握着集体资源。社员有事不能参加集体劳动要向生产队队长请假，婚丧嫁娶需要生产队提供一些物质方面的帮助，也需要生产队干部组织社员提供一些人力方面的帮助，盖房子打土坯取土要生产队队长指定地方，等等。包产到户后，生产队这个集体已经被消解，集体生产不复存在，生产队干部不再是集体生产的管理者、组织者和指挥者。生产队集体所拥有的生产资料也被分到各家各户，生产队干部不再代表生产队掌握着集体资源。包产到户后，他们和其他村民一样也是家庭承包经营者，不再是生产队干部。

生产大队的功能和生产大队干部的职责也在发生变化。生产大队不再是一个生产单位，而成了一个管理村庄事务的村级集体组织，20世纪80年代初改名为村民委员会。宅基地的审批、户口登记、村里的治安等事务还是由生产大队负责。生产大队干部的角色也发生了变化，由大队生产的组织者、指挥者和村庄事务的管理者转变为主要是村庄事务的管理者，大队干部掌握着村庄的公共资源。生产大队的干部作为村民也承包村集体的土地。他们与村民之间不再是生产的管理者和被管理者的关系。计划生育政策实施后，落实计划生育政策，组织育龄夫妇进行绝育，协助计生委对违规生育者进行处罚也成了大队干部的工作职责，特别是村妇女主任的职责得到凸显。

生产队作为一个基本生产单位被消解后，家族意识增强。在婚丧嫁娶这些村民生活中的大事件中，生产队干部不再作为主要的角色帮助事主安排人力和物力，他们只是普通的村民，而是由事主自己"院"里的人安排。按照血缘关系的亲疏远近，没有出"五服"的就是一个"院"。在婚丧嫁娶中一个"院"的人被组织和动员起来。

3. 居住空间的变化

实行家庭联产承包责任制后，整个中国农村生产力得到解放，农业生产体制变革后所释放出的巨大能量使整个中国农村发生了翻天覆地的变化。农民的收入普遍增加，农民的生活条件普遍得到改善。包产到户后，于庄也发生了很大的变化。村民收入增加后居住条件得到改善，居住空间发生了变化。

有些老旧的土坯房被扒掉，在原来的地基上重新盖了新砖瓦房，新砖瓦房的房间面积比老房子面积增大了，新砖瓦房比老房子高，窗子都是玻璃窗子，窗子的面积也比老房子窗子的面积大，屋门都是玻璃门，室内的光线亮度增强。普遍安装了内门代替过去常用的门帘，居住空间的私密性增强。由于计划生育政策的推行，生育的子女数量较过去减少，孩子的居住空间增大。新盖的房子也都是砖瓦房，居住空间明显增加。这一方面是因为村民收入增加，有能力盖好的房子；另一方面如果要盖土坯房子的话，取土打坯都比较困难。过去是占用生产队的地取土打坯，包产到户后就不方便取土打坯了。院墙和角门也都是砖结构的。室内过去的土坯炕普遍换成了砖结构的炕或是木床。一般家庭有了专门的厨房，厨房在偏房的多，条件好的用上了土暖气，把大炉子安在偏房里，正房里通上暖气片，冬天生煤球炉子取暖兼做饭，天热的时候用小的煤球炉子在厨房做饭。

庭院建筑布局也发生了变化。在包产到户的初期，多数家庭增盖了牲畜棚用来饲养大牲畜，鸡不再是散养而是圈养。庭院中的厕所分成男女两间，方便了所有家庭成员，特别是方便了父亲。在生产队时期，一般家庭的院子里只有一个厕所，在院子里只有一个厕所的时候，家里女儿成年了，或是娶了儿媳妇和儿媳妇还住在一个院子的时候，父亲一般是不在自家院子上厕所的，会到外面的厕所去。20 世纪 90 年代，于庄街道实行城镇规划后，村里要求沿街住户在拆迁后盖二层小楼，居住条件得到进一步改善，居住空间增大。

4. 庭院经济的变化

生产队时期，家庭不会饲养牛、马、驴、骡等大牲畜，这些大牲畜作为畜力要服务于一定的地亩数才有饲养的价值。包产到户后，家庭耕种的地亩数增多，家庭有能力也有必要饲养大牲畜。有些家庭开始在自家院子里饲养牛、驴等大牲畜，养牛的家庭比较多，其次是养驴的家庭，养马和养骡的家庭比较少。牛比较好饲养，而且一头牛的畜力就可以帮着把承包地耕种好。20 世纪 90 年代以后，农业机械化的推广，家庭饲养大牲畜用来作为畜力的越来越少。在院子里养猪的越来越少。20 世纪 90 年代开始，村民普遍对院子里的环境有了较高的要求。多数村民在院子里种植一些花草，喂养一条狗或一只猫之类的动物，不再饲养鸡、鸭、猪、牛等动物。

自行车、缝纫机、手表、收音机等开始普及。

5. 人际关系的变化

在生产队时期，计划经济体制下的思维方式使他们不可能过度关注自身如何最大化地获取经济利益。在社员家里需要帮忙的时候，首先考虑的是人情而不是经济利益。家里请人帮忙干活，如盖房子、垒墙头甚至帮忙干自留地的活都是基于人情关系，主家请帮忙的人吃饭，绝对不会给工钱的，帮忙的人也是绝对不会向主家索要工钱的，请你来帮忙是因为有交情信得过，一般都是亲戚关系或村里关系不错的，是要记住这份人情的。等人家有事情需要你帮忙的时候，你要还这个人情，也是无偿地去帮人家做事。

包产到户后，村民的商品经济意识增强，利益消解着人情。

农村出现了许多专业服务组织。之所以出现这些专业服务组织，一方面是包产到户后，村民可以有大量的自由支配的时间；另一方面是有需求有市场。为了满足村民盖房子的需要，农村里出现了许多由几个村民组建的小型建筑队，他们没有相应的专业资质，也没有专业的工程技术人员，不能承揽大型建筑工程，但是他们可以承揽农村一般民房的建造工程。村民盖房子就包给建筑队，付给他们工钱，这样双方就是一种简单的雇佣关系。村民盖房子不再请人无偿地帮忙了。

过去婚丧嫁娶招待客人，要到各家各户借桌椅板凳、茶碗茶壶、酒盅酒壶等，还要请厨子帮着做饭。招待完客人后，还要把借来的东西送回去，非常不方便。现在有了专门的组织给婚丧嫁娶的人家提供上门服务，他们有自己成套的餐具和炊具，帮助主家做好饭招待客人，结束后主家付给事先谈好的价钱就可以。这样"院"里的人就省了很多事，不用挨家挨户去借餐具和炊具了。院里的人只是凑个"人场"，帮着做一些事务性的事情就可以了，省却了彼此之间的劳务性依赖。

6. 婚姻圈扩大

从 20 世纪 80 年代初包产到户到 90 年代后期于庄开始城镇化，这近二十年期间，除了在乡办企业和村办企业做工的外，外出做临时工的人多了起来，村民职业呈现了多样化的趋势。由于村民有了生产自主性，年轻人利用农闲时间到县城工厂或社办企业做临时工的人多了起来，年轻人的生活空间扩大，有更多的机会接触异性，增加了自由恋爱的机会，年轻人自由恋爱的多了，婚姻圈的范围就扩大了。

镇国通过自由恋爱找了个家在本县外乡镇的媳妇。

20 世纪 80 年代初，镇国经人介绍到县棉厂当临时工，在这期间认识了一个女孩，那个女孩她姨妈在棉厂当会计，经她姨妈的介绍这个女孩也到县棉厂做了临时工。镇国和那个女孩在同一个车间。经过较长时间的接触，女孩对镇国有了好感，女孩把这件事情告诉了她姨妈。她姨妈本来想给外甥女介绍一个本厂的长期工人，但这个女孩看不上那个长期工，她姨妈也没有勉强她。她姨妈对镇国经过观察和了解，觉得这是个不错的小伙子，就同意外甥女和这个小伙子谈恋爱。尽管是自由恋爱，但是按照农村的风俗习惯没有媒人是不合适的，女孩她姨妈就在棉厂里物色了个熟人当媒人，女孩家请媒人提亲这事好说不好听，女孩她姨妈就告诉镇国让他家请那个熟人当媒人。起初，女孩的父母觉得两家离得太远走动起来不方便，女孩她姨妈说，现在都有自行车了，走动起来也方便了。最后，女孩父母同意了这门亲事。按照农村的风俗习惯，订婚、过帖、认家等所有的程序都走了一遍就结婚了。在结婚之前镇国父母就给他申请了宅基地盖好了新房子。女孩家在县城南，离于庄 40 多里地，结婚后娘家人来"叫闺女"和婆婆家去"叫媳妇"都是骑着自行车去的。

　　结婚一年多，女孩怀孕，就辞去临时工在婆家生孩子，镇国继续在棉厂干临时工。后来，他也不干临时工了，在家种地，农闲时在街上做个小生意。

绍华通过自由恋爱找了个家在外县的媳妇。

　　绍华是家里的独生子，由于他爷爷成分高，他父亲受到牵连一直很压抑。20 世纪 80 年代初期，绍华初中还没有毕业，他父亲就托一个亲戚送他到德州市里的一家饭店干临时工，跟着一个厨师帮忙，目的是让他学个厨艺。绍华父母在家种着承包地，让他专心学艺。后来，绍华在饭店认识了一个女服务员，这个女孩家是本市下辖的一个县的，两个人谈起了恋爱。两个人到了谈婚论嫁的时候，女孩父母也是嫌两家不在一个县离得太远，不想成这个亲事。这个女孩自己坚持同意，父母没有办法，只得依着孩子。

　　结婚后，绍华和妻子继续在饭店干临时工。后来，妻子怀孕了，就在家生孩子，绍华继续在饭店干临时工。后来，绍华和妻子在于庄街上开了个小饭店，自己既当老板又当员工。

由于经济条件好了，没有到外地买媳妇的了。但是，婚居模式依然是传统的从夫居和从妻居。

二　社会变革中生育性别偏好的显现

　　实行计划生育是根据马克思主义关于物质资料生产与人类自身再生产应该相适应的原理，结合当时我国国情而制定的决策。自 20 世纪以来，我国计划生育政策法规的历史沿革大致划分为四个阶段：第一阶段是节制生育的提出阶段（1953 年至 1961 年）。新中国成立初期，我国人口增长基本处于自发和无计划的状态，人口出生率持续增长。随着第一次人口出生高峰的出现，人口无计划地盲目增长同国民经济有计划发展的矛盾开始显现。与此同时，人民生活水平的提高和医疗卫生条件的改善促使死亡率大幅度下降，随着死亡率的下降和人民文化教育水平的普遍提高，人们要求节制生育的呼声在增高。国家已意识到中国人口多的现实，并逐步认识到节制生育是解决这一问题的根本途径。第二阶段是提倡计划生育的试点阶段（1962年至1969年）。20世纪60年代初的三年自然灾害以后，我国人口增长经历了新中国成立后的第二次出生高峰期。1964年全国第二次人口普查数据显示，当时总人口已接近7亿。人口这种盲目增长的态势引起了政府的再一次关注。1962年，党中央、国务院发出《关于认真提倡计划生育的指示》强调："在城市和人口稠密的农村提倡节制生育，适当控制人口自然增长率，使生育问题由毫无计划的状态逐步走向有计划的状态。"这是制定我国计划生育政策的一个里程碑式的文件。1964年，成立了国务院计划生育委员会，一些地区也相应成立了类似的计划生育工作机构。第三阶段是提倡"晚、稀、少"的生育政策阶段（1970年至1980年）。20世纪70年代，计划生育工作在城乡全面展开，并明确提出了力争在"四五"期间将城市人口自然增长率降到千分之十左右，农村降到千分之十五以内，这也是首次在政府正式文件中提出了人口控制目标。1972年，国家提出了"实行计划生育，使人口增长与国民经济发展相适应"的战略思想。1973年12月，国务院计划生育领导小组办公室召开全国第一次计划生育工作汇报会，提出了"晚、稀、少"的生育政策。第四阶段是生育政策的提出、完善与稳定阶段（1980年至今）。1980年9月，国务院在第五届全国人大三次会议上指出："除了在人口稀少的少数民族地区以外，要普遍提倡一对夫妇只生育一个孩子，以便把人口增长率尽快控制住。"与此同时，党中央发表了《关于控制我国人口增长问题致全体共产党员、共青团员的公开信》，号召党团员带头执行新的计划生育政策。次年，五届人大四次会议的《政府工作报告》中提出："限制人口数量，提高人口素质，这就是我们的人口政策。"1982年9月党的十二大确定"实行计划生育，是我国的一项基本国策"。同年12月全国人大通过的《中华人民共和国宪法》明确规定："国家推行计划生育，使人口的增长同经济和社会发展计划相适应。"确立了计划生育的法律地位，走上了依法行政的道路。2002年9月1日，《中华人民共和国人口与计划生育法》实施。这个阶段计划生育政策的具体内容不断完善，政策不断制度化和法制化。

计划生育政策的推行限制了生育子女的数量，农民生育意愿的实现被限制在政策所允许的范围内。当生育冲动和生育惯性受到规制的时候，生育的性别偏好便在计划生育政策所规划的狭小的生育空间内显现出来。而家庭联产承包责任制的实施为生育性别偏好的实现提供了一个较大的空间，为生育者与计划生育政策执行者进行生育博弈提供了机会。

于庄人生育的性别偏好在改革开放后显现出来。改革开放前，国家只是提倡计划生育，农村并没有强制实行计划生育政策，农民可以通过多生孩子的方式满足生育的性别偏好，生育的性别偏好处于隐形状态中，没有明显表现出来，不会通过偷生或超生的方式公开表现出与计划生育政策的博弈。在人口增长过快，过多的人口已经威胁到国计民生的时候，国家从基本国策的高度推行计划生育政策。基于农村地区的现实情况，国家在农村地区实行"一孩半"政策，即如果第一胎是男孩的话，必须做绝育手术，如果第一胎是女孩的话，还可以生第二胎，第二胎无论是男孩还是女孩都必须做绝育手术。显然，计划生育政策挤压了农民的生育空间，限制了农民所习惯的通过多生孩子的方式满足生育的性别偏好的可能。农民所习以为常的生育的性别偏好在与国家所推行的计划生育政策的公开博弈中显现出来。家庭联产承包责任制后的农业耕作方式也为偏好性生育行为的实现提供了时间和空间。实行家庭联产承包责任制后，农民有更多的可以自己自由支配的时间，也有更多的可以自己自由选择的生活空间，实现自己的偏好性生育行为，成为计划生育政策实施的盲点。再者，农村养育孩子所需相对较低的生活成本和教育成本及对孩子成长期望空间的广阔也是男孩偏好实现为男孩偏好性生育行为的重要条件。为了实现生儿子的意愿，达到传宗接代的目的，偷生—超生—接受罚款处罚—给孩子上户口成为农民在与计划生育政策进行博弈的过程中创造的实现自己生育意愿的路径。

于庄第一胎生儿子的经过动员工作基本能接受绝育手术，第一胎生女儿、第二胎生儿子的基本上是皆大欢喜，能主动接受绝育手术，不希望和国家的计划生育政策对抗。连续两胎都生育女儿的，选择偷生超生的可能性比较大。

绍武和广成是两个典型的超生户。

绍武头胎生了闺女，两口子觉得有点不安了。根据村里的规定，如果头胎是闺女的可以生第二胎，第二胎不管是闺女还是儿子都要去做绝育手术。怀上第二胎的时候，两口子请算卦的算了一下，算卦的说他们两口子是有儿子的命，但这第二胎怀的很可能也是闺女。两口子又去医院做 B 超，托了个医院里的熟人问了问是闺女还是儿子，最后确定是闺女。两口子想把孩子做掉，等确定怀上了儿子的时候再生，医生建议他们生下来，说如果做掉的话可能影响生育能力。第二胎生下来了，果然是闺女。村里动员两口子去做绝育手术，绍武说孩子还小，需要媳妇照顾，媳妇现在不能去做手术，他自己也不能去做手术，他如果做了手术，家里地里的活就没有人干了。村里也没有勉强，只是要他承诺不再让媳妇怀孕，等条件成熟了再去做绝育手术。

第二个孩子还不到一周岁的时候，绍武媳妇又怀上了。他两口子没有让人知道，还装出没有怀孕的样子。等到孩子快出生的时候，媳妇跑到一个远房亲戚家住了下来，在那里生了孩子，让他两口子失望的是，第三胎仍然是个闺女。在有所失望的同时，绍武夫妻两个决心再努力一下，直到生出儿子为止。三个孩子彼此之间相差一岁左右，都需要照顾，把两口子累得够呛，但是想着要生儿子就有了劲头。前两个孩子的户口都上了，第三个孩子属于超生，还不能通过正常的程序上户口，绍武两口子也不管那么多，他们相信早晚会有办法。他们家孩子多，生活条件也差了些，最大的孩子也不过几岁，应该是需要父母照看自己的时候，却早早担起了帮着照看两个妹妹的责任。村里按照超生罚款的规定，绍武要缴 5000 元罚金，绍武家里根本就没有这么多钱，这 5000 元对于当时的老百姓来说是一个很大的数目，绍武到处借钱，总算把钱凑够了，缴上了超生罚款。绍武两口子又计划着生第四胎，在第三个孩子不到两岁的时候，媳妇又怀上了，他们又偷着把孩子生下来了，这次令他们高兴的是，经过努力终于生出了儿子。

村里知道绍武想生儿子，村干部也不想把事情做得太绝，让人家断了后，所以，生了三个闺女后，对他家也是睁一只眼闭一只眼。邻居家也不会举报绍武超生，谁也不希望干那些让别人断子绝孙的缺德事，那样会结成世仇。等生了儿子后，村里干部找到绍武说你们的愿望也达到了，别再给村里出难题了，缴上 8000 元超生罚款，再到医院做绝育手术。绍武两口子又到处借钱，最后终于凑够了罚款，到医院做了绝育手术。

绍武想生儿子的意愿得到了理解和同情，家里总的有条"根"是村民根深蒂固的观念，在这个层面上是有共同语言的。

广成在于庄做上门女婿，媳妇第一胎生的是闺女，第二胎也是个闺女。按照村里的规定，不能生第三胎了，广成的岳母坚持让闺女再生，直到生出儿子为止，家里的"根"不能再断了。广成和媳妇的态度和岳母基本是一致的。村里动员广成夫妻俩去做绝育手术，他们想办法搪塞过去了。他们又悄悄怀了第三胎，第三胎是偷着在广成父母家生的，又是一个闺女，村里让他家缴超生罚款，东借西凑的总算凑够了罚款。广成岳母看孩子的任务重了，一个人帮着照看三个孩子。最后，直到第五个孩子是男孩的时候，广成一家人才罢手，主动缴了超生罚款，主动做了绝育手术。广成一家人高兴，岳母更高兴，家里总算有了"根"了，香火可以延续下去了。

村干部和村民也很同情广成的情况，人家没有儿子招了个上门女婿，总不能让下一代再招一个上门女婿吧。孩子多，再加上数目不少的超生罚款，让这个本来并不太富裕的家庭更是背上了沉重的经济负担，但是由于包产到户，生产的粮食够一家人吃。

广成是上门女婿，岳父母这辈因为没有儿子才招了上门女婿，这种情况比绍武的情况更值得同情和理解，总不能真的让人家断了"根"吧。

第二节　于庄的城镇化

一直以来，推进农村城镇化被认为是农村社会经济发展的重要途径。因此，推动农村城镇化成为地方政府发展农村社会经济的一种主要价值取向和主要路径。于庄的城镇化是政府推动与乡镇企业村办企业发展相结合的结果。

一　政府的推动和乡镇企业村办企业的发展形成于庄城镇化的合力

于庄的城镇化是于庄非农经济发展的结果，政府的推动加速了于庄城镇化的进程。于庄的城镇化是典型的内生型的城镇化。改革开放前，于庄是一个典型的农业村落。改革开放后，于庄人逐步发展起了村办企业，乡里的企业也得到了发展。乡镇企业和村办企业的发展增强了乡里的经济实力和村集体的经济实力，也增加了村民的收入，为城镇景观的建设提供了经济条件。乡镇企业和村办企业的发展集聚了越来越多的外来人口，外来人口的增加相应地促进了于庄第三产业的发展。乡镇企业村办企业和第三产业的发展推动了于庄的城镇化。在国家实行农村工业化和城镇化以促进农村经济社会发展的政策导向下，地方政府也积极推动于庄的城镇化建设。于庄乡属的企业在改革开放后也得到了发展，供销社、收购站、织布厂等单位的业务和规模都在扩大。

于庄村办企业的发展经历了一个由小到大不断壮大的过程。1979 年于庄建成第一个村办企业——电动磨坊，磨坊里一个年轻未婚的女社员和四个男社员。由于当时于庄还在实行以生产队为单位的集体劳动制度，没有实行家庭联产承包责任制，工人都是本村的，所以不领货币工资，只记工分，所有的收入都归村里公共所有，属于村集体的副业。1984 年建了一个规模较大的榨油厂，榨油厂建成后，在原来的四个生产队招了 30 多名青壮年男劳动力进榨油厂工作，因为觉得这个工作比较脏累，所以，没有招女工。由于已经实行了家庭联产承包责任制，工人的报酬采取货币工资的形式。1987 年织布厂建成，随着织布厂规模的扩大，于庄本村的劳动力已经不能满足企业对劳动力的需求，开始从外面招工。织布厂以女工为主。1994 年于庄又增加投资，上了印染生产线，扩建了织布厂。1999年颜春集团成立，对劳动力的需求量越来越大，在于庄本村的劳动力不能满足企业需求的情况下，大量的外来人口不断地集中在于庄的企业中。外村或外地在于庄做工的都住厂里的集体宿舍。外来人口的增加提供了较好的商机。随着外来人口的增加，商店、饭店、理发店、服装店等的数量也在增加，原有的店铺也在拓展业务或扩大规模。于庄乡镇企业的发展带动了于庄第三产业的发展。第二、第三产业的发展推动了于庄城镇化的发展。于庄乡镇企业和第三产业的发展对于庄的街区改造和景观建设提出了要求。自 20 世纪 90 年代，借助贯穿于庄的陵宁公路的翻修和拓宽工程，地方政府对于庄的街区改造和景观的规划设计给予了支持和帮助。地方政府在资金、政策和技术等方面的支持加速了于庄城镇化的进程。

城镇化也是于庄村民的向往。新中国成立以来，中国社会一直在城乡、工农二元对立中运行。农村的生活环境和农民的生活条件在总体上不如城市的生活环境和生活条件。对美好生活的追求是人的本性，农民向往着城市文明和城市生活方式。长期以来，生活在农村的农民子女跳出"农门"的途径就是升学、参军和招工。在社会资源有限的情况下，这三种途径只是解决了少数人的问题。20世纪80年代中期兴起的"农转非"现象，也只是有社会资源的人把农业户口的子女或亲戚转成非农业户口，解决了一个可以进厂当工人的资格问题。这种户口形式的转变根本无助于实际生活状况的改变。就是把所有中国农民的农业户口都转成非农业户口也不意味着中国农民都过上了市民的生活。在中国农村普遍存在人多地少的矛盾的情况下，发展乡镇企业，实现农村地区的工业化和城镇化是解决"三农"问题的根本途径。跳出"农门"是农民的一种生活期盼，这种期盼也会通过村里的风俗和传统反映出来。于庄从20世纪80年代村办企业有了发展开始，对考上中专或大学的学生给予物质奖励。在于庄人的观念中，孩子考上中专或大学就意味着很体面地跳出了"农门"，从此以后要过上村里人很向往的城里人的生活。乡镇企业的发展和城镇化的推进是农民实现自己梦想最现实的途径。于庄乡镇企业的发展和城镇化的推进，逐渐地改变了于庄人的生活方式和生活观念。于庄人由传统的农民向着现代的市民转化，于庄的工业化和城镇化成为实现这种转化的物质基础。

二　城镇化与房屋租赁市场的形成

于庄城镇景观的改造促进了房屋租赁市场的形成与发展。1982年春天，德州市公路局召开全市公路建设会议，加强县际间公路的建设，由市财政和县财政共同出资修建或改建县际间的公路。贯穿于庄的公路由土质路面改建为柏油路面。柏油路面建成后，机动车辆和人流量增加。柏油路建成后，交通更方便，到于庄赶集的商贩和村民越来越多。市集规模的逐渐扩大触发了村民的经济意识。有些临街的人家开始把自己的院墙拆除并将其建成适于做买卖用的房子，或者自己做生意，或者出租给别人做生意。还有的在自己家的门前圈出一块地方，存放自行车、三轮车或其他车辆，收取存车费。1993年春天，贯穿于庄的陵宁公路柏油路面翻修。公路加宽涉及沿路两旁的房屋拆除的问题。村里从街区建设的长远考虑，除了对被拆除的房屋按被拆除的面积给予补偿外，被拆除的房屋不准在原地重新建平房。在沿公路两旁划出新的宅基地，待时机成熟的时候盖楼房。贯穿于庄的陵宁公路的加宽和返修，给了于庄一次房屋规划和改造的机会。由于于庄乡镇企业和村办企业的发展壮大，于庄市集的规模和市集的辐射范围也随着交通的便利而不断扩大。商店、饭店、美容理发店、服装店等也在不断地增加。乡镇企业的发展引起的人口聚集现象为第三产业的发展开拓了市场。为了和街区建设相配套，房屋建设和规划也势在必行。县、乡两级政府也敦促和支持于庄的城镇化景观的建设。县财政和乡财政拨出专款支持于庄的城镇景观建设，对盖楼房的村民提供专项贷款。根据村里的财力和村民的财力，以及于庄城镇化建设的实际需要。村里决定沿街的房屋必须改建成二层的楼房。村民建楼的资金主要是自己筹措，另外村里给一部分补贴，银行提供部分贷款。村民们都能看到沿街建楼房的潜在利益，尽管手头的钱不是很宽裕，但有机会能在沿街区划分到新宅基地的人家还是尽量自己盖楼房。沿街盖起的楼房一般都是商、居两用式的。由于房屋的建设和规划是和街区的建设规划相配套的，所以向街的一面都盖成二层的商用楼。于庄的城镇化出现了"线性"发展的问题。近似方圆形的村落渐渐地成了以陵宁公路为轴心的长条形。利益机制的主导是导致于庄城镇化"线性"发展的主要原因。陵宁公路是于庄商业店铺比较集中的地段，是于庄的商业黄金地段。于庄人都乐意在公路两旁建楼房，在公路两旁建的楼房容易出租而且租金价位相对也高。就是自己做生意也是比较好的位置。随着于庄乡镇企业的发展和城镇化的推进，于庄房屋租金的价格也在升高。随着沿陵宁公路宅基地安排的紧张程度的提升，宅基地转让费越来越高。宅基地转让费的增高也引起了房租价格的升高。

于庄乡镇企业的发展和城镇化的推进，提供了较多的非农就业机会。于庄的姑娘结婚后全家搬到于庄居住的人越来越多。嫁出去的姑娘又回村居住的，村里给以优惠的条件。无论是孩子上学，还是丈夫在企业做工或者做生意，都享受于庄村民的待遇。家里的宅基地也可以让女儿盖房子，嫁出去女儿的承包地村里不收回，但村里不给女儿的丈夫和孩子承包地。嫁出去的姑娘回流的现象，引起了于庄房屋的相对紧张。沿陵宁公路分得了宅基地的人家，如果儿子不盖楼房的话，女儿就盖起了楼房。盖起了楼房的人家，空闲的平房也开始向外出租。租房的主要是在于庄做生意的，或于庄嫁出去的女儿又回于庄居住的。但是相对于实际的租出量，还有大量的平房闲置着。

三　城镇化对村民生产和生活的影响

随着于庄乡镇企业的发展和城镇化的推进，于庄的产业结构和村民的职业结构、收入结构、生活方式等都发生了变化。传统的农业村落逐渐解体，村民的生活方式向着市民的生活方式转化。

1. 农田耕作方式的变化

乡镇企业的发展和城镇化的推进并没有使传统农业在于庄消失，在于庄也没有出现承包地转包的现象，承包地的家庭承包经营模式反而得到强化。于庄的耕地较少，耕地又不断地被占用。村民单纯靠农田的收入不能满足生活需要，乡镇企业和村办企业的发展，城镇化的推进为村民到企业做工和做生意提供了条件。于庄村民的职业历程出现了由农而工，由工而商的转变。但这种变化还没有使于庄的村民放弃承包地。因为在于庄，种地的社会成本几乎为零。从 20 世纪 90 年代初开始，村里用村办企业的收入补贴农业。农业税由村集体代缴，农民免缴集资提留款。于庄的村民没有完全摆脱对土地的依赖。在村民的心里，土地仍然是最基本的保障。企业和商业都是有风险的，唯有农业才是农民赖以生存的根本。对于于庄的村民来说，种地的目的不是赚钱，而是一种生活的基本保障。城镇化的发展只是改变了于庄农田的耕作方式和作物种植结构。生产队时期，采取以生产队为单位的集体耕作制，基本上是按照性别和年龄进行简单的农业劳动分工。在人多地少的情况下，农民处于一种集体隐性失业状态。实行家庭联产承包责任制后，家庭是基本的生产单位，平时各家各户独自作业，麦收季节或播种季节也出现小规模的劳动合作，劳动合作一般是以有着较近血缘关系的家族为基础。随着于庄村办企业的发展和城镇化的推进，专门从事农业劳动的人数和时间越来越少，农田耕作成了一种业余的工作。从 20 世纪 90 年代中期开始，于庄出现了较大规模的农业劳动合作，农业机械化程度提高。过去以家族为基础的劳动合作逐渐被以地缘为基础的劳动合作所代替。这样的合作方式便于大型机械的操作。在于庄农忙季节请亲戚帮工的多了，有的还请雇工，县城下岗的工人也有来做帮工的，按天数结算工钱。

在作物种植结构方面，过去多元化的种植模式逐渐变得单一化，费时多的作物逐渐被淘汰。粮食作物占的比重很大，经济作物的比重较小。在于庄，种地就是为了收获点粮食，解决一家人的吃饭问题，没有人靠种地来挣钱，单纯靠种地也挣不着钱。尽管于庄的龙头企业以棉花为主要原料，但是，在于庄棉花的种植面积越来越小，原因在于种棉花太花费时间，从投入与产出的比较来看，种棉花不合算。于庄人的时间观念和经济效益的观念不断增强。

　　2. 生活方式的变化

　　城镇化的发展过程就是由农民的生活方式逐渐向市民的生活方式转变的过程。这种转变的根本在于村民做工方式的变化和收入结构的变化。收入水平决定生活方式。随着城镇化进程的加快，在村民的收入结构由农业收入为主转变为非农收入为主，并且收入增长较快。家庭联产承包责任制前，实行以生产队为单位的集体劳动，按劳动工分分配粮食、蔬菜等生活资料，村民在生产队几乎没有货币收入。社员在庭院里饲养的家禽或家畜是村民货币收入的主要来源，社员们把鸡、鸭、鹅下的蛋卖掉，换取油、盐、酱、醋等生活必需品。家庭联产承包责任制后，由于可以把完成承包任务后的粮食和棉花等农产品拿到市场上去卖，在村民的收入结构中，货币收入的比重增加。于庄企业的发展，增加了村民非农就业的机会，村民由农而工，工农兼做，增加了村民的货币收入量。城镇化的发展，村民由工而商的增多，收入结构进一步多元化。承包地里的收入、在企业做工的收入、经营生意的收入、出租房屋的收入等成为村民收入的基本形式。由于于庄的人均耕地较少，有限的粮食主要用来生活消费和饲养少量牲畜，所以，于庄人的收入结构中粮食收入基本上不能转化为货币收入。所生产的棉花除了留下一些加工成皮棉自己用外，其余的都卖掉，转化成货币收入。由于棉花种植面积的减少，卖棉花的收入已经不是主要的货币收入。村民在田间地头穿插种植的小杂粮和少量的经济作物主要用来自己消费，不能转化为货币收入。以德州市的城镇居民与农村居民的平均收入和支出作参照标准，城镇化进程中的于庄村民的收入和支出介于城镇居民与农村居民二者之间。于庄村民逐渐脱离纯粹农民的生活方式，向城镇市民的生活方式逼近。家庭耐用消费品的拥有量是衡量居民消费水平的重要指标。家庭耐用消费品的拥有量取决于居民的收入水平和消费趋向及对收入的预期。随着于庄城镇化的发展，于庄村民所拥有的耐用消费品的数量渐渐接近于城市的水平，明显高于农村的平均水平。手机和空调这些耐用消费品也渐渐走进于庄村民的日常生活中，而且越来越普及。

　　于庄人日常生活中的饮食结构也发生了变化。在饮食方面，肉、蛋、禽的消费量增加，面食的消费量减少，花样副食的消费量增加，牛奶的消费量增加，蔬菜、水果的消费量增加。村民们对饮食的选择讲究营养、卫生和保健。尽管绿色食品的价位较高，但仍很受欢迎。在企业上早班的村民很少有人在家吃早点，一般都在街上的饭店里吃早点，上学的学生也经常在饭店吃早点，还有做生意的也大都在饭店里吃早点。村民们自己做馒头的少了，街上开的几个馒头坊做的馒头比自己家做的味道好。再者，自己做馒头也太浪费时间。有好多村民用面粉或小麦换馒头，更多的村民是用现金买。几个馒头坊的生意也蛮红火的，企业和机关单位是常客，越来越多的村民也成了常客。附近村庄也经常到于庄来卖馒头，尤其是麦收和秋收季节，馒头坊的生意更是红火。街上开的几家蔬菜店也满足了于庄村民对蔬菜的消费需求，家家户户一年四季都能吃上新鲜的蔬菜。过去家里来了客人都是在自己家做饭招待客人，现在越来越多的人家都习惯到饭店订饭菜，然后在家里招待客人。结婚或孩子十二天、生日到饭店里办宴席的多了。过去孩子过十二天、生日随礼都是送鸡蛋或给孩子送布料、衣服、玩具之类的东西。现在因为办十二天、生日宴席都在饭店，所以孩子十二天、生日随礼都是给钱。于庄有几部出租车，和城市里的出租车不一样，于庄的出租车不是按里程计价收费，而是根据要去的地方习惯性地收费。出租车的车主有本村人，也有外村人。外村在于庄开出租车的也都有亲戚在于庄，或是于庄的女婿。于庄的村民走亲戚坐出租车的多了，也有几家合伙租个出租车送孩子到县城上学去的。

四　城镇化与于庄人口结构和人口流动的变化

于庄的城镇化引起了于庄人口结构的变化，出现了本村人、外村人、本地人和外地人的区别。本村人自不待言；外村人一般是指同一个乡镇的外来人口；本地人一般是指同一个县或同一个市的外来人口，生活习惯、口音等方面和本地人基本没有太大差异；外地人一般是指德州市以外的外来人口，在生活习惯和口音方面与本地人有些差别。于庄人口结构的变化经历了一个过程。

在1965年县委、县府决定成立于集人民公社之前，于庄是个单一姓氏的以农业为主的村庄，基本上没有外来人口，也没有外姓人口。村民们日出而作，日落而息。1965年人民公社成立后，于庄是公社机关驻地，开始有外来人口，当时外来人口是以国家工作人员的身份进入于庄的，他们和于庄村民的交往不多，由于工作上的原因和于庄的村干部交往的较多。由于于集公社社办企业的发展，外来人口开始增多。1966年3月筹建农机厂，农机厂设在于庄。农机厂的工作人员以临时招募的临时工和短期合同工为主，大部分都是本公社的有一定技术的农民。1975 年筹建砖瓦厂，由于砖瓦厂的特殊性质，砖瓦厂建在距离于庄大约 3 公里的一个盐碱地里。砖瓦厂的工人有本公社的农民，也有外地来的农民，主要是从事运土、扣坯等高强度的体力劳动。1978 年筹建的被服厂设在于庄，招募本公社的有一定缝纫技术的女工，于庄也有在被服厂上班的女工。社办企业的发展增加了外来人口，但外来人口除了和村里人家有亲戚关系的外，和于庄村民的交往很少。于庄外来人口的大规模增加是在 1987 年于庄建立织布厂以后。1987 年于庄织布厂建立后，对女工的需求量较大，本村的劳动力，尤其是女工不能满足需求。于是开始招募外来女工，一般都是通过亲戚关系介绍来的。1994 年开始上了一条印染生产线，1999 年成立颜春纺织有限公司。随着企业规模的扩大，在于庄企业做工的外来人口越来越多。于庄人也有在乡里的企业和其他私营企业做工的，但数量很少。与在乡办企业做工的外来人口相比，在于庄的企业做工的外来人口与于庄人的关系较为密切，来往较多。20 世纪 90 年代初期，于庄的街区建设、房屋改造和商贸小区的建设及招商引资政策的实施，一些外来的商家开始在于庄落户。企业的发展和城镇化的推进提供了巨大的商机。

于庄本村的村民及其子女通过升学、参军、到国家机关或国有企业工作和外出打工等渠道向外流动。于庄企业的发展为本村劳动力提供了充分的就业机会，城镇化的发展也为本村村民从事第三产业提供了良好的条件。所以，于庄人到外地打工的人较少。有些到外地打工的都是奔着自己的至亲去的，他们一般都从事较为体面和收入较高的工作。于庄也有少数到大城市经商的村民。通过参军这种途径留在部队或转业到国家机关或国有企业工作的也有。大多数参军的青年都是参军后又回到村里的企业做工。升学是于庄人较为体面的流动方式。通过考上中专或大学，把户口迁出于庄，毕业后在机关或企事业单位找到一份稳定的工作。婚姻也是人口流动的主要形式。于庄乡镇企业的发展和城镇化的推进，改变了通过婚姻这种方式进行的人口流动。外村或外地在于庄做工或经商的姑娘都想在于庄找个婆家，于庄的姑娘结婚后都不想离开于庄。所以，婚姻只是在不断增加于庄的外来人口数量。嫁出去的姑娘又带着全家回到于庄安家落户的人越来越多。这种状况的人村里可以给宅基地盖房子，但不给承包地。所以，他们都从事工商业活动。而且，动态地考察于庄人口的文化结构后发现，高文化人口流出，低文化人口流进，大专以上学历的人口基本上都在外地工作，于庄企业中以初中学历的村民居多。

五　城镇化背景下传统婚居模式的变化

随着于庄乡镇企业、村办企业的发展和城镇化的推进，于庄的社会结构、人口结构、产业结构、村民的收入结构、生活方式和价值观念等都发生了变化，传统婚居模式的内涵没有发生变化，但形式发生了变化，婚姻圈扩大。从夫居依然是主要的婚居模式，招赘婚的质量在提高。

1. 从夫居依然是主流的婚居模式

于庄城镇化之后，从夫居依然是主流的婚居模式。城镇化进一步增加了于庄的社会影响力，扩大了经济辐射范围，同时也提升了于庄未婚男女青年在婚姻市场上的身价。在传统的婚姻圈中，婚姻的天平向于庄的男女未婚青年倾斜。相对于以前而言，于庄的未婚男青年特别好找媳妇。

于庄是乡政府住所，乡政府的机关单位都集中在于庄，五天一次的市集也在于庄，全乡最好的乡中心幼儿园、乡中心小学和全乡唯一的一所中学也在于庄。于庄乡镇企业和村办企业的发展相应地也带动了第三产业的发展，外来务工人口越来越多。于庄是全乡的政治、经济和文化中心，相对于那些无力去县城或大城市发展的年轻人来说，能在于庄发展应该是最现实的选择。

外来务工或经商的姑娘希望能在于庄找个合适的人家，那样心里就更踏实了。外村的姑娘也以能在于庄找个婆家为较好的选择，于庄的区位优势使得于庄处于婚龄阶段的小伙子有了较多的选择余地。有儿子的人家会给儿子盖房子娶媳妇，符合条件的人家会在沿街的地方申请到宅基地，建起商住两用的楼房，一般情况下，家里会把沿街的、位置好的房子给儿子住。

城镇化和收入的增加使村民的居住空间大了，并且居住空间向立体化方向发展，家庭成员都有自己独立的居住空间。新婚夫妇能有自己独立的居住空间，生活更自由、更幸福。由于计划生育政策的影响，家里的子女数较少，且有一些独生子女家庭，家庭成员之间的关系更融洽，婆媳之间的关系缺少了以前那种紧张的状况，儿媳妇和公公之间的关系也不再那么严肃得让人窒息。年轻人自由恋爱的情况增多，年轻人重视爱情，父母更尊重孩子们自己的选择。婚前联系和交往的机会多了，爱情和婚姻具有了浪漫的色彩。但是，像以前一样，相亲、订婚到结婚等一系列的该走的程序还是要走。随着生活水平的提高，彩礼的数量和质量较以前有很大改善，也在追求高档和品牌。婚宴都是在饭店里进行，随的份子钱在增多。

相对来说，于庄的男青年在恋爱和婚姻方面占据主动位置，有较大的选择空间。绍斌的婚姻一波三折，尽管因为家庭矛盾对婚姻有所影响，但还是比较有市场，找到了比较满意的对象，结婚成家。

　　绍斌家里就是姐弟两个，他家沿街的老房子在街道规划的时候拆除了，村里又在沿街比较好的位置给他划了一块宅基地，绍斌父亲就在那块宅基地上盖起了商住两用的一个二层小楼，准备给绍斌当结婚新房。房子盖好后，沿街的门面房出租出去了。这在于庄算是条件较好的人家了。绍斌初中毕业后就到一个技校学习厨师。学好之后就到饭店打工，在一家饭店打工的时候认识了一个在那家饭店当服务员的姑娘，两人谈起了对象。这个女孩家在附近县的一个村里，父母在她小时候就相继去世了，从小跟着哥嫂过。初中毕业后考上了职业高中，职业高中毕业后就到饭店当服务员。绍斌把这个女孩领回家跟父母见了面，父母也没有什么意见。绍斌父亲就托了一个本村的人当媒人，这个媒人和女孩的舅舅在一个单位上班，因为父母都已经去世，舅舅作为长辈可以代替父母的角色。还是按照传统的一套程序，由于是自由恋爱所以相亲这个程序就免了，然后是过帖、订婚、认家。订婚之后，他们两个还是在那个饭店打工。后来，饭店不景气，绍斌就到外地离家比较远的一家饭店去打工了，觉得反正已经订婚了，就让未婚妻到于庄纺织厂去上班，住在绍斌家，和绍斌父母一起吃饭。女孩勤快，人也懂事，和绍斌父母相处的也没有什么大问题。绍斌他姐姐在外地上大学，放假回家和这个女孩相处了一段时间，两个人性格不合，绍斌姐姐从心里瞧不起这个女孩。春节放假的时候，绍斌姐姐给家里父母打电话说，如果这个女孩还在住着的话，她就不回家过年，如果弟弟和这个女孩结婚的话，她就永远不会回这个家了。父母一开始耐心地做闺女的工作，可就是做不动闺女的思想工作。父亲生气了，说闺女爱去哪就去哪。母亲还是心疼自己的闺女，本来是闺女和儿子未婚媳妇的矛盾，现在转化成了准婆婆与准媳妇的矛盾了。准婆婆开始想办法挤兑准儿媳妇了。绍斌被叫回家来，母亲让他表态是要媳妇还是要娘，绍斌被折腾得不知怎么办，一边是自己的母亲，另一边是感情深厚的未婚妻。绍斌母亲为了让绍斌下决心和准媳妇分手，把自己娘家的亲戚叫来做绍斌的工作，给他施加压力。终于绍斌被征服了，提出和准媳妇分手。

绍斌和准媳妇分开后，有几个陆续给提亲的。绍斌母亲相中了一个女孩，这个女孩她姨妈在于庄，初中毕业后，在她姨妈的介绍下进了于庄的纺织厂。她姨妈想在于庄给外甥女找个婆家，这个女孩本身也愿意在于庄找个合适的婆家。女孩她姨妈就在于庄托了一个媒人，在媒人的介绍下，绍斌和那个女孩见了面，都觉得还可以。就又经过了一系列的程序订婚了。现在社会年轻人思想解放了，家长也不太多干涉孩子们的生活。绍斌和这个女孩订婚后，两个人经常在新房子里过夜，绍斌父母也只是提醒儿子还没有结婚别胡来，女孩她姨妈也提醒外甥女注意别太随便。绍斌的姐姐对这个准弟媳妇还算满意，放假回来的时候还给这个女孩买了一个手提包。本来以为这个婚姻是没有问题的。后来，绍斌母亲和婆婆吵架，绍斌也出来帮着他娘和奶奶吵架，甚至还骂奶奶，村里人笑话说这个孩子这么大了还不懂事。绍斌准媳妇的父母很在乎家风，觉得绍斌这孩子不太懂事，就提出和绍斌家解除婚约。绍斌的父母通过媒人做了一些工作，但女孩家就认定死理，非解除婚约不可。绍斌父母觉得自己儿子找了两个媳妇散了两个媳妇，在农村这也不是什么好事，但是女孩家非坚持，那也没有办法。之后女孩又在于庄找了一个合适的人家。

绍斌不在饭店打工了，就回到于庄在纺织厂上班。在纺织厂上班的时候，绍斌和一个也在纺织厂上班的女孩谈上对象了。女孩家离于庄40多里地，不经常回家，平时住在厂子提供的集体宿舍里。两个人谈上对象后，绍斌就经常带女孩到新房里住。绍斌父母就托了个媒人说亲。女孩父母知道自己孩子一个人在于庄上班，和那里的男孩谈上了恋爱，就答应了这门亲事，尽管女孩年龄还小，绍斌父母托人办了结婚证，两个人就结婚了。结婚后，两个人继续在纺织厂上班，后来，女孩怀孕了，就不在厂子里上班。再后来，绍斌自己在自家的门面楼里开了一家小饭店。由于于庄的外来人口越来越多，饭店生意也越来越红火。

2. 从妻居

从妻居的一个最大变化是上门女婿受到社会和家庭成员的尊重，并且上门女婿的自信心增强。由于计划生育政策的实施，村民生育子女的数目普遍减少，一般家庭都是两到三个孩子，极端情况也有四个或五个的，两个孩子的家庭占据多数。从孩子的性别结构来看，纯女户较以前多了。没有儿子的纯女户会留一个闺女在家招上门女婿。计划生育后，孩子普遍少了，一般家庭不会选择让儿子去做上门女婿，所以，在附近村子招一个知根知底的上门女婿实属不易。传统的上门女婿无论是从形式还是从内涵来说都在现代社会发生了嬗变。

传宗接代的观念有所转变，养老观念也有所转变。上门女婿的父母对小家庭也给予较大的帮助，这样的事情在以前是没有的。

招赘婚中，男孩成了稀缺资源。

招来的女婿不改姓名，生的孩子如果是一个的话就姓母姓，如果是两个的话，可能是一个随母姓，另一个随父姓，也可能两个都随母姓，但是孩子们都随父姓的情况没有。

招来的女婿也可以出去打工。

过年的时候要在女孩家守着女孩父母过年。但是不太强调上门女婿和"院"里人的关系。有的上门女婿也不去"院"里的叔叔、大爷家拜年。

出来做上门女婿的，一是当地结婚花费很高，在家娶不起媳妇，二是家里有至少两个男孩。由于上门女婿的资源稀缺，所以对上门女婿的尊重程度提高。

这个时期，于庄有四例上门女婿。其中三个上门女婿家是外地的，因为家庭负担重，经济条件不是特别好，当地娶媳妇要的彩礼多，就选择来于庄做上门女婿。其中一个上门女婿是本地的，对于男孩家来说做上门女婿和娶媳妇没有太大的区别。

广庆尽管努力想生儿子，结果第三胎是个儿子，生下来不久就夭折了，两口子伤心不已，后来算卦的说他们没有儿子的命，就不再努力生儿子了，生了两个女儿就罢手了。大女儿高中毕业后没有考上大学就回家在村里的厂子里上班，小女儿继续上高中。闺女大了，广庆开始考虑孩子的婚姻问题了。把大闺女嫁出去吧，家里也没有个帮手，留在家里招女婿吧，在附近招不到好男孩，现在家庭条件好了，孩子少了，能给孩子盖得起房，娶得起媳妇，一般人家不会把男孩子送出来招女婿。到外地招个女婿吧，一是不知根知底，不知招来个什么孩子；二是没有牵线搭桥的人。

后来有人介绍了一个东北来的小伙子。小伙子就是要到这里做上门女婿的，在小伙子老家娶个媳妇没有二十万元不行，小伙子弟兄两个，上面是个哥哥，已经结婚，为了给哥哥娶媳妇家里已经欠了一屁股债，再也无力给他在家娶媳妇了。听说于庄上门女婿资源稀缺，就来到这里想找个合适的人家做上门女婿。媒人先安排广庆和小伙子见了一面，聊了聊天，广庆也顺便了解了一下小伙子的家庭情况，广庆觉得小伙子还可以，就又安排闺女和小伙子见了一面，两个人又谈了谈，两个都觉得还满意对方。广庆先安排小伙子住在自己家里观察一段时间再说下一步的事情。小伙子住在广庆家，帮着广庆下地干农活，又帮着广庆照看门脸的生意。经过一段时间观察，广庆闺女和小伙子也接触了一段时间，广庆一家人对小伙子还满意，就决定要招小伙子做上门女婿。

广庆决定要和媒人还有这个小伙子一块儿到小伙子家里看看，和小伙子的父母见个面，婚姻是个大事，不能草率。广庆、媒人还有小伙子三个人坐了一天一夜的火车终于到了小伙子家，和小伙子父母见了面，小伙子父亲把家里的亲戚们都请过来和广庆见了个面，小伙子父母同意儿子在广庆家做上门女婿。小伙子一家热情地招待了广庆和媒人。住了几天，广庆和媒人先回来了，在家准备准备，过几天小伙子父母和小伙子再一起来把婚结了。

广庆把沿街的商住两用的二层楼给了大女儿做新房，他两口子和小闺女住在离街道较远的一个小院子里。小伙子的父母带着小伙子来了，广庆像嫁闺女那样为闺女举办了热热闹闹的婚礼。小伙子没有改姓名，改口叫广庆两口子"爸爸妈妈"。小伙子的父母给广庆的闺女两万元钱做见面礼，广庆的闺女接下了这笔钱，也改口叫小伙子的父母"爸爸妈妈"。结婚后，小伙子的父母住了几天就回老家了。小伙子帮着广庆干地里的庄稼活，也帮着到县城进货。广庆觉得多了个女婿轻松多了。

结婚第一年，小伙子在广庆家过了一个热热闹闹的年，广庆让小伙子给老家的父母寄了些钱回去，过完年，小伙子带着媳妇回老家住了一段时间。一年后，闺女生了个女儿，孩子随母姓。

　　小伙子在生活习惯方面和广庆一家人有些不同，慢慢的磨合就好多了。小伙子喜欢吃蛇肉，而于庄这地方的人从来都不吃蛇肉，见到蛇都害怕。有一次，小伙子下地干活看见一条蛇，就抓住带回家放在了家里的瓦罐里，还盖上盖子怕蛇跑掉。小伙子没有跟媳妇说这事，而小伙子的媳妇还特别怕蛇。那一次，媳妇一掀瓦罐看见里面有一条蛇，吓得大叫起来。小伙子说那是带回来准备吃的。广庆告诉他这个地方人们都怕蛇，没有吃蛇肉的习惯。小伙子从此再也不逮蛇了。小伙子喜欢吃米饭，广庆一家喜欢吃面食，为了照顾小伙子的口味，一家人也开始吃米饭了。

　　广庆一家人和上门女婿都能相互理解，相互适应，彼此之间表现出了较大的宽容。上门女婿没有改名换姓，女婿父母还给媳妇钱，这和以前招上门女婿不同了。

　　镇熙天生就有很强的女性特质，在生产队那会儿，他上地干活兜里装着鞋底，工余在田间地头休息的时候，他不和男劳力在一起，而专门和妇女们在一起，纳鞋底，做针线活，人们给他起了个外号"假娘们"。结婚后，由于没有性能力，媳妇和他闹了几年离婚，最后终于离婚了。离婚后他就和母亲、弟弟一起生活，后来弟弟结婚了，他就自己一个人生活。到了40多岁的时候，他觉得自己得领养个孩子，否则自己老了后没人管。他就领养了一个超生女，那个女孩的父母想生儿子，结果连着生了四个闺女，这是第四个闺女，孩子的父母不生儿子不罢休，就准备把这个孩子送人，镇熙知道这个消息就把还未出满月的孩子抱回了家，自己一把屎一把尿地把孩子拉扯成人。其艰难程度可想而知。孩子上到初中，没有考上高中，就到村里的织布厂上班了。父女两个相依为命。到了孩子该谈婚论嫁的年龄，镇熙想给孩子招个上门女婿。在本地招不到合适的男孩，招个外地的又不知根知底的，不了解孩子的脾气性格。

　　广庆家在东北招了个上门女婿，镇熙觉得招个东北来的小伙子也挺好的，只要小伙子人正派不歪不斜的就行。镇熙托广庆家的女婿也给他家闺女介绍一个，广庆家的女婿跟老家的父母联系，说明了情况，他父母果然帮镇熙家的闺女物色到一个合适的小伙子。小伙子的情况和广庆家女婿的情况差不多，当地风俗是娶媳妇的彩礼钱非常多，成为一般家庭的巨大负担。这个小伙子姓姜，上面两个哥哥结婚家里已经欠下了巨大的债务，他家里已经无力给他娶媳妇了，他一家人也想着让他到山东来做上门女婿。广庆家女婿给介绍了这么个机会，小姜就自己来到于庄投奔广庆女婿，广庆安排小姜住下，又让小姜和镇熙及镇熙的闺女陆续见了面，镇熙对小伙子比较满意，美中不足的是小伙子比镇熙的女儿大六岁。镇熙闺女不嫌大，基本上就这么定下了，镇熙让小姜搬到自己家住，让他帮着干活，主要是观察观察孩子怎么样。小姜在镇熙家住了差不多一个多月，和父女两个处得不错，镇熙觉得不能拖了，把婚事办了他也安心了。镇熙要到小姜家看看，和他父母见个面。镇熙和小姜一起去了小姜家，小姜父母热情地招待了镇熙。镇熙了解了小姜家里的情况，觉得是个本分人家，更加坚定了要成这门亲事的决心。镇熙先回家，让小姜准备准备再和父母一起来于庄完婚。镇熙回来后准备闺女的婚礼，小姜和父母来了后两人举行了婚礼。过几天小姜父母回老家了，临走前给媳妇1万块钱作为父母的一点心意。镇熙不让小姜改名换姓，他说生的孩子姓他的姓就行了。

由于家里的地不是很多，镇熙的闺女在村里的厂子里上班，镇熙也让小姜到厂子里上班，小姜觉得在县城的厂子上班挣得比在家挣得多，就和镇熙商量着去县城的厂子干活，镇熙同意他去了。过了两年，镇熙的女儿生了个闺女，镇熙作为爷爷又充当了奶奶的角色来照看孩子，让闺女和女婿去上班。闺女知道自己是抱养的，女婿后来也知道了媳妇的身世，他们两个非常感激老人，对老人也很孝顺。镇熙盼着自己的闺女再给自己生个孙子。

镇熙的情况比较特殊，女儿和上门女婿能够体贴感激父亲的付出。上门女婿也没有改名换姓。上门女婿的父母觉得让儿子做上门女婿有所愧疚，孩子结婚的时候给孩子钱作为礼物，也作为情感补偿。

维勇生有一儿一女，在别人看来是幸福的。可是，维勇的烦恼就在于这个儿子身上。维勇结婚四五年媳妇都没有怀上孩子，在农村一般都是结婚一年左右就该有孩子了。维勇两口子也着急，跑了很多医院，吃了很多偏方也没有生出孩子。后来有人建议他两个到泰山求子，两个人很虔诚地去泰山求子，结果还是没有如愿。后来，两个人想放弃生孩子了，找个合适的孩子领养算了。就在他们先放弃生孩子的当口，意外发现媳妇怀孕了，这可乐坏了两口子。生下来的是个男孩，两口子更是喜欢得不得了。可孩子长到四五岁的时候越来越发现孩子不对劲，别人家的孩子到四五岁的时候都会说话、数数什么的了，可他家的孩子话说不清，还不识数。这可急坏了一家人，带着孩子到医院检查，医院的检查结果是孩子患有先天性智力障碍。这对一家人是个致命的打击。

维勇媳妇又怀孕了，生了个闺女，闺女很健康，也很聪明，这给一家人带来了希望。儿子十岁左右的时候，在地里被高压电电击了，电流从掌心穿过，送到医院后本以为人不行了，没想到孩子奇迹般地活过来了。儿子二十多岁了，别人家的儿子订婚的订婚，结婚的结婚，自己家的儿子怎么办呢。维勇也想着给儿子找一个般配的媳妇，比如，瘸子或秃子什么的，但是始终没有如愿。一家人没有办法，也就放弃给儿子找媳妇的想法了。

维勇想着把闺女留在家里招女婿，一开始闺女不太同意，后来经过做闺女的工作，闺女同意在家招上门女婿了。维勇开始托人物色合适的小伙子。后来。有人给介绍了一个外地的小伙子，小伙子也是东北的，也是因为当地结婚彩礼钱多，家里经济条件不是很好，哥哥结婚把家里的钱都花光了不说，还欠了很多外债，听说山东这地方富裕，家里需要招女婿的人多，就打听着来了。维勇一家人和小伙子见了面，对小伙子还满意，小伙子对维勇的闺女也还满意。就这么暂时定下了。小伙子住在维勇家，跟着维勇干活，维勇一家人要观察观察这个小伙子。经过一段时间的观察，觉得小伙子除了性子急、脾气有点暴躁之外，干活还利索，也有力气，邻居家也对小伙子评价不错。维勇跟小伙子说要到他家和他父母见个面。维勇和小伙子坐了一天火车，又换乘汽车，到了他家。小伙子父母都是实实在在的农民，家就在一个小山村里，家境一般。小伙子父母热情地招待了维勇，父母同意儿子做上门女婿，对这门亲事还满意。维勇让小伙子在家准备准备回去结婚，他自己先回来准备闺女结婚的事。维勇回来请人算了一卦，定下了结婚的日子，通过电话告诉了小伙子一家具体结婚的时间。小伙子的父母还有小伙子的一个叔叔带着小伙子一块儿过来了，维勇安排好一家人的住宿。婚礼热热闹闹，有人情往来的亲戚朋友随份子座席，像嫁闺女一样。

小伙子姓董，结婚后，改口称呼维勇夫妻俩"爸爸妈妈"，维勇没有让小伙子改名换姓，把户口迁过来落在维勇家的户口册上。维勇给闺女早就盖好了新房，新房是沿街的一栋二层的商住两用的楼房，一层的商铺早就租出去了，商铺上面的二层和商铺后面的小院里的平房自己住。一结婚就住进新房，但是一家人还是在一起吃饭。维勇当着小董和他父母的面说就有一个要求，要求小董要对自己的那个先天智障的儿子好，等他两口子年老或去世了要照顾好哥哥。小董当着自己的父母承诺一定要像对待亲哥哥那样对待这里的哥哥。

结婚不多久，小董和维勇的闺女两个人闹别扭，原因是小伙子不太习惯这里的生活方式，而且想家，又觉得自己出来做上门女婿有点对不起自己的亲生父母，他们老了自己也不能伺候他们。小董说要回家，不在这里待了。维勇做了很多工作，小董还是想不开。维勇给小董的父母打了电话，说明了情况，小董的父母就急着赶过来了，也做儿子的思想工作，总算把儿子安抚好了。维勇给闺女买好了炊具，让他们小两口自己生火做饭，那样还自由点。小董的父母在这里住了一段时间就回去了，小董的情绪慢慢安定了，也开始认可这里的生活方式和生活习惯，维勇闺女家基本上是按照小董的饮食习惯以大米为主食了。

结婚一年左右，维勇闺女生了个小女孩。小董的父母特意赶过来伺候媳妇坐月子，还从老家带过来一些营养品。出满月后，小董母亲回家了，孩子随母姓，称呼维勇两口子"爷爷奶奶"，称呼小董父母也是"爷爷奶奶"。有了孩子，小董的心也安了，觉得这里才是自己真正的家。孩子一岁左右的时候，小董和媳妇商量着一块儿去天津打工，维勇同意他们出去打工，帮着照看家和孩子。打工期间，小董媳妇怀孕，回家来生孩子，小董自己在外打工。媳妇第二胎生了个儿子，一家人皆大欢喜，小董母亲又专门从东北老家赶过来伺候媳妇坐月子。维勇也高兴得很，终于有了孙子了。

　　维勇有个残疾儿子不能结婚成家，所以招了个上门女婿。上门女婿没有改名换姓，上门女婿的父母在媳妇生孩子的时候也像伺候娶进家门的儿媳妇那样去尽心伺候。两个原生家庭的关系很融洽。

　　广平和媳妇结婚几年了，媳妇也没有怀孕，尽管到处求医问药，但还是没有成果。两口子就抱养了一个闺女，闺女的父母为了生儿子超生了几个闺女，孩子多了实在养不起了，在孩子还没有出生的时候就做了打算，如果生出来是个闺女的话就立即送人。结果天不遂人愿，生出的又是个闺女，父母在孩子还没有出满月的时候就把孩子送人了。广平两口子把孩子抱回来的时候孩子还不到满月，就靠奶粉把孩子养大了。没想到孩子四五岁的时候，广平媳妇怀孕了，一家人高兴得不得了。孩子出生了，是个闺女。尽管有了自己亲生的孩子，但是广平两口子依然把抱养的孩子当作亲生的孩子那样疼爱。

　　广平在村里的纺织厂做管理工作，街道规划的时候沿街盖起了一栋商住两用的二层小楼，家庭经济条件在村里来说算是比较好的。大闺女初中毕业，没有考上高中，自己也不愿意念书了，就到村里的纺织厂上班了。过了几年，大闺女到该谈婚论嫁的年龄了，是把闺女嫁出去还是留在家里招上门女婿，广平两口子也经过了激烈的思想斗争，反复琢磨，拿不定主意。如果把大闺女嫁出去的话，家里也没有个帮手了，小闺女在读大学，毕业后肯定在城市找工作，也不可能让孩子回家招女婿。如果把大闺女留在家招上门女婿的话，怕孩子不愿意，毕竟是领养的经不起别人说闲话。两口子商量着先跟大闺女谈谈，听听她的想法。经过交流，大闺女愿意在家招上门女婿，她不愿意嫁到村里去，嫁到城里去的可能性又不大，还是留在于庄好，能在厂子里上班，离家近方便，在自己家门口上班，心里也踏实。广平两口子知道孩子的想法心里就踏实了，开始物色合适的上门女婿。

　　后来经人介绍，附近村的一个和广平同姓于的小伙子愿意来。小伙子弟兄两个，家境不错，哥哥已经结婚，他自己在外打工。广平一家人当时也没有想那么多，这样的人家怎么会让儿子做上门女婿呢？

　　广平和小伙子父母在比较含糊的状况下，订婚、结婚，广平许诺把沿街的那栋小楼给大闺女做新房。广平家按照娶媳妇的规格举办了婚礼，大家都以为是在招上门女婿，广平一家也自以为是在招上门女婿。广平给闺女举办完婚礼后，小伙子父母又在家给儿子按结婚的规格举办了婚礼，而且家里也给儿子布置了新房。这件事就这么稀里糊涂地过去了。小伙子的户口没有迁过来，由于都姓一个姓，也谈不上改名换姓的问题。结婚后，小两口就住在于庄的新房里。结婚后的第一个春节出事了，广平准备着一家人团团圆圆过个新年，毕竟是家里添了一个新成员，添丁加口是个好事。腊月二十八的时候，女婿叫上闺女回婆婆家过年，也没有跟广平打招呼，过完年又回来了，也不去院里的叔叔、大爷家拜年。广平觉得这事做得憋屈，就请院里的一个年龄大点的嫂子去女婿家问问到底怎么回事，小伙子父母给的回答是，当初只是说结婚后住媳妇娘家，没有说做上门女婿呀。

一年后两口子生了个闺女，广平家给孩子做满月、做生日，小伙子母亲在家也给孩子做满月、做生日。广平媳妇帮着看孩子，孩子和她有了感情，因为都姓于，所以孩子上户口的时候也看不出是随父姓还是随母姓了。广平媳妇在孩子开始学说话的时候，交给孩子叫她"奶奶"，叫广平"爷爷"。女婿听了很不乐意，跟媳妇说告诉你父母孩子该叫什么就叫什么，别乱叫。小伙子的母亲专门为这事来找广平媳妇，说他们家儿子不是来做上门女婿，只是在你们家住，孩子不能叫你们"奶奶爷爷"的，就叫你们"姥爷姥姥"。

后来，小伙子带着媳妇去德州打工，广平两口子在家帮着照看孩子。小伙子和媳妇商量着要在德州买楼，想让广平出钱。广平两口子很生气，说你们想买楼就自己出钱，家里的房子是准备招上门女婿用的。如果你们不是上门女婿房子就不给你们了，要给小闺女。大闺女也把自己是领养的孩子的事情告诉了自己的丈夫。广平的兄弟们说广平什么事情都不和弟兄们商量，如果早和哥哥、弟弟商量商量也不会出这档子事。也怨大闺女，你父母让你招女婿，你反而顺着丈夫走了，这让当父母的怎么办。

广平的大闺女和女婿在德州买了楼房，两个人继续在德州打工，过得还不错，孩子也被接过去上学了。

广平在附近村子招了个同姓的上门女婿，虽然没有改名换姓的麻烦。但是，由于双方在婚前没有商谈明确，广平认为是招上门女婿，上门女婿的父母则认为是娶媳妇，但婚后住在娘家。由于意见不一致而出现了一些纠纷和矛盾。女婿和女儿买了房子自己搬出去住以后则淡化了两家之间的矛盾。

第三节　城镇化与新户型从妻居

新户型从妻居就是结婚后把家安在丈夫家，然后妻子带着丈夫和孩子在妻子家住，孩子随父姓，过年回丈夫家去，户口在丈夫家，在丈夫家还有承包地，有宅基地，在娘家属于客居，但又不同于传统的客居方式，他们都有自己的工作或"业"。新户型从妻居是随着于庄村办企业的发展和城镇化不断推进之后新出现的一种新的婚居模式。这种新型婚居模式的产生与存在需要具备一定的条件，而于庄的发展具备了这种婚居模式所需要的条件。新户型从妻居有两种情况：一种情况是结婚后，女儿的户口不迁走，女儿还是于庄的村民，丈夫和孩子的户口则在婆家，女儿可以申请到宅基地，保留承包地；另一种情况是结婚后户口迁到婆家所在的村子，女儿不能申请到宅基地，承包地也不保留。在于庄所在的乡，就于庄出现了这种新的婚居模式。

一　新户型从妻居产生的条件

嫁出去的女儿之所以带着全家回于庄生活，是因为：第一，在于庄有居住的房子；第二，在于庄有好的就业机会和经营机会，能挣到较多的钱；第三，双方家长都很开明；第四，于庄的教育环境较好，有乡里最好的幼儿园、小学，唯一的一所初中也在于庄；第五，最主要的一点是婆家村子还是比较传统的农业村落，在各方面都比于庄差，所以，选择回到娘家居住。

1. 城镇化提供了较多的住房

于庄的城镇化和城镇景观建设提供了较多的住房，可以供结婚之后的女儿带着全家回来居住。在实行家庭联产承包责任制之前，农民是以社员的身份申请和获取宅基地的，社员身份是与户口连接在一起的，户口也是一个人是否属于该村集体成员的一个凭证。结婚成为申请和获取新的宅基地、建造新房子的一个合情合理又合法的事实和理由。有儿子的人家到了结婚的年龄，想娶媳妇的话，就向村里申请宅基地，想做上门女婿的就不向村里申请宅基地了。有女儿而没有儿子的人家，如果想招上门女婿的话，就向村里申请宅基地，上门女婿的户口要迁到妻子所在的村子。所以，对于新婚夫妇，或者在丈夫原生家庭所在的村子申请到宅基地，或者在妻子原生家庭所在的村子申请到宅基地，除此之外，不可能在其他村子获得宅基地建造住房，更不可能在城镇里获得宅基地建造住房。随着于庄城镇景观建设和城镇化的推进，村里鼓励具备条件的村民沿街盖起了二层的商居两用的楼房，沿街的标准住房是这样的，面向街面的是两层楼房，上层住人，下层商用，以楼房为主，根据楼房的位置，连着楼房建造三间到四间平房，组成一个院落。在住居空间向立体化发展的同时，居住空间增加。在于庄"线性化"发展的同时，街道背面的平房也得到了修整，或自己住，或出租出去。而且自20世纪70年代中后期开始实施的计划生育政策的效果明显显现出来，到90年代中后期，于庄每个家庭的人口数为四人到五人，家庭人口数明显减少。基于以上两个方面的原因，于庄住房出现了剩余。于庄的房屋出租市场开始形成。相对于城里的房子而言，于庄的房租还是比较便宜的。结婚后户口迁到婆家的女儿回来后可以租住村里的房子。

城镇化和城镇景观建设也使于庄出现了宅基地转让的现象。结婚后户口不迁走的女儿，可以申请宅基地，也可以通过宅基地转让的方式获得一块宅基地建房子。

2. 城镇化提供了就业机会和经商机会

在实行家庭联产承包责任制之前，中国农村的产业结构单一，农业是主要产业，生产队集体副业或家庭副业没有成为一种产业，不是生产队和社员主要的收入来源。农民作为社员参加生产队的农业集体劳动，可以说这是社员获取生活资料的唯一途径。一般社员外出做临时工的机会很少。由于把社员参加生产队集体劳动的表现上升到政治的高度，并有一定的组织纪律严格约束，所以社员作为生产队集体的一员缺乏职业选择的自由，而且社会也没有为社员提供职业选择的机会和空间。家庭联产承包责任制政策的实施，把农民从土地中解放出来，不再把参加农业生产劳动的表现上升到政治的高度，农业生产劳动就是一种纯粹的经济行为。以生产队为基础的集体组织和集体劳动被消解，家庭成为最基本的生产单位，家庭利益得到彰显，国家政策鼓励农民搞多种经营，鼓励农民勤劳致富。国家鼓励发展乡镇企业和村办企业，乡镇企业和村办企业的发展为农民提供了越来越多的非农就业机会，乡镇企业和村办企业的发展也逐渐改变了农村的产业结构、农民的职业结构和收入结构，农村产业结构呈现出以第一、第二产业为主的特征。国家鼓励并且积极推动农村城镇化的发展，城镇化的发展推动了第三产业的发展。于庄的城镇化是在于庄乡镇企业和村办企业发展的基础上进行的，因此于庄的产业结构呈现出以第二、第三产业为主的特点，这为本村村民非农就业提供了广阔的空间，也吸纳了一些外来人口就业。

嫁出去的姑娘之所以选择回于庄居住，一是在结婚前就在于庄的企业上班或在村里做生意，住在娘家上班或做生意都很方便，结婚后住在婆家来回不方便；二是丈夫也可以在于庄的企业上班，或在村里做些生意；三是有孩子的可以在于庄上幼儿园、小学或初中，接送起来比较方便。婆家的承包地或者是让公婆代种，或者是转包给婆家村里的其他人家耕种，或者是种些省时、省力的粮食作物，平常粗放式管理，在农忙季节集中几天时间收割完毕，然后播下种子，等待收获。

3. 村民的包容和双方家人的开明减少了回娘家居住的阻力

社会在发展，人们的思想观念也在发生变化。从 20 世纪 60 年代开始，于庄一直就是（公社）乡政府驻地，（公社）乡政府的机关和企事业单位都在于庄，于庄人习惯于接纳外来人口。乡镇企业和村办企业的发展使于庄人变得更加大度和包容，于庄的发展需要外来人口的支持。外来人口不是来和于庄人抢夺资源的，他们来于庄上班或做生意在客观上帮助和带动了于庄的发展。追求好的生活是家长和子女共同的愿望，只要能过上好的生活，在哪里发展都可以，父母都会支持孩子们的选择。于庄人希望嫁出去的女儿回来居住，女儿在自己身边是个好事情，女儿在身边幸福指数提高了好多，同时女儿在身边也有个照应。家里的哥哥嫂子和弟弟弟媳也不反对嫁出去的女儿回来住，因为一则不和他们争夺父母的财产，二则大家彼此之间也多了一份照应，尤其是父母年老的时候，有女儿在身边照顾着父母要省好多心。婆家人也不反对，虽然儿子和媳妇人是在于庄了，但"根"还是在婆婆家，逢年过节的还是要回来的。在于庄上班做生意父母也放心，毕竟那是在自己家门子上，没有人会故意刁难。比一家人背井离乡地到外地打工好多了。

4. 于庄的教育资源丰富

于庄是全乡的政治、经济与文化中心，集中了乡里最好的资源。尽管交通和通信方便了，但是，于庄在全乡的地位还是不能替代的，相反，在某些方面还不断被强化，地方性资源被动员起来并得到了充分利用。20世纪80年代中后期，县里根据《中共中央关于教育体制改革的决定》精神，撤点并校，整合教育资源，开始对县内小学进行较大规模的结构调整。于庄乡许多村子的小学教学点被裁撤，出现了教育资源集中和上移的现象。因为于庄是乡政府驻地，所以在教育结构调整的过程中集中了相对较多的优质教育资源。

在20世纪80年代后期，于庄就办起了私立幼儿园，设施和环境都不错，这是全乡第一家幼儿园，以后又陆续办起了两家私立幼儿园，由于有了竞争，幼儿园的办学质量也在不断提高。幼儿园的教师的专业素养也在不断提升，经历了从没有受过幼儿专业教育的非专业教师到受过幼儿专业教育的教师的转变过程。全乡办学质量最好的乡中心小学也在于庄，由于于庄村集体经济实力雄厚，村里过年过节的时候经常给中心小学的教师发放一些福利，这是其他村小学所没有的待遇，教师感到村里人对自己的期望，工作起来也格外认真，所以于庄小学的教学质量被认为是全乡最好的。20世纪90年代之前，全乡共有3所初中，后来教育资源整合，初中学校合并，全乡只有于庄这一所初中，政府投资改善了办学条件，盖起了三层高的教学楼，美化了校园环境。在初中上学，于庄的学生是最方便的，其他村的学生走读或者是住校。

基于于庄相对丰厚的教育资源，便利的上学条件，加上年轻一代家长对孩子教育的重视，所以在条件允许的情况下，在于庄居住有利于孩子的教育。

5. 婆家村子比于庄落后

不是所有嫁出去的女儿都想回于庄居住。嫁到县城里或县城附近相对发达的村子的姑娘一般不会选择回于庄居住。因为在婆家能挣到更多的钱，生活得比于庄更好，而且在婆家居住更具有合法性，也更符合中国农村的传统，心里更踏实。只有那些嫁到各方面都比于庄差的村子的女儿，才想着要回到于庄，因为在于庄生活要比在婆家生活得更好。相对于其他村子的姑娘而言，于庄的姑娘普遍有一种城镇人般的优越感。这也给她们找婆家带来一定影响。她们希望在县城或经济状况比于庄好的地方找婆家，不愿意嫁到经济状况并不如于庄的村子里去，但是并不是所有的人都能如愿。因为传统的婚姻圈基本上是以乡为界限的，于庄乡镇企业村办企业的发展和城镇化的推进，改变了于庄外来人口的结构，婚姻圈有所扩大，但是这种婚姻圈的扩大存在性别差异，即嫁到于庄的姑娘的婚姻圈扩大了，而于庄的姑娘嫁出去的婚姻圈基本上没有发生很大的变化。这样就出现了多数姑娘嫁到比于庄落后的地区的婆家的现象。

二　新户型从妻居的几个案例

于庄进行城镇景观改造后开始出现新户型从妻居这种新的婚居模式。具有代表性的是下面的这几个案例。

案例1：

镇联在生产队时期当过第四生产队的队长，在村里的威信还不错。镇联有两个儿子，一个闺女，闺女最小，名叫大萍。闺女到了谈婚论嫁的年龄的时候，正是于庄的乡镇企业发展较快的时候。闺女初中毕业后没有考上高中，自己也不愿意念书了，就在村里的纺织厂上班。因为有两个哥哥，不可能给她在家招上门女婿。在县城三关五街找个婆家，或在城市找个婆家，自身条件又不是太好。镇联的闺女从小在乡镇政府驻地长大，相对于下面村子里的姑娘们而言有一种优越感，不愿意嫁到经济不发达的村子里去。

有人给介绍了附近村子里的一个小伙子，小伙子初中毕业后经过亲戚介绍也在于庄的厂子里上班。两人也认识，只是不太熟悉，没有说过话。媒人一介绍，两个人都同意。由于都在一个厂子里上班，相亲的环节就免了，然后是过帖、认家、登记（领结婚证）、结婚。婆婆家给盖了新房子，结婚后就直接住进新房子了。由于两个村子离得不是太远，两个人下班的时候都回婆婆家住。镇联觉得闺女和女婿来回这么跑也不方便，就跟女婿商量着是否考虑在于庄买个房子，免得天天来回跑。女婿也同意岳父的意见，女婿回家和父母商量这件事，父母也不反对。女婿家里还有一个弟弟，在上高中。

镇联就在村里给闺女找了一个院子。那个院子的主家沿街盖起了楼房，老院子空着，孩子们都在外面上班，就想把院子卖掉。大萍和女婿觉得院子还可以，尽管不沿街，但是也不偏僻。就和主家谈好价钱买下了那个院子，买下那个院子后就把房子重新翻修了一下，把整个院子又重新收拾了一下，然后两口子就搬过来了，大萍婆婆家的那所房子还留有部分家具，过年过节回家的时候还得在那里住下。平时就在于庄住，婆婆家的承包地由公公和婆婆种着，女婿不忙的时候也会到父母家看看，帮着父母种种地。每年麦收秋收之后，公公婆婆都会给他们一些粮食，基本上够吃一年的。

过年的时候，大萍和丈夫回婆婆家过年。过完年两口子回来到"院"里给长辈们拜年。婆婆家"院"里有婚丧嫁娶这些大事的时候，大萍和丈夫尽量回去，该怎么帮忙就怎么帮忙，该干什么就干什么。尽管在娘家住，但婆婆村里的人从来就没有把他们当外人。由于是在娘家门子上住，娘家"院"里有婚丧嫁娶这些事的时候，大萍和丈夫也是尽量多参与，完全不像"出门"的姑娘，娘家人也没有把他们当外人。大萍是自己花钱买的房子，与两个哥哥没有一点经济上的牵涉，所以能和哥嫂和谐相处。哥哥嫂子觉得妹妹在娘家住也多了个帮手，是个好事。

不久，大萍怀孕了，快到临产的时候送到了医院，在医院顺利生下了一个男孩。大萍出院后直接到了婆婆家，住在婆婆家那个自己的房子里。婆婆尽心尽力伺候媳妇坐月子，大萍孩子三天、十二天的时候，大萍的两个嫂子买了东西去看小姑。满月的时候，婆婆家办了满月酒，大萍的嫂子还有"院"里的嫂子、婶子、大娘们都去了。出满月后大萍和孩子又回到于庄自己的家，丈夫上班也不来回跑了。孩子生日的时候，一家三口又回到婆婆家，婆婆为孙子举办了庆生宴，大萍娘家的嫂子、婶子、大娘们都去了。孩子户口上在了婆婆家。

孩子大了，学说话的时候，大萍教给孩子按娘家的辈分称呼长辈们。

后来，大萍的公公婆婆生病住院，大萍和丈夫都是尽心尽力地去伺候。镇联中风瘫痪在床，两个儿子分开轮流照顾老父亲。尽管两个哥哥没有把大萍算一份来照顾老父亲，但是大萍照顾得比两个哥哥都多，无论在哪个哥哥的班上，大萍几乎天天都过去看看父亲，给父亲洗衣、洗被褥、擦洗身子、洗脚等。镇联去世后，两个哥哥协商着分了遗产，大萍一点也没有要。

案例2：

镇平原来是县供销社职工，媳妇是生产队社员，在村里是家境不错的人家。镇平退休后就回来住在自己的家里。由于在外面上班，认识的人多，在物资紧缺的年代，村里经常有人托他给买点柴油、煤炭什么的，所以在村里人缘不错。镇平生了两个孩子，老大是闺女，初中毕业后考上了县里的职业中专，学习药物专业，毕业后在县医药公司做了个临时工。于庄沿街城镇景观改造后，镇平帮闺女在街上租了一个门面开了个私营的药店，大闺女辞去临时工，自己经营这家药店，镇平帮着打理。

镇平的儿子高中毕业后考上了省里的医学院，毕业后在县城里的城关医院当医生。

镇平的闺女自己谈了个对象，小伙子姓杜，家在城南的杜家庄，小伙子是家里的长子，下面还有一个弟弟，小伙子和镇平的闺女在职业中专的时候是同学，毕业后在县城一家单位做临时工。毕业后两人经常来往，彼此有好感，处起了对象。双方家长都满意这桩亲事。小伙子家托了一个媒人，这样就进入了婚姻的环节，免去了相亲这个环节，然后就是过帖、认家、登记、结婚。婆婆家给儿子和媳妇盖了婚房。杜家庄在县城南边，于庄在县城北边，两个村子相距40多里。结婚前，镇平闺女就和女婿商量好结婚后两个人在于庄买个房子，平时就住在于庄，好方便经营自己的药店。小杜的父母也开明，反正家里给你们盖好了房子，这里永远是你们的家，哪里混得好就在哪里混，如果在于庄买房子的话，父母不出钱，让他们自己想办法，因为下边还有一个弟弟没有结婚，当老人的凡事得讲个平衡。给两个儿子每人在家都盖了一个新房子，再给儿子娶完媳妇，父母就尽到义务了，其他的事情就靠自己了。好在于庄的房子便宜，镇平女儿和女婿他们自己攒了些钱，又借了一点钱，在于庄买了一个小院子，把房子重新翻修了一下。沿街的楼房是买不到的，只能买不靠街的平房。

镇平的女儿和女婿就住在于庄。结婚后女婿不在县城干临时工了，花两万多块钱买了个小面包车，在于庄干起了出租车生意。由于这是于庄第一个专职出租车，所以生意还火爆，走亲戚串门的会包一天车，司机中午也跟着吃饭，出租费比城里便宜，出一天车一般50块钱，出一趟近途的车，如果不过中午的话一般20块钱。

过年过节的时候，小杜和媳妇都要回杜家庄，好在自己有车也方便。一般是年三十上午走，初二下午就回来了。由于于庄的风俗是避讳年初二走亲戚的，所以，小杜两口子回来后谁家也不去，就待在自己家里。过了初二再给"院"里的叔叔、大爷们拜年。

小杜媳妇怀孕了，临产前住进了县医院，结果顺利地生下了一个小男孩。媳妇出院后，小杜开车把媳妇和孩子送回了自己老家。小杜的母亲提前把他们的家收拾干净了，等他们一家人回来就可以直接住进去了。小杜母亲尽心尽力地伺候儿媳妇坐月子。孩子过满月的时候，婆婆家摆了宴席，镇平家去了很多女性亲属。出满月后，一家三口又回到了于庄，婆婆不时地来看看孩子，有时还住上几天帮媳妇干点活。孩子生日的时候，婆婆在家给孩子办了生日宴，镇平"院"里的很多女性亲属都去了。过完生日，一家三口当天就回于庄了。

镇平的儿子在县城的城关医院上班，找了个本医院的护士，镇平给儿子在县城买了房子，儿子和媳妇就把小家安在了县城。有姐姐在家照顾父亲，镇平的儿子和媳妇也放心多了。他们周末休息的时候也经常回家看看。

镇平的外孙在于庄上幼儿园，一年中的绝大部分时间在于庄生活，他从小所认识的身边的熟人绝大部分也是于庄的，但他的户口在杜家庄。

案例3：

镇庆三个孩子，老大是个闺女，名字叫兰英。老二、老三都是男孩。镇庆的房子正好沿街，家庭联产承包责任制实施后，镇庆在自家院子里面向大街盖起了三间偏房，收拾好了以后就开了一个代销点，卖些油、盐、酱、醋、香皂、洗衣粉之类的日常生活用品。平时地里的农活不忙的时候镇庆夫妻两个轮流照看着，农活忙的时候就关门，早晚有人来买东西的时候就开下门。镇庆自己赶着小驴车去县城进货。于庄街道进行城镇景观改造的时候，按照村里的统一要求，他家的旧房子拆掉，沿街盖起了商住两用的二层小楼，底下那层用来做铺面，开了个比过去大得多的超市。

镇庆的闺女小学毕业后没有上初中就在家里帮着父母干农活，她结婚那会儿她家还没有盖楼房，她婆家在离于庄不远的一个村子里，丈夫在县城一家工厂干临时工。她家的楼房盖好后，她父亲准备开一家超市，需要人手，她愿意过来帮忙。她父亲就让她还有她的两个弟弟及大弟弟媳妇一起打理这家超市，因为她小弟弟还没有结婚。一开始，兰英还是婆婆、娘家两头跑，这样也辛苦。她和丈夫商量是否在于庄买个房子，丈夫也别在县城打工了，到于庄的厂子里找个工作。

丈夫和他父母商量这件事，兰英的公公婆婆说这是他们自己的事情，做父母的不干涉他们的事情，只要混得好在哪里都行。兰英父母表面上说由闺女和女婿自己做主，但心里还是希望闺女能住在自己身边。一家人在找合适的房子，最后找着一个离街道不远的院子，院子的主家沿街盖起了楼房，孩子都在县城有正式工作并且都在县城买了房子安了家，所以，就把老院子卖掉，否则时间长了房子没有人住也会坏掉的。由于是在村子里房子的价格不高。兰英的公公婆婆一分钱也没有出，镇庆跟儿子们说闺女买房一分钱也不出，其实还是偷着给闺女出了一些钱。兰英和丈夫把房子和院子都重新收拾了一下，然后就搬过来住了，婆婆家的房子还留着，平时公公婆婆帮着照看一下，过年过节的时候回去住，那毕竟是真正的"根据地"。

兰英平时很少去婆婆家，都是丈夫经常回去帮着父母干点活，他两口子的承包地由父母耕种了，麦收秋收之后公公婆婆会让他们来拉一些粮食，够他们一年吃的。婆婆家"院"里有婚丧嫁娶这些事的时候，兰英两口子也要回去参与，与在家住没有两样。

兰英怀孕了，临产前送到了县医院，在医院里顺利生下了一个女孩，一家人很高兴。出院后兰英和孩子直接回到婆婆家的房子里，婆婆在家伺候兰英坐月子。孩子三天、十二天的时候，兰英的母亲还有婶子都带着礼物去婆婆家看孩子。孩子满月的时候，婆婆办了满月宴，两边的女性亲戚去了很多人。出了满月，兰英和孩子又回到于庄的那个家，因为她还要帮着照看超市，兰英和她母亲一起照顾孩子，婆婆抽空也来帮着照看照看孩子。孩子的户口上在了兰英婆婆家。孩子生日的时候，婆婆在家给孩子举办了生日宴。

在于庄，兰英是以出门子闺女的身份参与"院"里的婚丧嫁娶等事务的，但是，她又比一般的出门子的闺女参与得多。她结婚后把户口迁到了婆家，在于庄的承包地被收回了。

兰英的闺女四岁的时候，她又生了个男孩。孩子生日、满月都是在婆婆家过的。

后来闺女大了，在于庄上幼儿园。兰英很庆幸，在婆婆村里没有幼儿园，孩子想上幼儿园的话就得去县城上或者来于庄上，那样的话就太麻烦了。

兰英父母跟兰英和她的弟弟们说，这家超市他们三人每人一股，因为一开始开的时候，兰英确实出了不少力。但是父母去世后属于父母的财产只是两个弟弟分，兰英没有份。父母觉得这是村里的习俗，只有这样才不会给三个孩子制造矛盾。

案例4：

广根有两个孩子，大的是闺女，小的是儿子。闺女高中毕业没有考上大学，自费上了个英语学校，英语学校毕业后被学校推荐到南方的一个私立学校教英语，在那里干了两年。她一个亲戚通过关系把她安排到于庄乡教委。她自己在初中的时候谈了个对象，两个人经常联系，后来就嫁给了那个小伙子，那个小伙子的家在离于庄不远的一个村子里，和于庄同属于一个乡。由于上班的缘故，结婚后闺女基本上就住在娘家，小伙子在外地打工。小伙子父母是一个村的，也就是说小伙子的父亲找了个当村的媳妇。小伙子上面有一个哥哥，哥哥身体有残疾，娶了个有残疾的媳妇。媳妇怀孕后到医院检查，医生说怀的孩子有问题需要流产，否则生下来也是残疾。做了流产后，媳妇再也没有怀孕。

正好赶上于庄街道进行城镇景观改造，广根母亲的房子属于拆迁范围，村里又在临街的地方给规划了一个很好的宅基地，按照村里的统一要求，新宅基地必须盖二层商住两用的楼房。广根一家人就萌生了想在新宅基地上给闺女盖楼房的想法。广根上面有一个姐姐，下面还有一个弟弟，弟弟在外地上班。父亲前几年因病去世，母亲一个人在老院子里生活。弟弟曾经回家和哥哥商量老母亲的赡养问题，广根和老婆一起把弟弟给骂了个狗血喷头，弟弟窝着一肚子火就回去了，弟弟始终不明白哥哥、嫂子想干什么，本来是找他们商量老人的赡养问题，他们却无理取闹。并且哥哥嫂子始终只字不提老房子拆迁的事，也不提村子里新给新宅基地的问题。哥哥、嫂子老是通过别人给弟弟传话，而从来不跟弟弟正面说，说对老母亲的赡养他们出力，让弟弟出钱给他们，至于出多少钱呢，随便给，多了就多给少了就少给。弟弟感到很奇怪，他每月都给老母亲生活费，足够老母亲生活的了，哥哥嫂子他们还想让弟弟再给他们一份永远也没有标准的钱。弟弟想无论如何扒老房子的时候总得跟自己说一声吧，老母亲如何赡养这个问题不商量好是不能擅自扒掉老房子的。哥哥其实是故意在和弟弟搞一笔糊涂账，老房子不扒掉，新宅基地不让动工盖楼，如果和弟弟说了新宅基地的事，弟弟绝对不会让出了门子的侄女来占这个宅基地的，因为这个宅基地是属于老母亲使用的，如果不说的话，哥哥嫂子自己也觉得情理上说不过去，他们就动了歪脑筋。广根的妻子给广根的姐姐打电话说广根给他弟弟打电话商量扒老房子的事，结果电话打不通，她让姐姐再给弟弟打电话回来扒房。姐姐就给弟弟打电话，弟弟没在家，弟弟媳妇接的电话，姐姐跟弟媳妇说让弟弟回家扒房，弟媳妇说丈夫不在家，姐姐就把电话挂了。姐姐就让自己参军在休假的二儿子帮着扒房去了，扒房的时候广根躲出去了，广根媳妇跟来帮着扒房的二外甥说让他姥姥搬到他小舅家住不行吗？

老房子扒掉了，广根把村里给的拆迁补助费放在自己兜里了，也没有跟老母亲说，老母亲被安排在广根儿子家的一间房里，后来孙子媳妇不满意了，又搬到广根院子里的一间房里，后来广根媳妇又让老太太搬到孙子家，来回折腾了好几次，意思很明显就是要把老太太挤对走，广根媳妇说老太太你不是一个儿子凭什么只在我家住，不去老二家住。

广根的闺女想占她奶奶的新宅基地盖楼房，她也想让公公婆婆给出些钱。她公公觉得你在娘家占奶奶的新宅基地，又不让叔叔知道，这本身就不对，公公不同意儿子和媳妇在于庄盖楼。为此，广根的闺女还当着她父亲的面和公公公开吵了一架。广根的女婿愿意在于庄盖楼房住，因为这是个很值钱的宅基地。有老岳父做主，管他谁的呢，先占了再说。楼房盖起来了，广根的闺女和女婿搬进来了，外面一层的商铺出租出去了，每月600元的收入也归广根的闺女所有了。广根的母亲在广根的院子里住一间房，广根媳妇经常想起年轻的时候和婆婆之间的矛盾，现在对婆婆开始报复了，弟弟和弟媳妇回家看看老母亲也遭白眼。广根很会说，他母亲跟他过了，弟弟愿意管呢就管，不愿意管呢就不管，别人管他也不放心。过年的时候，弟弟等着哥哥和嫂子安排怎么回家过年呢，哥哥嫂子一直不跟弟弟和弟媳妇说过年回家住哪里。弟弟和弟媳妇觉得没法回家过年。老房子没有被扒掉的时候过年和老母亲住在一起，现在没法住了。

广根结婚时父母盖的房子也属于拆迁范围，广根把老房子扒掉给儿子盖起了一栋商住两用的二层小楼，儿子结婚后住进了小楼，铺面房出租了。

广根的闺女和女婿搬进在于庄盖的新楼房里面。丈夫在外地打工，过年过节的时候两个人在婆婆家住上一天然后就回来了。结婚一年多，广根的闺女怀孕了，临产前几天送到医院，在医院顺利生下了一个男孩，出院后直接到了婆婆家去坐月子，住在结婚时婆婆家给盖的新房子里。婆婆伺候儿媳妇坐月子，孩子三天、十二天的时候，"院"里关系近的女性亲属都去婆婆家看孩子，带着钱和礼物。满月的时候，婆婆家给孩子办了满月宴，关系近的女性亲戚朋友都去喝满月酒。出了满月，广根的闺女就带着孩子回到了于庄的家。孩子生日的时候，婆婆家又给孩子办了生日宴，女性亲戚朋友去给孩子过生日。广根的闺女和她丈夫当天回到婆婆家，中午给孩子过完生日，下午就回来了。

孩子上户口的时候，广根让闺女把孩子的户口上在了自家的户口簿上，广根闺女的户口结婚后没有迁到婆婆家，还在她父母家的户口簿上。孩子依然随父姓，按照他家的字辈起了名字。广根的闺女从孩子会说话的时候就教孩子叫她父亲"爷爷"，叫她母亲"奶奶"，她父母也不给她纠正，还很乐意听孩子叫他们"爷爷奶奶"。邻居有人提醒广根一家人别让孩子乱叫，该叫什么就叫什么，闺女不是招女婿。广根的亲家也善意地给广根一家提醒过别让孩子乱叫，他们不听。亲家也跟自己的儿子说起过这个事，他儿子说叫什么都一样，只要保证叫你们个"爷爷奶奶"就行。女婿的父亲拿着儿子也没有办法，只得任其自然，爱叫什么就叫什么吧。

广根的女婿在外地打工，婆婆家"院"里有婚丧嫁娶这样大事的时候，女婿回来不了，广根的闺女也经常以上班忙没有时间为借口而不参与，甚至有的时候份子钱也不随。而对于娘家"院"里的婚丧嫁娶这样的大事，她经常以儿子的身份积极参与，以期获得"院"里人对她特殊身份的认可。广根闺女的孩子大了，在于庄上幼儿园、上小学。广根的闺女总是跟孩子讲他是于庄人。

三　新户型从妻居家庭关系分析

相对于传统的从夫居和从妻居而言，新户型从妻居是一种新型的婚居模式。在新户型从妻居这种婚居模式中，家庭关系和夫妻关系发生了一些微妙的变化。

1. 丈夫与自己原生家庭的关系

传统的从夫居模式中，丈夫与原生家庭成员生活在同一个村落中，处于同一空间结构之中。在新户型从妻居中，丈夫不是与原生家庭成员共同生活在一个村落里，而是与妻子的原生家庭成员生活在同一个村落中。丈夫与自己原生家庭的空间距离大于丈夫与妻子原生家庭的空间距离，小家庭日常生活的重心转移到妻子原生家庭所在的村落。但是，丈夫与自己原生家庭的关系并没有因为空间距离的变化而出现本质性的变化，只是出现了"根"与生活空间和生活重心的分离。"根"依然在自己的原生家庭及原生家庭所在的村子里，无论是在村里人心中还是在父母心中，他永远是"自己人"，这一点和上门女婿是不同的。户口还在自己村子里，在自己村子里还有承包地，结婚时父母也依然给盖了房子，孩子依然随父姓。农忙季节，也要回去把承包地里的庄稼活忙完，过年过节的时候要回老家过年，"院"里有红白大事的时候一样参与，只是村子里有红白大事的时候，作为"庄乡"根据平时所处的关系决定是否参与，关系走得近的抽时间参与一下，关系走得不很近的也就算了。

在丈夫的父母看来，儿子一家人尽管不经常在家住，但还是"自家人"，过年过节还是要回来的，守着自家的家谱，和做了上门女婿的儿子是不一样的。自己村也没有什么村办企业，外出打工、背井离乡的，家不像个家，对家庭和孩子都没有什么好处。一家人在媳妇娘家住，夫妻两个都可以在村办企业上班，或者在街上做个生意，孩子可以在乡里最好的幼儿园和小学上学，也不用专门接送，省了好多的麻烦。所以，父母不反对儿子一家人到媳妇娘家去生活。也可能稍微会有些失落。在日常生活中对孙子、孙女的照顾就少了，与孙子、孙女们之间的情感受到一定程度的影响。

2. 丈夫与妻子原生家庭的关系

在新户型从妻居这种新的婚居模式中，丈夫与妻子原生家庭的空间距离近了，与妻子原生家庭的心理距离也近了。由于空间距离和心理距离的渐近，传统的婚居模式所建构的一些社会关系被消解，而新的社会关系被重新建构。岳父母希望女儿一家人在自己身边生活；社会变革为某些家庭这种希望的实现提供了条件。在传统观念中，女儿结婚后成了"外人"，女婿自然也是"外人"，孩子们作为外孙子、外孙女也是"外人"。由于女儿一家人在父母身边生活，日常来往多一些，岳父母对女婿、女儿和外孙子、外孙女的照顾多一些，甚至在孩子小的时候，帮着女儿和女婿照看孩子。同样，女婿在日常生活中对岳父母的照顾也多一些。农忙季节，女婿会帮着岳父母家干农活。"院"里有红白大事的时候也以女婿的身份参与，拓展了女婿参与的范围，村里有红白大事的时候也会以庄乡的身份参与。这逐渐消解着女婿和女儿是"外人"的界限。女婿与妻子的弟弟和哥哥们基本没有什么利害冲突，相反，关系可能还更近一些。过年过节是一家人团聚的时刻，除此之外，年节还具有区分"自家人"和"外人"的功能。过年过节的时候女婿会到自己父母家团聚。

3. 妻子与婆家的关系

妻子与婆家的关系和从夫居模式中妻子与婆家的关系没有本质的区别。妻子是婆家的"自己人"，她的"根"在婆家而不是娘家。不管她的户口是结婚后迁到婆家，还是为了在娘家获得更多的利益而没有迁户口，结婚嫁到婆家这个事实就是她成为婆家"自己人"的标志性仪式。她的婚房在婆家，她的孩子随父姓，她去世后落叶归根到婆家的坟地，名字写到丈夫家的家谱上。由于妻子日常生活的中心是在娘家而不是婆家，减少了婆媳之间的矛盾和冲突。

4. 妻子与自己原生家庭的关系

妻子与自己原生家庭的关系和从夫居模式中妻子与自己原生家庭的关系也没有本质上的区别，只是和自己原生家庭的空间距离近了，与自己父母和其他家庭成员的交往频繁了。妻子能够在日常生活中更多地照顾自己的父母，父母也能帮妻子照顾孩子或做一些其他的家务等。但是，妻子作为嫁出去的女儿仍然是"外人"，对于父母与哥哥嫂子、弟弟弟媳之间的家务事不能过多参与，否则会引起家庭矛盾。为了能分到宅基地或保留承包地，有的女儿出嫁后不把户口迁走，从法律上说仍然是于庄人，但这不能消除结婚出嫁这一事实使她成为"外人"在人们的心目中的想法。妻子以"自己人"的心态和"外人"的身份在娘家生活。

在妻子的父母看来，女儿和女婿一家人在自己身边生活是好事情，只要不涉及和儿子们争夺利益的事情，一家人就不会发生大的矛盾和冲突。在妻子的哥哥嫂子和弟弟弟媳妇看来，姊妹一家人在娘家生活会减轻他们照顾父母的压力，多少对他们也会有帮助，生活上能相互照应一些，一般情况下，不会排斥姊妹一家人。

5. 夫妻关系

新户型从妻居的夫妻关系和传统的从夫居的夫妻关系没有本质上的差别，与从妻居的夫妻关系有些差别。由于与妻子原生家庭空间距离较近，在日常生活中与岳父母家来往多，彼此照顾得也多，在某些方面对岳父母的依赖程度也高，丈夫不免有些客居的感觉，这对夫妻关系有一定影响。丈夫对妻子及其家人的尊重程度提高了，妻子也能感受到丈夫对自己家人的尊重和友善。由于妻子与婆家空间距离增大，在日常生活中接触得少了，婆媳之间发生矛盾和冲突的可能性小了，甚至不会发生冲突了。孩子由姥爷和姥姥照管，婆婆觉得对媳妇和孙子、孙女有所亏欠，这也减少了婆媳之间冲突的可能，使婆媳彼此之间能够互相尊重。婆媳关系是影响夫妻关系的一个重要外在因素，良好的婆媳关系有助于良好夫妻关系的形成。

在这种婚居模式中，夫妻以从事工商业为主。夫妻一方或双方都在于庄的企业里上班，或者是夫妻一方或双方在于庄做生意。都有自己的工作，都有自己的收入，没有一方依赖另一方的情况。在家庭事务中，夫妻都有话语权。由于是在妻子娘家的一亩三分地上，夫妻之间发生矛盾的时候，丈夫不会对妻子进行家庭暴力。

四　新户型从妻居当事人的困惑

新户型从妻居的婚居模式是一种基于城镇化所提供的相对优越的条件，通过利益和习俗的博弈而产生的新的婚居模式。在适宜传统婚居模式存在的社会环境里，新户型从妻居模式使婚姻当事者双方面临着一些现实的困惑。身份认同问题是新户型从妻居当事人的困惑。

于庄的城镇化虽然催生了新户型从妻居这种新的婚居模式，但是并没有使婚姻当事者双方与孩子获得村民身份。依然强势的从夫居习俗和以户口为依据的村民身份的确认使这种新型的从妻居处于一种尴尬的境地。他们只是客居在娘家的亲戚，不能参加村里的村民选举和其他政治活动，不能在村里分到责任田，村里也不给他们划分宅基地。他们不是失去了这些权利，只是由于空间的错位和现行法律制度的规定，不能在他们生活的社区行使这些权利。而他们又不生活在可以行使这些权利的村落。另外，他们也不能融入妻子的家族，只能以亲戚的身份参加"院"里的红白事。俗话说"嫁出去的姑娘泼出去的水"，姑娘结婚后的身份就由村里人变成了"外来人"，当然，丈夫及孩子都是"外来人"。到过年的时候才觉得自己是"外来人"了，村里的习俗是"过了门"的姑娘不能看娘家的家谱，所以，一家人必须得回到婆家去。现在在娘家生活比在婆家好，但也不知道以后怎么办。有事盖公章的时候还要跑到婆家的村里去，因为户口在婆家村里。

随着城镇化的发展，于庄出现了村民和居民的区分。村民是村庄的正式成员，而居民则是居住在于庄，但不享受村民待遇的人员，居民主要是外来人口。于庄界定村民身份采取两个标准，第一个标准是户籍；第二个标准是财产关系。获得村庄户口的主要途径是婚姻和生育，娶过来的媳妇或招赘来的女婿都可以获得村民身份。

在于庄，外来人口被分为外地人和本地人。村民习惯上通过空间距离区分外地人与本地人。他们所说的外地人是指来自本县以外的人，他们与于庄人有很大的差异，也称为外乡人。外地人来自一个与村庄或村民完全没有社会关系的世界。在于庄，他们是陌生人，无论是在空间距离还是在社会距离上，他们都与村庄隔得都很远。由于很难融入当地社会，外地人以家乡为纽带不自觉地构建了与本地社会没有关系的老乡群体。与外地人相对应的概念是本地人，来自本县内的称为本地人，本地人在于庄打工或做生意的称为外村人。本地人也是于庄之外的人，但他们与于庄的村民有着复杂的社会关系。首先是多重的亲戚朋友关系，邻近村庄之间的婚嫁是经常发生的，由此形成了本村人与本地人之间复杂的亲戚关系。本地人进入于庄的时候首先不是以个人的身份，而是以于庄村民亲戚朋友的身份进入于庄的。外来人口在于庄没有承包地，也没有分得宅基地的权利，所以，外来人口在于庄只能租房子住或做生意。不管是外地人，还是本地人，作为外来人口，他们都缺乏参与于庄公共事务的途径，他们被排除在于庄的公共事务之外。在外来人口还没有形成一定规模的时候，他们不能通过组织形式表达自己的利益要求，也不能通过自己的舆论干预村庄的公共事务。他们来于庄的目的是获取经济利益。由于没有融入村庄，不能干预村庄的"政治"，他们成为被"村庄政治"边缘化了的群体。

新户型从妻居的双方当事人属于外来人，但又不同于一般的外来人，他们是居民而不是村民。一个村民非常形象地说，不管现在怎样，叶落归根，你们住在娘家，可你们的"根"在婆家。死后你们总得埋到婆家的坟地去吧，娘家的坟地哪有埋你们的地方。他们不是于庄的"实在户"，心里不踏实，村里有事的时候才觉得自己是"外来人"了。人虽然住在于庄，却没有家的感觉，总觉得缺点什么东西似的。

他们通过怎样的途径才能获得村民身份，融入所在社区？他们的孩子是哪里人？新的婚居模式是否意味着女性地位的提升？

第四节　养老观念与生育观念的变化

伴随着婚居模式的多元化而出现的现象是养老观念和养老模式、生育观念和生育行为的多元化。

一　养老观念与养老模式的变化

"养儿防老"是中国几千年来形成的与货币经济不发达的农耕文明相适应的养老观念，在传统的农业社会，相对贫乏的养老资源的获取是与身份和居住地密切相连的，居家养老基本上是唯一的养老方式。和农耕文明相适应的婚居模式以从夫居为主（究其实质，从妻居也是一种变相的从夫居）。在这样的社会中，女儿和儿子对父母养老的价值是不同的，儿子能为年老的父母在养老方面提供更多的帮助，法律和道德、风俗强化着儿子赡养年老父母的义务，年老的父母对儿子的依赖程度远远高于对女儿的依赖程度。这种养老观念影响着生育观念和生育行为，形成较为强烈的男性偏好，为了生儿子，不计成本不计代价，甚至以牺牲女儿的利益为代价。实行家庭联产承包责任制后，生产队作为一个共同体被消解，家庭不再作为一个基本单位被隐匿在生产队这个大的共同体背后，家庭和家庭成员不再通过生产队这个生产共同体与土地紧紧捆绑在一起，而是直接面向社会获取更多的资源。实行家庭联产承包责任制后，国家为农民提供了较大的经济活动空间，乡镇企业的发展和农村城镇化的推进及城市发展对劳动力的需求，为农民实现收入的多元化提供了条件和基础，也为农民实现居住空间的多元化提供了条件和基础。农民的养老观念发生了变化。传统的居家养老和依靠儿子养老的观念逐渐被养老方式的多元化这种更时尚的观念所代替。

于庄村办企业的发展和城镇化的推进催生了新户型从妻居这种新的婚居模式，在这种婚居模式中女儿和儿子都和父母处在同一村落空间中，相同的空间距离使女儿也能像儿子一样更方便地赡养年老的父母。居住空间的增加、居住条件的改善也使嫁到于庄的媳妇有能力把自己的父母接到于庄来赡养。于庄社会化服务的发展也为老年人居家自己养老提供了便利条件，喜欢安静独处的老年人不想给子女添麻烦，在自己还有一定的生活能力的时候，就在于庄的餐馆订饭，餐馆有专门的为老年人送餐的服务，于庄还出现了家政服务业，专门为孤寡老人提供上门服务。这对于有一定经济承受能力的老年人来说，靠自己养老是可能的。社会条件的变化使于庄人的养老观念和养老行为发生了变化。于庄出现了四种养老模式：一是传统的儿子养老；二是儿女共同养老；三是以女儿养老为主，儿子辅助养老；四是居家自我养老。在履行赡养年老父母的法律义务中，女儿和儿子一样已经能够参与对父母的赡养，较好地履行自己的赡养义务，在这一方面法律规定的义务与这种新风尚的要求是一致的。但是另一方面在行使继承权继承父母遗产的时候，女儿不能和儿子一样平等地享有自己的权利，儿子而不是女儿继承父母遗产的传统风俗依然是指导人们处理父母遗产问题的行为准则。

1. 传统的养老模式——儿子养老

儿子养老依然是主要的养老模式。如果家里就一个儿子的话，或者是儿子和父母不分家，或者是儿子和父母分家，不管是分家还是不分家，到父母年老的时候，儿子要承担对父母的赡养义务，负责父母的衣食住行，父母生病的时候要陪护，出医药费等，父母去世后要给父母送终。如果家里有几个儿子的话，儿子们要通过协商达成赡养父母的分工协议。如果有儿子也有女儿的话，女儿不参与讨论儿子们赡养父母的协议。在这种养老模式中，女儿被排除在赡养分工之外，但是，女儿可以做一些她自己认为对于父母来说有必要的事情。比如，给母亲洗洗头、洗洗澡等之类的儿子们不方便做的事情，或给父母买些好吃的东西。父母去世后，儿子们协商分配父母的遗产，女儿则被排除在外，女儿始终是被作为"外人"来看待，这种安排和分工虽然不符合现行法律的要求，女儿赡养年老父母的义务被善意地剥夺，但也符合农村社会的习俗，被认为是合乎情理的。由于女儿被排除在赡养之外，有些底气不足，所以，女儿在与哥哥、弟弟们的交往中始终有些不硬气的感觉。

在这种养老模式中，儿子承担赡养父母的名分，其实是儿子家尤其是儿子媳妇承担着照顾年老父母的实质性工作。男主外、女主内的传统家庭分工模式依然在无形中发挥着作用，照顾老人是属于家庭内务工作，理应由妻子承担。所以，年老父母养老的质量取决于两代人之间的关系好坏，尤其是取决于婆媳关系的好坏，也取决于家庭中儿子夫妻两个合作的情况。由于年轻时婆媳不睦而在婆婆年老时媳妇对婆婆进行报复的情况也有，这无形中给儿子增加了压力，让儿子很没有面子，因为这种情况儿子夫妻两个吵架的情况也有。

和生产队时期的养老不同，这个时期年老的父母或多或少都有一定的货币储蓄，减少了对儿子经济方面的过度依赖，心里踏实多了。年老的父母也经常通过给孙子孙女们一些物质方面的实惠换取较好的赡养环境。

2. 子女协同养老的模式

这种养老模式是在生产队时期不曾有过的养老模式。在这种养老模式中，女儿和儿子一样承担起赡养年老父母的义务。在父母年老需要子女赡养的时候，一般是长子或长女召集所有的子女一起协商如何分工赡养父母的问题，儿媳妇和女婿一般不参与协商，但是，在儿子或女儿参与协商之前，儿子和媳妇、女儿和女婿在自己家里就已经协商过了，所以，儿子和女儿的意见基本代表他们自己家庭的意见。在表面上，儿媳妇和女婿是被作为外人排除在外的，实际上他们在各自的小家庭也参与了父母赡养问题的协商。

女儿和儿子一样承担起赡养父母的义务，承担父母生病住院所产生的费用和日常的生活费用。这种安排和分工符合现行法律的规定，也符合社会发展的要求。父母过世后，女儿有权继承父母的遗产。但是，由于农村宅基地等不动产是与村民的身份和户口相联系的，所以，女儿在继承父母遗产方面存在实际的困难。在于庄所出现的这种新的养老模式中，女儿一般都是放弃对父母遗产的继承。宅基地和房屋等不动产由儿子们继承。在社会舆论中，大家还是比较支持女儿和儿子一样承担赡养父母的义务。但是，社会舆论不支持女儿像儿子一样继承父母的遗产。对于女儿来讲，承担的赡养父母的义务与继承父母遗产的权利是不一致的，女儿一家人在和哥哥或弟弟一家人交往中是比较有底气的，没有那种亏欠的感觉，相反，哥哥或弟弟一家人则有一种亏欠的感觉，因为这毕竟是传统风俗所不允许的。女儿一家人确立了在娘家人中的威信，这种威信的确立是以遗产继承权的放弃或继承权的不能实现为代价的。

3. 以女儿为主、儿子为辅的养老模式

这也是生产队时期所不曾出现的养老模式。在这种养老模式中，女儿承担了较多的养老义务，而儿子则承担了较小的养老义务。出现这种情况的原因一般是女儿的经济状况比较好，女儿和女婿的关系比较和睦，而儿子的经济状况不太好，或者是公公婆婆与儿子和儿媳妇两代人之间的关系不睦甚至关系恶化。受他们不良关系的影响，女儿与儿子和儿媳妇的关系也不会太好，但也不会弄得太僵，女儿总会做些让步，因为父母过世后有些事情还得由娘家的哥哥或弟弟们操持。年老的父母一方过世，女儿把父亲或母亲接到自己家里，尽自己的赡养义务，儿子和媳妇基本不管，到快过年的时候儿子会把父亲或母亲接回家过年，过完年又被女儿接走。一年中绝大部分的时间是在女儿家里度过的。父亲或母亲病重生命垂危的时候，女儿会通知儿子把父亲或母亲接回家，免得在女儿家过世，客死异乡，如果那样的话女儿和儿子都觉得不好，心里会不安的。父亲或母亲过世后遗产由哥哥或弟弟们继承，女儿放弃或不要求继承父母遗产。如果有几个女儿的话，女儿们会协商轮流照顾父亲或母亲。在这种养老模式中，女儿不但尽了自己对父母的赡养义务而且替代哥哥或弟弟尽了赡养义务，放弃或不要求自己对父母遗产的继承权。无论是对女儿来说还是对儿子来说，他们享受的权利与履行的义务是不一致的。

　　汝霖有五个女儿和一个儿子。受传统观念的影响，一家人对这个唯一的儿子疼爱有加。儿子结婚后，媳妇和婆婆关系不睦，经常吵架，分家单过也不能解决婆媳之间经常吵架的问题，公公因为婆媳之间的矛盾也经常迁怒于儿子，父子俩的关系也出现了嫌隙。20世纪80年代初，女儿相继结婚，汝霖病逝。汝霖病逝后只剩下老太太一个人生活。老太太的承包地由儿子帮着耕种，秋收和麦收之后，儿子给老太太送一些玉米和小麦。老太太生病住院，基本上是几个女儿轮流照顾，并且几个女儿均摊了老太太的医药费。90年代中期的时候，老太太自己一个人生活不能自理了，几个女儿合计着把母亲接走，在几个女儿家轮流住，快过年的时候儿子把老母亲接回家，过了正月十五，女儿们又把母亲接走。几个女儿之间关系较好，走动比较频繁，但是她们与娘家哥哥（弟弟）的关系因为母亲不好，平时基本没有来往。老太太现在九十多岁了，仍然由几个女儿轮流赡养。除了过年以外，孙子们结婚的时候，老太太被接回来，很快又被接走。

4. 居家自我养老的模式

这种养老模式也是生产队时期不曾有的。自我养老是因为老人身体健康，喜欢独立，而且有一定经济实力，或者子女们具有一定经济实力给老人足够的钱财，子女在外地工作。再者，居住地区的社会化服务较好，能满足老年人的生活需要。于庄村办企业的发展和城镇化的推进促进了第三产业的发展和繁荣。除了县城的一些服务业务向外延伸到于庄之外，于庄人自己也根据市场需求发展了一些业务，其中为农村老年人衣食住行服务的业务应运而生，有的小餐馆上门送餐，家政服务业也能为老年人整理家务、清理卫生等。

绍光夫妻两人是居家自我养老的典型代表。老两口七十多岁了，承包地转包给了别人，每年秋收和麦收后，承包者送给绍光老两口几百斤小麦和玉米。家里沿街的四间平房城镇景观改造后扒掉，在原地坐西朝东盖起了商居两用的二层小楼，坐北朝南盖起了两间平房，老两口住在两间平房里，二层小楼的底层四间出租出去，每月800多元的租金收入。上层四间作为孩子们的住房，过年过节的时候孩子们回来就住在上面。绍光有两个孩子：一个女儿，一个儿子。女儿大学毕业后在济南工作，结婚后在济南安家。儿子研究生毕业后在德州市工作，结婚后在德州安家。女儿和儿子动员父母和他们一起住，老两口喜欢过清静的日子，离不开家，就在老家生活，居家养老。自己想做饭就在家做点简单的，不想做饭就到街上的餐馆吃，或者打电话叫餐馆把饭送到家。家里的卫生和大件的衣物和被褥，自己能清洗的就清洗，自己不能清洗的就请家政服务的来帮着洗。生活得很清静也很安逸。

在这个时期于庄还没有人到收费颇高的养老院养老。

二 生育观念和生育行为的变化

婚居模式的多元化、养老观念的变化和养老方式的多元化、收入的多元化、孩子养育和教育成本的增加及对现代人生活理念的认可等诸多因素影响着年轻一代的生育观念和生育行为。于庄人生育观念的变化表现在：一是多子多福的传统观念受到挑战，年轻人不愿意生太多的孩子，因为孩子多了影响职业发展；二是生育的性别偏好表现得不再那么明显、那么强烈，生男生女都一样。

1971 年党中央提出实施计划生育政策。1982 年 2 月，党中央提倡一对夫妇只生育一个孩子。从计划生育政策的提出到落实，农民为了实现自己的生育意愿与执行计划生育政策的基层政府和村级组织进行了博弈，基层政府和村级组织通过罚款、扒房等合法与非法的手段落实计划生育政策，控制超生现象。但是，强烈的男孩生育偏好使农民不惜一切代价实现生育意愿。生产队时期，可以通过组织行为采取强制措施实施绝育手术，家庭在与政策的博弈中处于劣势。实行家庭联产承包责任制以后，农民与基层政府博弈的空间增大，农民可以通过流动的方式逃避生育监管，最大程度地实现自己的生育意愿。1984 年，党中央提出生育政策调整，各地普遍实行了农村独女户可以生育第二个孩子，于庄也在执行这个后来被称为"一孩半"的计划生育政策。但是，这个政策仍然不能满足农民的生育意愿，连续生两个女儿的家庭冒风险与现行的计划生育政策进行博弈，直到生出儿子为止。生有一儿一女的家庭不愿意冒风险与计划生育政策进行博弈，停止了生育行为。从于庄的情况来看，从实行家庭联产承包责任制到城镇化之前的这段时间生育的性别偏好比较强烈，而且性别偏好实现的程度比较高。于庄村办企业的发展和城镇化的推进改变了于庄的产业结构，第二、第三产业得到较快的发展，于庄村民的职业结构也发生了很大的变化，从事非农产业的人数增加，从事农业劳动的时间减少。而且，农业机械的大规模使用进一步降低了农业生产的劳动强度和劳动时间，使村民有更多的时间从事非农生产，与此相适应，村民的收入结构发生变化，货币收入水平提高。

对于年轻的一代于庄人来说，追求生活质量和生活享受成为时尚，养育多个孩子耗费过多的精力不是年轻一代父母的选择，他们希望有更多的时间和精力去挣钱，只有有了更多的钱生活质量才能提高，这是不言自明的道理。年轻的父母对自己孩子成长的期望相对于他们的父母辈对孩子成长的期望而言要高得多，他们对孩子成长的投入也较他们的父母辈对孩子成长的投入大得多，各种特色的幼儿园和各种形式的小学、初中、高中为年轻一代父母实现为自己孩子提供更多、更好的教育的高期望提供了条件，各种各样的教育产品充斥着市场，能够满足年轻父母对孩子的教育与成长的投入，这一切的变化使他们感觉到现在养育一个孩子可不比从前了。所以，不知不觉中他们的生育观念和生育行为发生了变化，形成一种新的生育文化，一旦形成这种生育文化就会在无形中左右着年轻父母们的生育观念和生育行为，形成一种循环。

收入结构的变化与货币收入的增加，使年轻一代父母对自己未来的养老生活相对于他们的父母辈而言有了不同的期望与规划。在他们的潜意识中，他们更强调养育好孩子是自己做父母的责任和义务，孩子健康成长，将来有所成就，有所建树就是对父母最好的回报，他们基本上不期望着自己养老要依靠孩子，最起码不指望着像传统社会那样依靠儿子给自己提供经济和劳务方面的帮助。自己晚年生活的幸福与否取决于自己能挣多少钱。

婚居模式的多元化打破了女儿和儿子与父母居住空间上距离远近的差异，女儿和儿子对于父母而言这种性别差异所导致的与父母关系远近的差异正在消失，甚至在很多方面女儿比儿子还要更好一点。年轻一代的父母性别偏好正在消失。

所以，优生优育、少生优生成为他们的生育追求。

第五节　"自己人"和"外人"界限的变化

费孝通先生在《乡土中国》中把中国传统社会的社会结构概括为"差序格局"，并且用了一个形象的比喻说明这种社会结构，中国社会结构就像丢在水里的一个小石子荡起的涟漪，一圈一圈向外扩展出去。圈里的都是"自己人"，圈外的都是"外人"了，"自己人"和"外人"的界限也不是固定不变的。而且这个圈子的大小也是不确定的，势力大的圈子就大，反之，势力小的圈子就小。具体到乡村社会来说，由于传统社会中"王权至于县"，县以下的乡村主要依靠族权进行管理，一个家族就是一个基本的社会单位，一个家族里面成员关系的远近用"服"来衡量，五服是个界限，五服之内是"自己人"，五服之外是"外人"了。

传统社会是农耕文明的社会，与这种经济形态和经济状况相适应的婚居模式是从夫居（从妻居是一种变相的从夫居），是一种男娶女嫁的婚嫁形式。从性别的角度说，这个差序格局的圈子永远是男性的圈子，女性从小到大要经历角色和居住空间的变化，而男性则基本不经历居住空间的变化（少数的招赘婚除外）。女性在自己的原生家庭长大，作为女儿首先是一个潜在"外人"的"自己人"，没有出嫁之前是"自己人"，出嫁之后是"外人"了，嫁到婆婆家之后就成为婆婆家的"自己人"了。娘家人对嫁出去的女儿有许多禁忌，如不允许在娘家过年，过世后不能上娘家的家族等，这些禁忌其实就是强化嫁出去的女儿是"外人"这种界限。从血缘关系上说，女儿就是"自己人"，从礼上说，嫁出去的女儿就成了"外人"了。嫁出去的女儿尽量不要参与娘家的家务事，否则会引起不必要的麻烦，因为作为"外人"被剥夺了在娘家家务事上的发言权。嫁出去的女儿熬到姑奶奶辈的时候，她在娘家子侄中的受尊重程度倍增，在娘家人的家务事中有一定的发言权了。婆媳关系是比较难处理的关系，婆婆要把一个与自己没有血缘关系的"外人"接纳为"自己人"是需要一定时间磨合的，这期间少不了"斗争"，尤其是当与自己有血缘关系的"自己人"——女儿，嫁出去成为"外人"的时候，那种失落感会进一步增强婆媳之间的"斗争"。媳妇和婆婆家的大姑姐小姑子之间的关系也是一种很微妙的关系，这种彼此之间"自己人"与"外人"角色的转换也要经过一定时间的适应。媳妇要像丈夫一样当面称呼公婆为爹娘，以强化"自己人"的角色，不当面的时候可以称呼公公和婆婆。媳妇不改口称呼公婆为爹娘是要遭人耻笑的，认为是不懂礼数，没有家教。女婿对于岳父母家来说更是"外人"了，女婿是岳父母家的贵客，女婿开口称呼岳父母为爹娘是很难为情的事情，如果一个女婿像儿子那样经常称呼岳父母为爹娘是要遭人笑话的，女婿被认为要和岳父母刻意保持一定的距离，不能去岳父母家走动得太频繁。

新中国成立后，政府依靠政治、经济和文化的力量逐步消解了传统社会家族的影响，把每个社会成员纳入政府的直接管理之下。在农村则通过生产队这个最基本的生产单位把农民以社员的身份组织起来进行生产劳动。一个生产队是一个利益共同体，一个生产大队也是一个大的利益共同体，新的社会组织赋予差序格局一种新的内涵，相对于其他生产队来说，一个生产队的都是"自己人"，相对于其他生产大队而言，一个生产大队的都是"自己人"。建立生产队并没有完全消解掉家族的轮廓，存在于民间话语中的"院"大体描述了传统社会中家族的轮廓，血缘关系依然按照差序格局在起作用。遇到婚丧嫁娶这些人生大事的时候，一个"院"会按照差序格局被动员和组织起来。当嫁出去的姑娘在婆家受到不公正待遇的时候，娘家人这时候会把女儿当"自己人"，会动员整个"院"里的资源去解决问题。一个"院"的就是"自己人"，嫁出去的女儿既是"自己人"也是"外人"。

实行家庭联产承包责任制对于中国的农村来说是一件大事，不但解放了农村生产力，而且赋予了农民更大的空间和更多的自主时间。乡镇企业的发展、城镇化的推进等改变了中国人的生活，也改变了中国农民的生活。中国农村社会的格局发生了变化，生产队被消解，商品经济的发展也在消解着家族之间的团结，每个家庭直接面向着社会，每个家庭就像是航行在大海上的一叶扁舟，直系血缘关系的温情消解着传统风俗依据性别所造成的"自己人"与"外人"的隔阂。女儿成了地地道道的"自己人"，女儿一家人也成了地地道道的"自己人"，儿子是"自己人"，儿子一家人也是"自己人"。分家之后的兄弟则成了"外人"。

于庄城镇景观改造之后，催生了一种新的婚居模式，嫁出去的女儿一家人在于庄居住，在于庄上班或经商。女儿和儿子与父母的空间距离基本上是相同的了。这种婚居模式在某种程度上也化解了招赘婚的尴尬。

传统风俗中关于出嫁女儿的禁忌也被打破，女儿一家人也可以在娘家过年，未出嫁的女儿也可以在过年的时候去自己家的坟地上去接神。女儿在娘家活动的空间和界限扩大了。女儿成了"自己人"，女婿也成了"自己人"。女婿作为男性实质上具有了双重"自己人"的身份。

第四章

新世纪以来于庄的变化

自 2000 年以来，中国农村几乎同时在三个层面发生了巨大改变：一是 2006 年国家取消了延续千年的农业税，这是国家与农民关系的巨变；二是乡村社会基础结构之变，之前一直构成农村内生秩序基础的农村社会基础结构（如宗族和农民家庭），在革命运动和市场经济双重冲击下，快速解体，形成了农村基础结构之变；三是一直构成农民的意义世界和人生价值基础的传宗接代观念开始丧失，出现了农民价值之变。①

21 世纪以来，于庄社会发生了很大的变化。从 2000 年开始，根据国家政策的规定，于庄村委会不再审批新的宅基地，村民不能再以子女结婚为由申请新的宅基地。但是，村民可以在自己原有宅基地的基础上翻建旧房。这是 21 世纪以来于庄发生的一个重大的变化。村办企业开始衰落，商业、服务业等第三产业得到较大发展；村民的生活方式日趋现代化；于庄的人口结构出现了新的变化，在外来人口增多的同时，本村年轻人向外流动的增多；城镇房地产市场的发展和强势而又艺术化的商品房销售宣传逐步改变着人们的住房消费观念，在城里买个商品房作为婚房渐渐成为时尚；人们的婚育观念和养老观念也都发生了变化。传统婚居模式的内涵发生了变化，社会的发展又为新的婚居模式的产生提供了条件。

第一节　新世纪以来于庄的社会与经济

一　不再批准新的宅基地

根据国家政策规定，于庄不再批准包括以子女结婚为由所申请的宅基

---

① 贺雪峰：《新乡土中国（修订版）》，北京大学出版社 2014 年版，"自序"第 3 页。

地，宅基地被控制在原有规模基础上。于庄城镇景观的改造出现了线性发展的问题，整个村庄沿南北走向的主街道扩张，呈现出南北较长，东西较窄的格局。城镇景观改造也使不同区位的宅基地出现了价值上的差异，沿街道的宅基地最为抢手，因为沿街可以盖起门面楼，可以自己做生意或者租给别人做生意，沿街的宅基地获得了较高的附加值。所以，村民千方百计地争取沿街的宅基地，但毕竟是资源有限，不可能满足所有人的需求。与此同时，远离街道的房屋出现了闲置。结婚不久的年轻夫妇多居住在沿街道的楼房里，老人多居住在远离街道的老房子里。于庄城镇景观改造后的一段时间，许多沿街道的商居两用的楼房被当作儿子的婚房，这增加了于庄男性未婚青年在婚姻市场上的资本。当村里不再审批新增宅基地以后，沿街道盖新的楼房已经不可能，在远离街道的宅基地上翻建楼房既不可能，也没有必要。刚性攀比一旦形成之后，在远离街道的宅基地上翻建新房作为孩子结婚的婚房，在父母和孩子看来都是不太好接受的事情。城镇房地产市场的发展，开发了许多新的楼盘，房地产商为了销售楼房所进行的强势广告宣传吸引着人们到县城或新建小区买楼房作为儿子的婚房，买楼房作为婚房逐渐成为时尚。

二　村办企业的衰落

进入21世纪以来，随着国家产业结构的不断调整，一些技术和设备相对落后的小型企业在激烈的市场竞争中处于劣势，甚至被淘汰。在这种大环境下，于庄村办企业的发展遇到了一些困难。于庄的村办企业主要是纺织厂和印染厂，在鲁西北地区还是主要棉产区的时候，生产所需要的原材料在当地就能解决。后来，由于种棉所需要的人工、农药等成本较高而且棉花的质量不是特别好，不能卖出好价钱，农民种棉花的收益偏低，所以种植结构发生了变化，农民以种植粮食作物为主。种植结构的变化使于庄的村办企业不能适当地解决生产所需要的原料问题，这就增加了于庄村办企业的生产成本。而且，技术和设备更新的迟缓，相对落后的管理方式，对瞬息万变的市场把握得不到位等因素制约着于庄村办企业的发展，村办企业背负了一定的债务。这样，工人的工资依然停留在相对较低的水平上，企业没有能力提升工人的工资，有能力的人开始离开村办企业。离开于庄村办企业的以中青年男性和青年女性为主，他们对工资的期望和要求较高一些，希望能多挣些钱。留在村办企业里的以年纪较大点的男性和中年女性为主，对于他们来说，能有个活干，能有些收入就可以了，要求不高。于庄村办企业一度出现了用工荒现象，影响了企业的正常运营，村干部和企业负责人曾经到处招工人。

三　第三产业勃兴

于庄是乡政府驻地，乡里的企事业单位都在于庄。于庄又是市集所在地，逢阴历的初一、初六日是赶集的日子。由于交通方便了，交通工具先进了，机动和电动运载工具普及，于庄集市辐射的范围在逐渐扩大，集市的规模越来越大，为了满足日益扩大的集市规模，乡里和村里联合对集市地点进行了规划，集市的中心转移到于庄西侧一条宽阔的主街道上。早在20世纪八九十年代，于庄村办企业和乡镇企业的发展就带动了于庄第三产业的发展，于庄城镇化又进一步推动了第三产业的发展。于庄村办企业和城镇化对第三产业发展所产生的"推动效应"被其区位优势扩大后已经形成独立产业，村办企业的衰落没有影响到第三产业的发展。于庄逐渐成为区域范围内的商品集散地，于庄第三产业呈现良好的发展势头。

乡供销社新建的三层高的商厦足以和县城的商厦媲美，一些私人经营的各种规模的超市陆续开张营业，装修豪华的饭店能够承办婚宴、寿宴等各种宴席，理发美容、银行、邮电、物流等各种各样的服务行业也都逐渐发展起来。第三产业的发展吸引了越来越多的外村人和外地人来于庄做生意，这种环境也激发了于庄人的商业创意，根据自己的实际情况经营一些具有特色的生意，如做早点、烤串等。于庄产业结构的变化影响着村民的收入结构，农业收入已经不是主要收入来源。于庄人在街上做小生意的主要以中老年妇女为主。经营实体店的，如经营超市、饭店等，则以中青年人居多。

最近几年，由于电脑和手机的普及，以及商业营销模式的变化，网购和快递也在于庄悄然兴起。几家快递公司在于庄陆续设立了营业点。但是，网购和快递对于庄的超市等实体店的销售也略微有所影响，但是对饭店、理发店等则基本没有影响。

四　人口结构的变化

于庄人口结构变化的特点是来于庄做生意的外村人或外地人增多，于庄本村的人则呈现向外流动的趋势。于庄是乡政府驻地，乡里企事业单位的一些工作人员主要是外村人或外地人，本村在乡里企事业单位上班的不是很多，有几个在乡中学和小学里当老师。随着于庄村办企业的衰落，在于庄村办企业做工的外地人减少，外村人主要是附近村子的中年妇女增多。第三产业的发展吸引了更多外地人和外村人来于庄做生意。本村人向县城或城市流动的较多，向外流动的以青年人居多。从家庭条件来说，村干部的子女和家庭条件好的子女都在外面发展，并且都在县城或其他城市安家落户。

于庄家庭结构的变化呈现出小型化的趋势，核心家庭以四口之家为多。20 世纪 70 年代末 80 年代初在中国农村地区强制推行的计划生育政策的效果在 21 世纪之初已经明显呈现出来。由于在农村实行"一孩半"政策，以及由于人们对儿女双全的追求，通过在与计划生育政策进行博弈的过程中自愿承担超生罚款，第一胎生男孩的夫妻也能实现生二胎的愿望。所以，20 世纪 70 年代末 80 年代初进行生育的家庭，到 21 世纪初一般都是四口之家，21 世纪之后，那时生育的孩子已经陆续到了谈婚论嫁的年龄。于庄作为中国千千万万个村庄中的一个也有着类似的发展历程。

五　于庄人生活方式的变化

于庄人的收入水平逐步提高，收入结构呈现出多元化的趋势，非农收入的比重日益增加。人们的生活水平提高，接近现代城镇居民的生活水平，生活方式日趋现代化。

手机、电脑、有线电视等现代化的网络媒体和通信工具已经普及，人们获得信息的渠道呈现出多元化趋势。年轻一代的精神生活在虚拟空间中得到了极大的满足，虚拟空间消解了现实空间距离造成的阻隔，在虚拟空间中不断形成新的"群"，可以随意加入一个自己喜欢的"群"，匿名交往成为可能。

空调基本普及，夏天的夜晚人们出来成群结队纳凉聊天的景况仅仅存在于年龄稍大的人们的记忆中。天气越热人们越不出门，独自在家享受空调的舒适和凉爽。电视节目、网络游戏、手机游戏等不断吸引着人们的注意力，消磨着人们的闲暇时光。

六　教育资源流失

随着县城的改造和房地产的发展，全县的优质教育资源进一步向县城集中。1992 年以前，全县有一中、五中、七中、八中四所高中。一中在县城，五中、七中、八中校址都在县城以外的乡镇。1992 年暑假后，五中、七中、八中合并成二中，校址建在县城。2003 年，一中和二中合并成一所规模巨大的高中。与此同时，县里在高中学校附近又新建了一所初中学校，在于庄乡的金地家园社区新建了一个初中学校，把于庄的中学搬过来。这样，于庄就没有初中学校了。于庄中心小学搬到中学腾出的校园里。过去，于庄的孩子上初中不用住校，很方便。初中学校搬迁之后，于庄的孩子上初中也要住校了。如果住在县城或新建社区的话，孩子上学方便多了。

第二节　年轻一代的婚姻观与择偶标准

这里说的年轻一代的婚姻观和择偶标准是指"80 后"和"90 后"这两个群体。尽管"80 后"和"90 后"有某些差异，但这两个群体都是生活在大致相同的社会背景下，他们的价值观念和价值标准基本相似。追求幸福的婚姻生活是其一致的目标。

年轻一代都要经过恋爱，才走向婚姻。或者是自己自由恋爱，或者是父母或亲戚朋友觉得有合适的给介绍一个。不像他们的父母辈，先结婚后恋爱，甚至是结婚后还没有恋爱。由于受网络媒体和影视作品的影响，年轻一代更崇尚自由浪漫的爱情，他们喜欢自由恋爱，外出工作为他们提供了自由恋爱的条件，使他们有机会接触更多的异性，选择异性朋友的机会较多。在他们的恋爱生活中创造了一个他们的父母辈在自己的婚姻生活中所不曾使用的新词汇——"男朋友""女朋友"。所谓"男朋友""女朋友"就是恋爱对象，还没有订婚，也就是还没有得到双方家长的正式同意。订婚是一种传统的仪式，尽管没有法律效力，但是具有民间所认可的约束力。订婚后，"男朋友""女朋友"变成了未婚夫、未婚妻。年轻一代往往是自己谈了异性朋友后才告诉父母，父母一般不会干涉子女的自由恋爱。由于家庭条件都有所改善，而且计划生育政策导致的每个家庭子女数量的减少，父母有更多的精力和闲暇去关注和疼爱自己的孩子，这使亲子之间的关系更融洽，父母变得开明起来，父母能够尊重子女自己的选择。父母更多地认为婚姻是孩子们自己的事情，只要孩子们愿意家长无须干涉，父母给他们提供了足够的空间。别人介绍对象的也只是牵线搭桥，介绍双方认识后就不再干涉他们的事情。剩下的事情和自己认识自由谈对象的没有区别。

年轻一代婚前接触多了，彼此了解的也多了，有一定的感情基础。婚前同居和婚前性行为成为一种较为普遍的现象。双方家长也都容忍这样的事情，孩子们自由活动的空间大了，家长怎么能约束他们的行为。家长只是直接或间接提醒孩子，结婚前别怀孕，否则会带来一些不必要的麻烦。比如，没有结婚证新生儿上户口都成问题。尽管这样，先怀孕后结婚的情况也出现了一些。父母知道女孩怀孕后，唯一的办法就是赶快举办婚礼。人们对于这样的事情不再大惊小怪。

择偶的标准和过去有了一些变化。女孩会找那些精明能干而又帅气的男孩子，有文化，有能力，会挣钱而且能挣钱，男孩子要懂得生活的情趣，能够爱自己。老实巴交，没有生活情趣，除了会种地其他什么也不会的男孩子是不会赢得女孩子的喜欢的。男孩子会找那些漂亮贤惠而又能干的女孩子，过去那种纯粹家庭主妇型的女孩子是不太招男孩子喜欢的。当然，家庭条件也是彼此要考虑的一个因素。

第三节　于庄年轻一代父母的养老观念

这里说的养老观念主要是指"80后"和"90后"年轻一代父母的养老观念。由于经济的发展、医疗水平和生活水平的提高，人们的平均寿命增加。过去，60岁的老人已经没有什么劳动能力了，现在60岁已经不算老人了，还有一定的劳动能力。但是，当子女长大成人、谈婚论嫁的时候，父母开始感觉到自己要老了，自觉不自觉地要考虑养老问题了。改革开放前，由于经济发展水平的限制，婚居模式的制约，农村社会盛行的依然是传统的养老观念和养老方式，依靠儿子居家养老。因为农民养老所依持的只有土地收入和儿子的照料，没有其他的办法。改革开放后，中国社会经济发展，农民收入多元化，收入水平提高，户均子女数量少，农民养老可依持的资源增多，改变了年轻一代父母的养老观念。于庄年轻一代父母的养老观念趋于现代化了。

一　女儿和儿子一样都能养老

"女儿和儿子一样都能养老送终。"在依然没有否定儿子在父母养老中的作用的同时，女儿在养老中的价值和作用普遍得到父母的认可。首先，女儿有自己的工作和自己可以自由支配的货币收入，如果需要的话，女儿可以在物质方面给父母养老提供一些帮助。其次，女儿在自己的小家庭中有话语权，不会遭到公婆和丈夫的反对。最后，女儿和儿子一样具有赡养父母的义务和责任，不只停留在法律条文上，也已经成为农村老百姓所认可的风俗。

二　只要有钱就能自己靠自己养老

年轻一代父母都有自己的职业，有属于自己的货币收入。孩子不多，家庭负担不重，也能有一些存款，自己的生活有了保障。而且，由于各种社会化养老机构的宣传和受影视作品的影响，年轻一代父母知道只要自己有钱，就可以到养老机构去养老，晚年养老的幸福程度和自己的经济条件有关。你有钱可以去高档的、条件和服务都很好的养老机构，如果没有钱那只能等着受罪。虽然有子女，但也不能完全拖累孩子，尽量不增加孩子们的负担。

国家推行的各种政策性和商业性的医疗保险、养老保险等社会保障制度增强了村民的安全感，在某种程度上改变了人们传统的养老观念。

第四节　传统婚居模式的变化

进入 21 世纪以后，于庄传统的婚居模式发生了一些变化，又出现了新户型从妻居这种新的婚居模式。于庄的婚居模式呈现出多元化的趋势。

一　从夫居的变化

传统的从夫居依然是主要的婚居模式。和以往不同的是结婚的成本增加了，家庭关系简单融洽了。

首先，婚房的标准和要求比以前高了。于庄由于村办企业的发展和城镇化的推进，按照村里的规划要求，不少家庭沿着主要街道盖起了商居两用的二层楼房，于庄村民的居住空间增大了很多，居住的空间结构发生了很大的变化。于庄的婚房有三种情况：一是把沿街盖的楼房给儿子当婚房；二是把沿街盖的楼房中的几间房子给儿子当婚房，儿子、媳妇和公婆住在一起；三是盖平房给儿子当婚房。有条件的家庭把沿街新盖的楼房给儿子当婚房，这很快就成了一种渐渐被默认的规则，使其他家庭也默默接受了这种规则，有楼房的心里踏实了，没有楼房的想办法盖楼房，实在没有办法盖楼房就只能盖平房了，但是，总有一种不惬意的感觉。要嫁到于庄的女孩也以这种规则期待着未来的公婆给自己准备体面的婚房。作为一种普遍默认的规则，标准的婚房都是婚前已经盖好的由一栋二层楼房和几间平房组成的一个院落。结婚之前，未婚夫妻走动就很频繁，未来的新娘子就经常去准公婆家看看自己的婚房，婚房的布置是男女双方共同完成的，父母都依着孩子们的意见布置婚房。结婚就直接到自己的婚房，不用和公婆住在一起。一开始到公婆家一起吃饭，过段时间就自己单过了，不过经常去公婆家蹭饭吃。公婆住在平房里的居多，平房一般都不沿街。也有的与公婆住在一起。也有没有条件盖楼房的人家，给儿子准备平房当婚房，总觉得委屈了儿子和媳妇。经济条件好的家庭筹划着给儿子在县城或附近新建社区买楼房作为婚房。

其次，女孩子出嫁陪送的嫁妆丰厚了，除了常用的被褥、家电以外，电脑和轿车也成了嫁妆，有的还给女儿一定数量的存款作为陪嫁。

最后，家庭关系变得简单融洽了，两个原生家庭之间的合作增多。夫妻之间的协商与合作增多，婆媳之间的关系更加融洽，媳妇和公公之间的关系没有过去那么呆板和僵硬，媳妇和公公之间的交流多起来。亲家之间的交流频繁，联系密切，在照看孩子方面，两个原生家庭共同合作的情况增多，往往是双方父母轮流照顾孩子。

二　从妻居的变化

由于计划生育政策的落实，计划生育政策实施后的人口效应逐渐显现。21世纪后，每个家庭的孩子数量减少，一般家庭都是两个孩子，少数家庭一个或三个孩子，独女户或双女户多起来。有一儿一女的人家，给儿子娶媳妇，把女儿嫁出去。出嫁的女儿找的婆家所在的村庄一般比于庄条件好，如果找的婆家所在的村庄比于庄条件差的话，会在结婚后搬到于庄去住，在于庄的村办企业上班，或在于庄做生意。有两个或两个以上女儿的人家会选择把大女儿留在家里招女婿，把其他的女儿嫁出去。只有一个女儿的人家就会选择给女儿招女婿。由于于庄各方面的条件较好，于庄的姑娘招女婿不是很困难的事情，而且能招到比较满意的上门女婿。所招的上门女婿有家在东北的，也有家在附近村子的。之所以选择做上门女婿，一方面是由于家庭经济条件不好，娶不起媳妇；另一方面也是由于人们的思想观念发生了变化，对于做上门女婿不是很在意。21世纪以来，于庄的从妻居也渐渐多起来。相对于以前而言，于庄的从妻居发生了一些变化。最重要的变化是上门女婿的社会地位提高了，受尊重的程度提高了，在村里没有人歧视上门女婿。在家里，基本上能把女婿当儿子看待，上门女婿不用改名换姓，可以姓自己原来的姓。如果生一个孩子的话，不论男孩还是女孩都随母姓。如果生两个孩子的话，可以有多种选择：一种选择是两个孩子都随母姓；一种选择是其中一个孩子随母姓，如果一个男孩和一个女孩的话，男孩随母姓；还有一种选择是两个孩子都随父姓。不管是随父姓还是随母姓，很少有人家像过去那样按照祖传的字辈谱给孩子起名。上门女婿与原生家庭的联系增多，两个原生家庭的父母之间的联系与合作增多，上门女婿的父母也参与孩子的照看，在经济方面也会给孩子一些适当的帮助。

三　新户型从妻居的变化

新户型从妻居作为一种新的婚居模式也在嬗变。于庄的人们已经习惯了这种婚居模式，回来居住的一家人逐渐被村里人所接受，逐渐融入于庄社会中。但是，自21世纪以来新户型从妻居这种婚居模式的数量没有增加。因为县城和附近新建社区有许多待售的商品房，而且在县城或新建小区买房子居住比在于庄居住心里更踏实些，区位也更好一些，更有利于家人生活和孩子上学。在于庄的村办和乡办企业上班所挣的工资相比在县里的企业上班所挣的工资要少，而且县里的企业较多，可选择的余地较大。所以于庄在城镇景观改造初期所具有的优势渐渐消失，对嫁出去的姑娘带着全家回于庄定居的诱惑力递减。

第五章

新 户 居

新户居既不同于传统的从夫居，也不同于传统的从妻居。新户居是指结婚后既不与丈夫的原生家庭居住在一起，也不与妻子的原生家庭居住在一起，而是在双方原生家庭居住地之外的地方居住的婚居模式。新户居作为一种新型的婚居模式，是中国社会变革的产物。城乡房地产市场的发展可以使农民仅仅凭借经济实力就能在村庄之外获得居住空间，而农民货币收入的增加使得农民有能力购买商品房，优质教育资源向县城及其附近区域的集中对于其在县城或县城附近的新建社区购买商品房是一个很大的诱惑，国家对农村宅基地规模的控制也是新户居形成的外在因素。

第一节　新户居形成的条件

进入 21 世纪以来，中国社会发生了巨大的变化，市场经济所培育的市场化的观念充斥着社会生活的方方面面，改变着人们的价值观念、消费观念和生活方式。城市的快速发展、国家住房政策的改革、农村城镇化及"合村并居"政策的实施等诸多因素推动了城乡房地产市场的发展。房地产开发商精心设计的旨在销售房产的广告标定了人们的消费心理，通过强势的宣传吸引着人们的注意力，改变着人们的住房消费观念。而政府、银行和房地产开发商联袂推出的旨在促进住房消费的贷款政策向农民敞开了大门，只要有较少的首付款就可以住进新的楼房，国家政策鼓励农民购买商品房。购买商品房，住商品房已经成为农村的一种住房消费时尚，是一个家庭生活品位与生活富裕程度的标志。在农村，尤其是一些富裕的农村，购买商品房作为孩子的婚房也逐渐成了一种时尚。

市场经济的发展进一步解放了农民的思想，网络媒体的发展与普及丰富了农民的信息，扩大了农民的眼界，不断激发了他们更美好的生活理想。不再满足于在家门口做小生意，也不再满足于在村办企业上班挣那么点钱，市场经济所赋予的利益最大化原则潜移默化地影响着新生代农民的思想，有些人开始谋求到县城或更远的城市去发展，或是上班，或是做生意。自然而然地，就有了在外面买房安家的想法，这样既方便生活又有利于事业的发展。而房地产市场的发展也满足了这种对农村人来说较为时尚的做法，前提是只要具有一定的经济实力和在城镇的生存能力。新户居是随着城乡房地产市场的开发逐渐产生的一种新的婚居模式。

一 城乡房地产市场的发展为新户居的形成提供了现实条件

（一）城镇住房政策的变化与县城房地产市场的发展

作为我国经济体制改革的一项重要内容，住房制度改革是指对传统的福利分房制度进行变革，以建立起符合市场经济体制的住房机制，实现住房的商品化和社会化。我国住房制度改革大体上经历了三个阶段：1978—1988 年的探索和试点阶段；1988—1998 年在全国逐步推开和深化阶段；1998 年至今实行的住房分配货币化，建立住房保障制度阶段。

第一阶段是探索和试点阶段。1949—1978 年，是我国住房发展相对缓慢的时期。实践表明，计划经济体制下住房完全靠国家包下来，实行福利分配的路子走不通。因此，从 1978 年开始探索改革住房制度。1980 年 4 月，邓小平同志明确指出，住房改革要走商品化的路子。从而揭开了住房制度改革的大幕。1982 年，国家有关部门设计了"三三制"的补贴出售新建住房方案，即由政府、企业和个人各承担 1/3，国家和企业难以长期承受这种负担，因而有关部门于 1985 年停止这种做法。1985 年，住房制度改革从"三三制"售房转向租金制度改革的研究和设计。这次试点从根本上动摇了根深蒂固的住房福利观念、等级观念和消费观念，分房上的不正之风也基本得到解决，国家、企业及职工之间的利益关系得到调整，为全国的住房改革提供了思路。第二阶段是从分批分期到全面推进、深化改革。1988 年，国务院召开第一次全国住房制度改革工作会议，推出《关于在全国城镇分期分批推行住房制度改革的实施方案》。1988 年下半年，出现严重的通货膨胀，使较大幅度提租补贴方案的实施遇到很大困难，因而国务院房改办明令制止这种做法。1991 年 6 月，国务院发出《关于继续积极稳妥地进行城镇住房制度改革的通知》。11 月，国务院下发《关于全面进行城镇住房制度改革的意见》，这是我国住房制度改革的一个纲领性文件。1992 年 6 月，国务院房改工作会议再次提出制止。1994 年 7 月，国务院下发了《关于深化城镇住房制度改革的决定》，确定房改的根本目标是：建立与社会主义市场经济体制相适应的新的城镇住房制度，实现住房商品化、社会化；加快住房建设，改善居住条件，满足城镇居民不断增长的住房需求。第三阶段是住房货币化和住房保障制度阶段。1998 年 7 月，国务院发布《关于进一步深化城镇住房制度改革加快住房建设的通知》，宣布从同年下半年开始全面停止住房实物分配，实行住房分配货币化，首次提出建立和完善以经济适用住房为主的多层次城镇住房供应体系。截至 1998 年年底，全国已经全面停止实物分房，中国城镇住房制度发生了一次根本性的转变。2003 年以来，中央一方面继续推进住房制度改革，另一方面加大对房地产市场的调控力度。积极发展住房二级市场和房屋租赁市场，引导居民通过换购、租赁等方式合理改善居住条件，多渠道增加中低价位、中小套型住房供应。

自 2003 年以来，陵县（2014 年改为陵城区）通过招商引资等方式，利用县城改造的机会，建设了一些生活小区，所建楼房数量已经满足甚至超过了县城居民的居住需要，开发商为了尽快把房子销售出去，充分利用和挖掘县城的教育资源比农村丰富优越的特点，抓住农民想通过下一代努力读书改变自身处境成为城里人的心理，通过强劲的广告宣传影响和改变着农村人的住房消费观念。所以，在县城买房或在县城给孩子买房结婚已经成为农村人追求的时尚，而且改革开放后，农民的货币收入增多，也为他们追求这种时尚提供了一定的经济基础。

（二）合村并居政策的实施与乡村房地产市场的形成

合村并居，亦称"合村并点""合村并镇"或"合村并城"。它是我国一些地区，在加快城镇化进程与社会主义新农村建设的背景下，为了改革落后农村结构和管理体制，改善群众的生产生活环境，更好地集约土地发展经济，进行的将几个临近自然村整合起来，建立农村社区的综合改革和探索。

山东省的农村建设一直走在全国社会主义新农村建设的前列。2001年山东省人民政府出台的关于规范"小城镇建设"的第 47 号文件里就对"合村并点"进行了说明，德州市 2008 年开始实施合村并点试点。合村并居，涉及生产结构、空间布局、管理体制的调整，关系到人文关系、生产要素的重组，既敏感又复杂。德州市充分考虑现有发展水平、地缘关系、历史沿革、风俗习惯、自然条件等因素，明确了"五不变一不降低"的政策。即合村后，原建制村的土地承包关系不变，各类承包、租赁合同及合理优惠政策不变，村级资产、债权债务不变，自然村村名不变，村民的福利待遇不变，原退休干部的生活补贴标准不降低。山东省德州市在合村并居中采取了三步走的战略。第一步，合村子。严格按照《村民委员会组织法》和《山东省行政区划管理办法》等法律法规，把几个村合并成一个农村社区，组建社区党支部或党总支，同时成立社区管委会作为过渡期临时机构。第二步，选班子。依法选举产生新社区村民委员会，各自然村至少有 1 人进入社区村民委员会。第三步，建社区。重点抓好社区服务中心建设，逐步实施并居、建设新型社区。在合村并居过程中，德州探索出 6 种合并模式：城中村改造型、小城镇吸纳型、强村带动型、产业联结型、企业带动型、相邻村合并型。

　　随着房地产市场的发展，德州市区和陵城区主城区里新建了很多小区，有很多商品房等待出售，无论是谁只要有钱随时可以买到房子，对于购买者没有地域和户口的限制。农民买到房子后可以解决户口，可以解决孩子在市区和城区上学的问题。合村并居后于庄附近的新建社区有张西楼社区、菜园社区等，这些社区建设得也不错，小区环境优雅，生活设施配套齐全。而且这些小区离城区比较近，交通也方便，社区附近有 104 路公交站点，公交车可以直达德州市区、德州东站和德州站，路经陵城区主城区、陵城区汽车站。农村新建的社区居住条件、居住环境和城市社区差不多，新建社区除了补偿拆迁户的住房外，剩余的楼房向社会公开出售，这是开发商的盈利所在。相对于城区的房子而言，新建社区的房价比较便宜，农民更容易接受。无论是德州市、陵城区还是张西楼、菜园等新建社区的生活环境、配套的服务设施都比于庄要好。就取暖问题而言，于庄村民的平房和自建楼房都不能集中供暖，村里也无法组织进行集中供暖，大多数村民还是依靠使用"土暖气"烧煤来取暖，取暖效果不是特别好。白天家里人还能照看一下大炉子，保证炉火不灭，夜里睡觉无法照看大炉子就把炉火封起来，而夜间恰恰是冬季一天中温度最低的时段。而城区的商品房则是集中供暖，冬天取暖效果好。小区绿化和管理较好，由专门的物业管理。小区或小区附近都有条件较好的幼儿园。这些条件也是于庄所无法具备的。

相对于于庄村民的收入而言，德州市区、陵城区主城区和张西楼、菜园等新建社区商品房的价格不是太高。截至 2015 年 10 月，德州市区的商品房价格一般在 5000 元左右，陵城区黄金地段的商品房价格一般能在4000 元左右，一般地段也在 3000 元左右，于庄附近的张西楼、菜园等新建社区的商品房价格在 1500 元左右，也有 2000 元左右的。商品房价格因城市大小差序递降，在一个城市中以主城区为中心差序递降。大城市的商品房价格比小城市要高，越靠近中心城区的商品房价格越高。由于菜园社区距离陵城区中心城区大约 2 千米，张西楼社区距离陵城区中心城区大约4 千米，所以菜园社区的房价比张西楼社区要高一些。

究竟是在德州市区买房、在陵城区主城区买房或是在周边的新建社区买房，还是不买房子继续住在村子里取决于家庭的具体情况和实际需求。

二　村民职业和收入的多元化具备了购买商品房的经济实力

新中国成立后，一直存在城乡与工农之间的二元对立。这种对立深深地影响着中国人的心理和思维方式。在中国人的心目中，城镇是富裕与文明的象征，农村则意味着贫穷与落后。生活在农村的农民羡慕着城里人的生活，希望能过上城里人那样的日子，于是想方设法跳出农门。当自己的理想不能实现的时候，就会把理想寄托在下一代的身上。家庭联产承包责任制的实施、乡镇企业的兴起、城镇化的推进、市场经济的发展等诸多因素结合在一起改变了中国的社会，农民从土地中解放出来，有了更多的自己支配的时间，有了更多的自己活动的空间，农民职业出现了多元化的趋势。农民通过从事一些非农工作向城镇流动，希望能在城镇安家落户，或是希望自己的子女能在城镇安家落户，而商品房市场的发展为这种希望的实现提供了条件，只要具备一定的经济实力和一定的支付能力就可以买到房子。而房产商设计的多种多样的付款方式也激发了农民购买商品房的欲望。

家联产承包责任制后，于庄村民的职业开始出现多元化趋势。于庄村办企业的发展和城镇景观的改造推动了于庄村民职业多元化趋势的发展。随着村民视野的扩大和信息量的增加，有些年轻人"野心"膨胀，不满足在于庄的村办企业做工，也不满足于在于庄经商，开始到县里、市里的企业做工，或到更远的城市去做工，或者到外面经商。服从利益最大化原则，哪里挣钱多就到哪里去发展。

三 教育资源向城镇的集中是新户居形成的一个重要条件

随着社会的发展，人们越来越重视孩子的教育问题。让孩子接受良好的教育是家长的心愿，只要家庭有能力，一定会把孩子送到最好的学校去读书。

农村教育的衰落和优质教育资源向城镇的集中也是村民在城区购买商品房的一个重要原因。于庄的小学无论是师资还是教学设备都比不上陵城区的小学，于庄的乡中学升入重点高中的比率比不上陵城区的实验中学、五中、三泉中学、城关中学等几所学校。而陵城区的小学、初中和高中比不上德州市区的学校。要上好大学就要上重点高中，要上重点高中就要先上重点初中或者是好一些的初中，而好的初中或重点初中都集中在城区。所以，学生入学出现了从下向上流动的现象，能在德州市区上的尽量不在陵城区上，能在陵城区上的尽量不在于庄上。能否成功实现流动取决于家庭的经济实力。市里和区里的初中和小学实行划片招生的制度，没有户口不能入学。农村的孩子想上城里的学校唯一的办法就是买房子。在学校附近买了商品房就可以解决户口问题，孩子就可以顺利上学了，享受比农村更好的教育资源。房地产开发商也抓住了家长望子成龙的心理，做足了文章，鼓励人们就是为了下一代也要买房。

这几方面形成了一种社会合力，影响农民的思想观念，使农民购买商品房作为子女结婚的新房成为一种新的时尚。于庄一些经济条件好的家庭在市里、县城或农村新建小区买房子，为儿子结婚做准备。这样，新户居这种新的婚居模式逐渐形成了。

第二节　新户居的类型

自 2000 年以来，于庄出现了 13 个新户居的小家庭。这 13 个新户居小家庭分为三种类型：一是丈夫父母花钱买商品房作为儿子的婚房；二是妻子父母花钱为女儿买商品房；三是双方家庭合伙为小夫妻买商品房。这种合伙表现为或者是一家买房子另一家负责装修，或者是双方家庭共同出资买房子。

一　丈夫原生家庭购买商品房作为婚房

盖房子娶媳妇对于农民来说是件大事，给儿子盖上房子娶上媳妇，儿子就算是成人了，父母也就算是完成了任务，尽到了自己的责任。父母会尽量想办法给儿子准备较好的婚房，至少是不能落后于时代的房子。强劲的商品房销售宣传和巧妙的促销手段不断激起人们的购买欲望。但是，欲望能否满足还取决于自己的经济实力。在农村盖房子和在城里或新建社区购买商品房相比，自己盖房子的花费要少很多。经济条件不好的家庭只能在家盖房子娶媳妇，只有经济条件好的家庭才会考虑给儿子在城里或新建小区买商品房作为婚房，如果经济条件足够好的话，也可能会给女儿买商品房，如果经济条件还没有好到能够全额付款的话，会给儿子付上首付，然后让儿子自己或帮着儿子一起还房贷。由于有商品房，所以就增加了儿子在婚姻市场上的资本，儿子就能找到条件好的媳妇。小夫妻尽管还是农民，但是基本上不从事农业劳动了，主要从事非农工作。这种婚居模式和传统意义上的从夫居的区别在于，小夫妻的新建家庭与丈夫原生家庭的空间距离和心理距离增大了，对村里事务的参与度降低了，尤其是妻子对丈夫原生家庭所在村子的认同与融合度也降低了，他们取得了农村人与城里人的双重身份，因为购买商品房之后所办理的户口上已经没有农村和城镇的区分了。截至 2015 年 12 月，于庄这种情况有 7 例，镇骅和广勇是 2 个具有代表性的案例。

镇骅付全款给儿子买了一套商品房，儿子结婚后在县城安了家。

镇骅在村里的纺织厂做管理工作，妻子也在纺织厂上班，家里的承包地也仍然种着，家庭收入不错。他家的老房子不临街，于庄城镇景观改造的时候没有分到沿街的宅基地。镇骅有一个儿子，一个女儿，儿子比女儿大。儿子高中毕业后没有考上大学，在县城一家企业上班，女儿考上了省里的师范大学，毕业后在邻县的一所高中任教。镇骅考虑到在家里给儿子盖房子申请不到宅基地了，如果翻建自己的老房子也只能盖平房，没有太大的价值，就想在县城给儿子买套房子，儿子正好在县城上班，有了房子也能找个条件好的媳妇。一家人都比较同意这种方案，镇骅一家人在县城一个较好的小区选好了一套房子，全额付款。儿子也谈了一个在本单位上班的姑娘，姑娘家在本县的一个村子里，也是大学毕业后在这个单位上班。结婚后两家的父母也经常过来看看，小两口也经常在周末的时候回家看望双方的父母。农忙的时候也会抽时间到两边帮忙。

和镇骅不同，广勇的经济实力稍微差点，只给儿子付了首付，剩下的贷款让儿子自己偿还。儿子结婚后也在县城安了家。

广勇原来姓蔡，名国勇，是山东东部沿海地区的一个村子的人。父母早逝，跟着哥哥嫂子生活，嫂子对他不好，他十三岁的时候就出来到处打工，后来来到德州打工，厂子破产，老板没有给他们工资，他走投无路的时候就坐在于庄村头哭泣。正好于庄有个好心人就问他为什么哭泣，他就说了实情，这个好心人在于庄给他找了个地方让他暂时住下。于庄正好有一户人家没有儿子，想领养个儿子。这个好心人就跟那家里的媳妇说是否愿意领养那个男孩子，那户人家觉得那个男孩子年龄有点大，就跟丈夫和公公商量这件事，丈夫倒没有什么意见，公公坚决不同意领养这么大的男孩子。这个好心人和那户人家媳妇的姐姐终于说服了那户人家领养了这个男孩子。

广勇回到老家迁来户口，改了姓名叫于广勇，这样就成了于庄的村民。过了几年，有人给广勇介绍了一个对象，经过相亲、认家、过帖等程序终于结婚了。养父母给他盖了新房子，结婚后就直接搬进了新房。一年后，广勇媳妇生了个小男孩，一家人皆大欢喜。孩子高中毕业后没有考上大学，就到县城的一家工厂打工。广勇在县城给儿子买了个楼房，广勇给儿子出了首付，剩下的让儿子自己慢慢还。在县城有房子儿子找媳妇就容易多了，不久儿子和厂里的一个姑娘谈对象成功，两个人结婚后就住在县城的房子里。结婚一年多，媳妇怀孕了，在县医院生的孩子，生了个小女孩。生完孩子本来想回婆婆家坐月子，但考虑到不如在县城自己的小家方便，出院后就直接回到自己的家，婆婆和媳妇的母亲都来了，她们轮流伺候月子。孩子满月的时候，按照习俗媳妇应该回娘家，但是考虑到孩子小，怕来回折腾把孩子弄病了，就没有回娘家，满月宴也是在县城办的，公公和婆婆出的钱。孩子生日的时候，回到于庄婆婆家，由公公和婆婆出钱办了生日宴招待亲朋好友。

过年的时候，两口子都回到于庄住在婆婆家。过完年又回到自己的小家。他们对生什么性别的孩子似乎不太在乎。

二 妻子原生家庭购买商品房作为婚房

妻子原生家庭购买商品房的一般是两种情况：一种情况是家庭经济条件好，而且只有一个女儿；另一种情况是家庭经济条件好，有儿有女，父母有足够的能力和经济实力既能给儿子买，又能给女儿买。无论是哪种情况，一个共同的特点是家庭具有一定经济实力。女儿有商品房能增加女儿在婚姻市场上的筹码，找到条件好的丈夫和婆家。这种情况和招赘婚的区别在于丈夫一开始就不是以上门女婿的身份结婚的，妻子拥有的商品房可以看作娘家的陪嫁。丈夫原生家庭的经济条件也非常好，丈夫原生家庭也可能给儿子买了商品房，或者有足够的经济实力购买商品房。但是，由于房子区位等方面的原因，结婚后选择住在妻子原生家庭所购买的房子里。于庄这种情况有两例。

汝瑞经济条件好，既给儿子买了房子，又给女儿买了房子。女儿婆家通过给儿子和媳妇一定数目的钱作为婚房补偿。

20 世纪 80 年代中期，汝瑞开始通过亲戚关系做建筑工程承包，赚了一笔钱，在于庄算是经济实力较强的。在于庄城镇景观改造的时候他的房子被规划掉，村里又沿街给他划了一块宅基地，他盖起了二层的商居两用的楼房，门面楼出租出去了。汝瑞有两个孩子，大的是儿子，高中毕业后考上了市里的一所职业技术学院，毕业后就在县里一家企业做工。女儿高中毕业后没有考上学，就在于庄的纺织厂上班。县城开始建设商品房的时候，他就给儿子和女儿一人买了一套房子。女儿找了邻近于庄的神头镇的一个做茶叶生意的商人的儿子，尽管这户人家也是农民，但是主要以经营茶叶为主，经济状况较好。考虑到汝瑞给女儿在县城买了房子，而且找的对象也在县城一家企业上班，两家人觉得再在县城买一所房子没有太大必要。但是，汝瑞的亲家觉得结婚后儿子住在媳妇买的房子里心里不踏实。再者，父母不给儿子准备婚房似乎没有尽到责任。最后，汝瑞的亲家经过考虑后，决定给儿子和媳妇 30 万元，算是父母给孩子的婚房钱。

结婚后,汝瑞的女儿也在县城找了个工作。小夫妻就算是在县城安家了。生孩子后,汝瑞的女儿就在县城的家里坐月子,婆婆和母亲轮流照顾,孩子满月宴和生日宴都是在县城饭店举办的。过年的时候,一家三口年三十在婆婆家住一夜,其他时候都是白天来晚上回。初三开始去娘家。

和汝瑞不同,广开只有一个女儿,也给女儿在县城买了房子。

广开两口子算是比较能干的,20世纪90年代,广开借款买了一辆大卡车专门搞运输,赚了不少钱。广开是典型的独女户。其实在生了女儿后,他和妻子还想再生个孩子,希望最好能生个儿子,这符合计划生育政策。可是天不遂人愿,广开妻子怀上第二胎后到医院检查的时候发现胎儿发育不正常,做掉后妻子再也没有怀孕。两口子也就认命了,不再强求了。两口子希望女儿能考上大学,找个好工作。可是女儿初中毕业后高中没有考上,托关系上了县城的高中。高中毕业后也没有考上大学,就在村里的纺织厂上班。女儿大了,广开两口子商量着女儿的婚事,招个上门女婿吧,心里觉得似乎委屈女儿了,嫁出去吧,嫁到其他村里也心有不甘,在城里找个婆家也不是容易事,那得看缘分和机遇。最后,两口子商量着在县城给女儿买套商品房,再在城里给女儿找个工作,这样就可能找个好对象。

买了房子,又在县城一家企业给女儿找了一份工作。有人给介绍了一个家在村里的小伙子,小伙子在县城一家企业上班。尽管小伙子家在村里,但是家庭条件很不错,父母做面粉生意。结婚后,两人在县城安了家,住在广开给女儿买的房子里。结婚的时候,亲家给小夫妻两个40万元,说好这是给儿子准备的婚房钱,别以后埋怨结婚的时候没有给房子。结婚后,双方父母经常过来看看。后来广开女儿生了个儿子,两家人都很高兴。女儿在自己的小家坐月子,双方父母轮流过来照顾,孩子的满月宴和生日宴都是在县城办的。生孩子的第一个年头,由于孩子小,他们是在自己小家过的年,小伙子白天回家拜年。从第二年开始,在婆婆家过年,然后经常在两个家庭之间走动。由于买了小汽车,来回走动也方便多了。

三　双方家庭共同出资购买商品房作为婚房

双方原生家庭共同出资购买商品房的情况一般是在结婚前双方家庭协商共同出资，这一般是双方家庭彼此之间信任度较高，而且能够相互理解的原因。最主要的是丈夫原生家庭无力购买或双方原生家庭都无力购买。通过这种合作的方式为孩子们安置一个较为理想的新家。也有结婚后双方原生家庭共同出资为小夫妻购买商品房的。于庄这种情况有 4 例，婚前共同出资的 3 例，婚后共同出资的 1 例。

广闻在村里的纺织厂上班，尽管工资不是很高，他也觉得值，因为可以顺便种着自己家里的地，妻子农闲的时候在家做点手工活，家庭经济状况算是一般，沿街没有宅基地，村里也不批准新宅基地了。广闻有一个女儿和一个儿子，女儿初中毕业后，在于庄的纺织厂上班，自己谈了个对象，是初中的同班同学，家在离于庄 3 里多的杨庄，小伙子也在于庄的纺织厂上班。结婚后，两个人仍然在于庄的纺织厂上班，农忙时也不耽误地里的活。广闻的儿子比女儿小四岁，高中毕业后没有考上大学，在村里的印染厂上班，后来觉得厂里工资低，就在县城的一家企业找了个工作。儿子在厂里自己谈了个女朋友，女孩子家境一般，父母也是农民，父亲在农村集贸市场上做服装生意。到了谈婚论嫁的时候，两家父母合计着在县城给他们买一套房子。女孩父母希望女儿能在县城安家，广闻也希望儿子在县城安家，但是，广闻自己给儿子在县城买房子有些吃力，女孩父母也理解广闻的难处。都是从为了孩子们的角度出发，女孩父母决定帮着出钱买房，条件是房产证上必须写他们小夫妻两个人的名字。房子买好后，广闻按照孩子们的意愿进行了装修。装修好房子就结婚了，女孩父母把陪送的嫁妆直接布置在新房里，结婚的时候没有把嫁妆送到婆婆家。结婚后小两口住在自己的新房子里，上班也方便了。双方父母经常过来看看。他们也在周末或假期的时候轮流到双方父母家看看。农忙的时候也分别到两家帮帮忙。

镇强属于家境一般的情况，沿街的房子在街区规划的时候盖成了商居两用的楼房，自己开了一个小超市。夫妻两人打理着这个小超市，也不耽误地里的农活。他们只有一个儿子，孩子从小读书就不太好，勉勉强强高中毕业也没有考上大学，就在村里的纺织厂上班。后来，村里的纺织厂越来越不景气，镇强的儿子嫌工资太少，就到县城的一家企业上班。镇强希望儿子当个城里人，根据自己的经济实力，给儿子在县城买了一套价格相对便宜的毛坯房，房产证上写的是儿子的名字。有人给介绍了一个也在县城的一家企业上班的女孩，女孩家在离县城不远的村子里。两个人彼此都还满意。到了谈婚论嫁的时候，女孩希望结婚后直接住进县城的新房子里，一步到位，省得再搬弄家具。镇强一家也同意女孩家的意见，但是，结婚再加上装修房子还是一笔不小的开支，如果装修房子的话，就没有钱结婚了。女孩家经济状况还算可以，为了能早点结婚，女孩父母决定出钱装修新房。结婚后，小两口住在县城，周末或休假的时候轮流去两边父母家看看，两家父母也经常过来看看。

汝耕在沿街没有房子，租别人家的房子开了间包子铺。夫妻两个主要是经营这个包子铺，忙的时候会临时雇一个人做帮工。于庄街上有四五个包子铺，尽管竞争比较激烈，但是汝耕家包子铺的营业收入还算可以。汝耕有两个女儿，一个儿子，儿子最小，是超生的。两个女儿比较争气，大女儿研究生毕业，在济南的一所高校当教师，二女儿大学毕业后在德州邮政部门上班。相比之下，汝耕觉得儿子有些不争气，儿子高中毕业后没有考上大学，复读后又没有考上。汝耕觉得儿子不是读书的料，也就认了。儿子又一次高考落榜后就在村里的印染厂上班了。汝耕的妻弟给儿子介绍了附近村里的一个女孩，女孩也是高中毕业，在县城里的一家超市上班。两个孩子见面后，彼此都还满意。经过一系列的程序后，两家就订婚了。由于村里不再审批宅基地，汝耕就把原来的四间老房子翻盖了，儿子结婚后和自己住在一个院子里，儿媳妇不忙的时候回家住，忙的时候住集体宿舍。汝耕一直想给儿子弄个独立的住所，但是在村里是不好弄了。汝耕想在城里给儿子买楼房，在外地上班的两个女儿支持父母的想法，答应给予一定的支持。女孩父母经济条件还不错，说是如果给小两口买房子的话会添些钱，但是房产证上必须写两个孩子的名字。很快就在县城买了一套房子，收拾好以后小两口就把家安到县城了，儿媳妇就不用来回跑了，家里的家具基本没有动，因为逢年过节的时候还要回来住。后来，纺织厂不太景气，汝耕的儿子就到县里的一家企业找了份工作。小两口不忙的时候会到双方家里看看。双方父母也会经常到县城看看小两口。

第三节　新户居的家庭关系

相对于传统的从夫居和从妻居而言，新户居的家庭关系具有一些新的特征。

新户居家庭的居所在城镇或农村新建社区，远离夫妻双方原生家庭所在的村庄，与双方原生家庭呈现出等距离的状态，与双方原生家庭的心理距离相等，无论是丈夫还是妻子，在心理上不依恃也不偏重于哪一方的原生家庭。小家庭与双方原生家庭的关系可以用一个等腰三角形来表示，这种关系状况影响到夫妻之间的关系，夫妻能够以一种新型的合作关系开始自己的家庭生活。尽管都是农民身份，但是他们以从事非农劳动为自己的收入来源，生活的重心从农村转向城镇。城镇家庭生活的模式、城镇家庭夫妻之间的关系模式对他们的生活影响更大，也更易于被他们所接受。生活在大家庭中的媳妇总是处于劣势地位，而生活在核心家庭中的妻子却有了较高的地位。[①]

婆媳之间由于空间距离的增大而减少了摩擦和冲突的机会，空间距离的增大也使彼此之间能够理性地审视对方，婆媳之间的关系变得和谐融洽起来，身兼儿子和丈夫双重角色的男人不再因为婆媳之间的冲突而痛苦不堪，也不再因为婆媳矛盾而进一步引发夫妻之间的矛盾。媳妇和公公之间的关系不再那么拘谨。

不是很在乎生育孩子的性别，生男生女的差别没有这么大了。年轻的父母从自己身上能够看出来，男孩和女孩对于养老来说都一样。生育孩子后，双方父母都会参与到孩子的照料中来。夫妻俩的原生家庭因为孩子的照料问题，彼此之间合作的机会增多了，联系密切了。

---

① 李银河：《后村的女人们》，内蒙古大学出版社 2009 年版，第 116 页。

第六章

研究结论

一 婚居模式随着社会的发展而变化

婚居模式随着社会的发展而不断变化。中国传统社会是以农耕文明为主的社会，在农业生产力水平较低、自然风险和社会风险较大的情况下，聚族而居能够依靠血缘关系更有效地发挥群体优势，提高生产能力，抵御自然风险和社会风险。一个家族或几个家族居住的地方就形成一个自然村落，村落成为适应较低农业生产力水平这种经济状况的社会组织形式。家族是扩大了的家庭，家庭是家族的组成部分，家庭也是基本的社会单位和生产单位，家庭人口的生产和延续、家庭财产的传承是以男系为主线，儿子和女儿对于家庭的意义是不一样的，生育儿子成为必需。儿子大了要娶媳妇，女儿大了要嫁出去，婚姻是嫁娶，婚后居住模式是从夫居。当家庭只生育出女儿而没有生育出儿子的时候，可以通过招婿的方式解决没有儿子的问题，香火得以延续，因此，从妻居成为从夫居的一种补充，也可以说是一种变相的从夫居。

在从夫居这种婚居模式中，女性结婚后由女儿的角色变为媳妇的角色，在婆家由一个"外人"变成了"自己人"，并且要融入婆家这个大家庭中。在自己的娘家则由"自己人"变成了"外人"。男性结婚后则不存在这种角色的巨大变化和居住空间的转移，依然是"自己人"。在从妻居中，女性结婚后由女儿的角色变为媳妇的角色，而男性则由女婿变为儿子，同样都承担起传宗接代的重任。由于改名换姓，替别人家传宗接代，做上门女婿的男性是颇受社会歧视的。在中国传统的农业社会中，"男主外、女主内"，"男耕女织"是最基本的性别分工。良母、贤妻、孝女、善邻是对女性角色的期待和要求，相夫教子是女性作为妻子和母亲所承担的责任和使命。这种性别分工和在这种分工基础上所衍生的女性的责任与使命随着近代中国社会的转型和西方女性主义的传播而受到挑战，女性被鼓励走出家门走向社会，传统的价值观念被批判，妇女解放运动成为一股势不可当的社会潮流。虽然传统婚居模式中的性别分工和角色观念受到批判和质疑，但是婚居模式并没有发生变化。

新中国成立后，通过对农业的社会主义改造建立了生产队体制，农村中的每个人都是生产队的社员，以社员的身份参加生产队的集体劳动，以社员的身份获取生活资料和宅基地。在一个新集体中社员身份的获得一般是通过婚姻关系来实现的。尽管社会发生了变化，妇女解放运动得到了蓬勃发展，但是新婚夫妇婚后居住地仍然被限制在男方所在村庄或女方所在村庄。尽管家庭的职能发生了变化，而且政府通过政治权力、法律、文化等路径塑造了平等的男女关系和家庭关系，但是传统的婚居模式依然没有发生质的变化，从夫居依然是主要的婚居模式。"正是以男性为中心的居住方式成为日常乡土生活的社会性别化政治的决定性因素。"[①]

20 世纪 70 年代末期，中国社会开始改革开放，农村开始实行家庭联产承包责任制，生产队体制消解，社员的身份被村民的身份所替代，农民的生产积极性得到极大提高的同时，农民自主生产和自主生活的空间扩大。计划生育政策在农村落实，农民生育孩子的数目受到限制，婚姻的内容和形式随着时代的发展而发生了一些变化。但是，催生新的婚居模式的要素还没有形成，婚居模式依然是传统的从夫居和从妻居。

20 世纪 80 年代，随着中国的乡镇企业和村办企业的兴起与发展，在国家的倡导和推动下，农村城镇化开始进入历史舞台，农村产业结构和社会结构也随之发生了变化，农民的身份出现了多元化的趋势，农民收入多元化，农业收入不再是农民主要的经济来源。农民的生活观念、养老观念和生育观念逐渐发生变化，养儿防老的观念成为历史，无论是儿子还是女儿，哪里生活得好就在哪里生活，这为新的婚居模式的产生奠定了思想基础。农村城镇化为新的婚居模式的产生创造了条件，为城镇景观改造提供了较多的住房，为工商业的发展提供了较多的工作机会，优质教育资源集中。嫁出去的女儿可以通过各种方式在娘家获得住房，可以从事非农工作，丈夫也可以找到较为满意的工作，孩子可以就近上学，他们觉得比住在婆家方便，也比外出打工好很多。妻子和丈夫彼此的身份没有发生变

---

① ［加］朱爱岚：《中国北方村落的社会性别与权力》，胡玉坤译，江苏人民出版社2004年版，第46页。

化，"根"在婆家，"业"在娘家。一种新的婚居模式——新户型从妻居产生了。

随着中国房地产业的发展，合村并居政策的实施，改变了农村的居住形态，传统的村落正在被现代化的力量所消解，涌现了大量的商品房。房地产商通过各种途径所进行的强势的广告宣传和不断建构的居住文化刺激着农民的住房消费欲望，改变着他们的住房消费观念。城镇和新建社区随处可买的商品房为农民提供了进城安家的可能。农民职业结构的多元化在实现了收入结构多元化的同时，货币收入增多了，具备了购买商品房的经济实力。像一般的商品一样，商品房的购买只要具备一定的经济实力具有购买力就可以，没有户口和职业身份的限制，农民不需要一定的社会身份就可以在新建社区、县城或城市买到房子。有条件的家庭会把子女的家安在新建社区、县城或某个城市。而且，给孩子在新社区、县城或城市买婚房逐渐成了一种时尚，也成了某些年轻人恋爱结婚所提的条件和要求。准备婚房不仅是男孩子家庭的事情了，有条件的家庭也为自己的女儿通过购买商品房的方式置办婚房作为女儿出嫁时的嫁妆，也有订婚后双方家庭合力为新婚夫妻购买商品房的。在置办婚房方面出现了多元化的趋势。新户居这种新的婚居模式逐渐成为农民所接受的一种婚居模式。

延续了几千年的婚居模式在社会变革中发生了变化，出现了多种婚居模式并存的现象，婚居模式呈现出多元化的趋势。传统的从夫居依然是主要的婚居模式，从妻居得到尊重，又衍生出新户型从妻居和新户居这样的婚居模式。

二　农村社会的性别关系随婚居模式的变化而变化

以家庭为边界，社会生活领域区分为公领域和私领域。公领域的性别关系和私领域的性别关系都随着社会的发展而变化，而婚居模式的变化则直接影响着家庭内部的性别关系。

新中国成立后，国家一直在思想观念、风俗、文化、教育等方面推动男女平等，并为男女平等的实现提供了物质保障、法律保障和制度保障。国家通过对农业的社会主义改造，建立了农业集体经济，每个成年的家庭成员以社员的身份参加集体劳动，在集体生产中进行劳动合作。生产集体的负责人根据性别和年龄进行劳动分工，生产集体内部的劳动分工也基本上体现了在对女性适度保护基础上的性别平等原则，虽然其间由于"左"

的思想的影响，把男女平等误解为男女一样，甚至鼓励女性男性化，但是其目的也是促进男女平等的实现。家庭只是一个基本的生活单位，而不是基本的生产单位。家庭成员之间是一种生活合作关系，而基本上不是生产合作关系。在这个时期的社会公领域中，性别平等与城乡、工农的二元对立并存。实行家庭联产承包责任制，消解了生产集体，彰显了家庭。家庭不但是一个基本的生活单位，也成了一个基本的生产单位，家庭成员之间不但存在生活合作关系，也存在生产合作关系。尽管社会为每个人提供了从事各种工作的机会，但实际情况是，丈夫主要从事非农工作的较多，货币收入高一些，妻子主要从事农业劳动的较多，货币收入显然要少一些。21 世纪以来，年轻一代的夫妻都从事非农生产劳动的较多。另外，男女平等已经成为一项基本国策，国家旨在推动男女平等的各项政策的落实，以及女权主义思想的影响，都对社会公领域中新型性别关系的建构产生了重要的影响。

家庭内部的性别关系则随着婚居模式的变化呈现出不同的特点。目前，从夫居依然是中国农村的主要婚居模式，在这种婚居模式中，丈夫和妻子与各自原生家庭的社会距离不同，心理距离也不同，各自背后的社会支持力量与支持网络不同，在发生矛盾和冲突的时候，显然不利于妻子。男女在实现自己的权利方面也存在差异，尽管法律规定男女都有相同的继承权，但是嫁出去的女儿无法行使自己的继承权，尤其是无法继承父母的不动产。房屋等不动产的所有权属于父母，宅基地的使用权却与村民的身份相关联，而且农村的风俗习惯也不利于女儿继承权的实现。同样，女儿在履行法律规定的赡养父母的义务方面也由于空间距离的问题而出现一些障碍，儿子则不存在这样的问题，而且妻子可以协助丈夫履行赡养义务，而丈夫不能协助妻子履行赡养义务。再有，婆媳之间的矛盾和冲突，以及由于婆媳关系不睦所引发的家庭成员之间关系的紧张，也成为从夫居这种婚居模式的一个特点。"从文化人类学角度看，人类婚姻的起源和发展变化，与社会生产力和生活观念至为密切。婚后从夫居制度，即妻子生活在她丈夫的氏族所占据的地域（涂尔干语），起源于古代的对偶婚阶段，兴盛于父权制初期。婚后居住处在中国农村的男权制中所起的作用不容低估。由于是结婚后女人进入男人的家庭而不是男人进入女人的家庭，男权制找到了它的基础和依据。中国农村的婚后从夫居制从远古传来，一直没有改变过，而且在现代农村依然保持完好。"① 婚后居住模式被认为是男女不平等的一项重要特征，它同继承权和财产权紧密相关，所有这三个方面都显然促进了社会性别的政治经济。父系继嗣、父系继承权及从夫居婚姻是中国家庭的特点。② 在从妻居这种婚居模式中，丈夫则和从夫居中的妻子是一样的处境，但是所不同的是不存在婆媳冲突这样的问题。

在农村城镇化过程中产生的新户型从妻居则呈现出自己的特点。妻子和自己原生家庭的空间距离、心理距离缩小，能够较好地履行自己的赡养义务，也比较有利于继承权利的实现。丈夫和自己原生家庭的空间距离增大，而心理距离没有改变，能够较好地履行自己的赡养义务，实现自己的继承权。丈夫和妻子原生家庭的空间距离和心理距离都缩小了，也能够协助妻子履行义务。在家庭事务上夫妻之间的合作关系更趋于平等。婆媳之间由于空间距离的问题减少了冲突的可能，家庭成员之间关系比较和睦。

在新户居这种婚居模式中，夫妻和各自原生家庭及对方原生家庭的空间距离基本等同，心理距离也基本等同，在自己居住地拥有的社会支持力量和社会支持网络也基本等同。在履行赡养父母的义务上，彼此之间能够平等合作，相互协助，共同履行义务。婆媳关系由于空间距离的问题也减少了冲突的机会。丈夫和妻子双方原始家庭之间的合作增加，这也有利于增进了解，改善家庭成员之间的关系。"在现代核心家庭中，父子本位多让位于夫妻本位。在家庭的结构和功能变化的同时，家庭中两性关系也在不断改变和调整，使夫妇之间的权力关系也在不断变化之中。"③

三　农村的"根"文化逐渐被消解

住在农村的农民从事着农业劳动，这是传统农业社会农民的生活与生产模式。农民既是一种职业也是一种身份，无论是这种职业还是这种身份都与土地紧密联系着，土地成了农民的命根子，这种观念根深蒂固。农耕文明培养出了人们对土地浓烈的情感，土地是生命的源泉。在中国的神话传说中，"女娲抟土造人"的故事形象地说明了土地与人的生命之间的关

---

① 李银河：《后村的女人们》，内蒙古大学出版社 2009 年版，第 107 页。

② ［加］宝森：《中国妇女与农村发展——云南禄村六十年的变迁》，胡玉坤译，江苏人民出版社 2005 年版，第 255—256 页。

③ 金一虹：《江南农村现代化进程中的性别研究——父权的式微》，四川人民出版社 2000年版，第 386 页。

系。就像自然界中其他有生命的东西一样，人来自土地，又回归大地。在农作物的种植与收获中，"根"的观念在无形中不断受到强化，播下种子，生根、发芽、开花、结果，最终才有收获，良种长在肥沃的土地上才能结出丰硕的果实。在家畜的饲养中，雌雄的观念隐喻式地与种子和土地联系起来，雄性动物是种子，专门用于交配的牛、羊、猪等家畜被称为种牛、种羊、种猪等，雌性动物是土地，雌雄交配生育幼崽的过程和作物播种与收获的过程相似。这种在日常生活中自发形成的隐喻性的思维方式影响农民的性别观念，家庭中男性和女性的价值与作用是不相同的，生育男孩和生育女孩的意义也是不一样的。儿子是"根"，承担着传宗接代的使命，娶来别人家的女儿为自己生育子女，生育的子女随父姓，延续父系的血脉。儿子也承担着赡养父母的义务，儿子为父母养老送终始终受到法律、道德和乡村风俗的保护支持。女儿不是"根"，不负有为自己原生家庭传宗接代的责任，而是要通过婚姻嫁到另一个家庭，为别人家传宗接代，由一个"外人"变成"自己人"，融入丈夫的家庭中，和丈夫一起承担起为公婆养老送终的责任。生育是女性的天职，生育更多的孩子，尤其是生育更多的男孩是母亲的荣耀，这既能增强母亲在家庭里的权威，"母以子为贵"，又能增强家庭在村里和邻里的威信，人多势众。在医学不发达的时代，如果夫妻婚后不生育的话，妻子独自担负着不育的罪责，被人讥讽为"不会下蛋的母鸡"。人们还把是否能够生育和是否生育了儿子上升到道德层面去理解，"生儿子与德性之间到底有什么联系呢？从表面看，二者并没有任何逻辑联系，但在农民的逻辑中，二者确实是有联系的。这个逻辑有一点循环论证的味道：第一层意思是，为什么你生不出儿子呢，因为你前世没有积下这份阴德，不是好人；第二层意思是，为什么说你没有德行不是好人呢，因为你生不出儿子。"[1] 生育的男孩偏好受到道德力量的支持。"根"文化作为村落文化的核心内容已经融入农民的血脉，浸润在农民的潜意识中。"农村人的偏爱生男孩当然有养老、劳动等现实生活需求的决定性影响，但是偏爱男孩的观念在人们的生育实践中不断被社会观念强化，最终使生男孩的冲动和欲望变成了一种社会习俗。生男孩的冲动常常是非理性的，一定要有男孩的愿望也被强调到非理性的程度。换言之，它已经变得没有什么道理可讲，变得不容分说，人人都坚

---

① 李银河：《生育与村落文化》，内蒙古大学出版社2009年版，第120页。

持，也不是能够轻易改变的。"① 在生育子女的数目没有受到限制的时代，一般都是通过多生育的方式来实现生育的性别偏好，达到生出儿子的目的。"在中国农村，孩子质量的主要区别在于性别。中国农民的生育目的是拥有最多的可生育后代的儿子。"② 对于这种现象，凯恩斯认为"父权制抑止妇女自己去谋生、剥夺她们支配财产的权力，使妇女不得不从儿子那里寻求风险保障和老年保障，因而不得不把提高生育率作为自己的生存战略。既然高生育率的模式是与父权制相互适应的，所以他们都认为削弱父权、提高妇女地位可以削弱生育较多男孩的动机，从而把生育率降下来"。③ 经过努力实在生不出儿子的，通过给女儿招女婿的方式变相得到一个儿子，因为上门女婿要改名换姓，从姓名及要承担的责任和义务上看，上门女婿就是在扮演儿子的角色。生出的子女随母姓，这样才觉得家里的"根"没有断。

　　新中国成立后，通过对农业的社会主义改造，经由互助组到合作社，再到人民公社，最终建立了以生产队为基础的三级所有制，土地属于集体所有。家庭只是一个生活共同体，家庭作为生产共同体的职能被消解，每个家庭成员以社员的身份融入生产队这个大的生产共同体中。社员是一种在集体里获取资源的身份，社员的身份也确定了集体资源分配的边界。农民只能以社员的身份向村里申请宅基地盖房子，这就排斥了其他人申请宅基地的可能性。农民以社员的身份参加生产队的集体劳动，从生产队分得粮食等基本生活资料。国家提倡和保障男女平等，但是生产队在安排生产任务的时候，也是根据实际情况，按照性别和年龄进行劳动分工，青壮年男劳动力挣的工分多，分得的粮食等生活资料也多，男性的优势依然彰显出来。合法的婚姻是在一个新的生产集体里获得社员身份的主要途径。这就决定了婚后居住模式依然是从夫居和从妻居。国家和集体基本上没有为社员提供养老的保障，而社员自己在有劳动能力的时候也没有积攒下足够养老的积蓄，所以依靠儿子居家养老是唯一的结果。儿子是"根"，儿子是保障的观念依然有很大的市场，并且成为影响农民生育行为的一个重要因素。人民公社时期，生产队体制的建立并没有消解农村的"根"文化。

---

　　① 李银河：《后村的女人们》，内蒙古大学出版社 2009 年版，第 198—199 页。

　　② 李银河：《生育与村落文化》，内蒙古大学出版社 2009 年版，第 52 页。

　　③ Mead Cain, "Women's Status and Fertility in Developing Countries, Son Perference and Economic Security", The word Bank, Washington, D. C. USA, 1984.

家庭联产承包责任制消解了生产队体制，也消解了生产队这个生产共同体。人民公社被乡镇所替代，社员的身份重新被农民的身份替代，家庭作为一个生产共同体和生活共同体的功能得到强化。农民与土地的关系简单化为劳动者与生产资料的关系，农民的生产积极性不再依靠政治动员，而是来自对自身利益最大化的追求。农民获得更多自由支配的时间，农民生产活动的空间扩大。农民的货币收入增加，农民逐渐变得富裕起来，住房条件得到改善。养老方式出现了一些变化，女儿有条件把年老的父母接到自己家里赡养。养老观念出现了一些变化，不但儿子，而且女儿也能养老。"根"文化有所变化，但依然没有消解，这通过农民与计划生育政策的博弈表现出来。在实行家庭联产承包责任制前后，由于巨大的人口压力，中国农村也积极落实计划生育政策，对农民普遍实行"一孩半"政策。在强大的政策的压力下，生育了一个儿子的家庭能够较好地执行计划生育政策，不再生育孩子，而没有生育儿子的家庭则通过超生、偷生的方式与国家政策进行博弈，达到生育儿子的目的。而且，在孩子生活成本和教育成本不高，对生活质量要求不高，父母对子女未来发展的期望值也不高的情况下，多生育孩子不会给家庭和父母带来过重的负担。

由乡镇企业的发展所推动的农村城镇化，为农村注入了一些现代性元素，传统的村落文化增添了现代性的因子。农民的身份和收入同时呈现多元化的趋势，货币收入增加，居住空间增大，并且具有了一定的商用价值。儿子和女儿共同承担起赡养父母的责任，甚至女儿更能表现出对父母的体贴和关心。传统的"养儿防老"的观念受到冲击和挑战。"根"文化的内涵在丰富，外延在扩大。从某种意义上说，不但儿子是"根"，女儿也是"根"。为了生儿子而与国家计划生育政策博弈的越来越少。

自21世纪以来，国家规定农村不允许批准新增宅基地，城镇房地产市场的发展，为农民提供了在本村外购买房子的可能性，儿子结婚后在县城或新建农村社区安家的多了起来，产生了新户居这种新的婚居模式。他们的"根"和"业"已经不紧密地依附于土地。国家给农民养老提供了一定的保障，农民货币收入增加，自己也能够积攒一些养老的钱财，在经济方面可以不依赖子女提供任何帮助。各种商业性养老机构的发展也为农民养老提供了新的选择。对于农民来说，儿子和女儿的区别已经逐渐淡化，没有必要为了生儿子与国家计划生育政策博弈而付出较高的代价，生育儿子的愿望和冲动逐渐降低。而且，养育孩子的生活成本和教育成本的增加，对孩子成长期望空间的提升及对孩子未来就业质量的关注，使家长更关注孩子的成长质量而不是孩子的性别问题。传统的有关女性禁忌的风俗也悄然发生变化。过春节的时候，没有儿子的人家，父亲和没有结婚的女儿一起上坟请祖先。"村落文化就是一个造就从众行为的典型环境。一个人要想超脱于从众行为之外，唯一的办法只有设法脱离村落文化环境。"[①] 村落文化对生育行为的影响表现在三个方面：一是因"人多"可成"势众"，从而鼓励了大家庭多生子女；二是因"竞争"的规则，使村落中人全力以赴，投入生育的竞赛；三是因"趋同"的规则以及村落中人对公平的强烈要求，形成一股相互制约的力量。[②] 由于现代性元素不断融入传统的村落文化中，农村的"根"文化在逐渐消解。传统的"从夫居"与男孩偏好之间的互构关系被消解，新型的"新户居"与无歧视性性别偏好之间的互构关系得以形成，形成"日常生活"中新的"场域"和"惯习"。

四　农村差序格局的非性别化

费孝通在《乡土中国》中把中国农村的社会结构和人际关系概括为"差序格局"，以与西方"团体格局"的社会结构和人际关系进行区分。"差序格局"的社会结构和人际关系"好像把一块石头丢在水面上所发生一圈圈推出去的波纹，每个人都是他社会影响所推出去的圈子的中心"。"在差序格局中，社会关系是逐渐从一个一个人推出去的，是私人联系的增加，社会范围是一根根私人联系所构成的网络。"[③] 费先生提出的"差序格局"是对以农业为基础的社会变迁速度很慢的熟人社会的概括和总结。"差序格局"是建立在血缘关系的基础上、以男性为脉络的结构网络，与传统的从夫居（从妻居是一种变相的从夫居形式）这种婚居模式相适应，以家庭为本位，并以家族形态表现出来。在这种结构和关系网络中，儿子是"自己人"，女儿是"外人"，媳妇则由于和儿子组成一个新家而由"外人"变成为"自己人"。家谱和坟地则按照男系进行"差序"安排，没有女儿的位置。在风俗习惯中存在很多女儿禁忌。比如，过年的

---

① 李银河：《生育与村落文化》，内蒙古大学出版社 2009 年版，第 63 页。

② 同上书，第 69 页。

③ 费孝通：《乡土中国生育制度》，北京大学出版社 2004 年版。

时候女儿不能进坟地接神，嫁出去的女儿不能在娘家过年，不能看家谱等，以保障"差序格局"的男性特质。

新中国成立后，农村社会的家族组织被消解，显性的生产队组织与隐性的家族组织——"院"并存。家庭成员被组织起来参加集体劳动，每个家庭成员都是劳动集体的一分子，按照性别和年龄进行劳动分工，血缘关系被有意识地淡化，体现出一种"团体格局"。但是，在家庭生活和私人事情上，以血缘关系为基础的"差序格局"彰显出来，亲疏远近、长幼尊卑、"自己人"和"外人"。传统的婚居模式所造成的儿子和女儿婚后与原生家庭空间距离的不同，以及各自归属于不同的生产集体的事实，在家庭事务上仍然保持了"差序格局"的男性特质。原本具有血缘关系的一家人，由于婚嫁将儿子和女儿区分成"自己人"和"外人"。

农村城镇化所产生的新户型从妻居这种新的婚居模式丰富了传统的"差序格局"的内涵，改变了"自己人"的性别界限。由于女儿和自己的原生家庭在一个村里，和父母及其他家庭成员之间的互助与来往增多，容易被默认为是"自己人"，女婿也自然成了"自己人"。相对于女儿和女婿来说，"院"里的叔叔和大爷们倒可能成了"外人"。受传统思想的影响，尽管儿子和媳妇都不在自己家住，但是公婆和家里其他人仍然把儿子和媳妇当成"自己人"。在这种婚居模式中，夫妻双方在双方的原生家庭中都被认为是"自己人"，他们都获得了双重"自己人"的身份。对于新户居的夫妻双方而言，他们也都获得了双重"自己人"的身份。

计划生育所导致的子女数目的减少，甚至独女户的出现，也是导致传统的"差序格局"出现非性别化的一个重要原因。传统的风俗和一些传统的女儿禁忌被打破是"差序格局"非性别化的一个很好证明。居住条件和经济条件的改善使女儿更容易履行自己赡养年老父母的义务，甚至夫妻共同合作赡养双方父母，女婿也参与到对岳父母的照料中。"自己人"和"外人"的界限被血缘关系和实际利益不断消解，"差序格局"出现非性别化趋势，性别关系进一步平等化。

参考文献

中文部分

［1］［加］宝森：《中国妇女与农村发展——云南禄村六十年的变迁》，胡玉坤译，江苏人民出版社 2005 年版。

［2］［加］朱爱岚：《中国北方村落的社会性别与权力》，胡玉坤译，江苏人民出版社 2004 年版。

［3］［日］长野朗：《中国社会组织》，朱家清译，上海光明书局 1931 年版。

［4］［英］布朗：《对于中国乡村生活社会学调查的建议》，《社会学界》1936 年第 9 期。

［5］陈向明：《质的研究方法与社会科学研究》，教育科学出版社 2002 年版。

［6］费孝通：《生育制度》，天津人民出版社 1982 年版。

［7］费孝通：《乡土中国生育制度》，北京大学出版社 2004 年版。

［8］风笑天：《社会学研究方法》，中国人民大学出版社 2001 年第 3 版。

［9］［美］W. 古德：《家族（The Family）》，社会科学文献出版社 1986 年版。

［10］贺雪峰：《新乡土中国（修订版）》，北京大学出版社 2014 年版。

［11］金耀基：《儒学中的个人与群体：一种关系性的视角》，载孟旦《个体论与整体论：儒家和道家的价值研究》，密西根大学出版社 1985 年版。（*Individualism and Holism*：*Studies in Confucian and Taoist. Ann Arbor*，University of Michigan Press，1985）

［12］金一虹：《江南农村现代化进程中的性别研究——父权的式微》，四川人民出版社 2000 年版。

［13］李银河：《女性主义》，山东人民出版社 2005 年版。

［14］李银河：《生育与村落文化》，内蒙古大学出版社 2009 年版。

［15］梁思成：《中国建筑史》，百花文艺出版社 1998 年版。

［16］陵县县志编纂委员会编：《陵县志》，陵县县志编纂委员会 1984 年版。

［17］刘沛林：《风水：中国人的环境观》，上海三联书店 1995 年版。

［18］鲁西奇：《中国历史的空间结构》，广西师范大学出版社 2015 年版。

［19］马林英：《社会性别多样性研究——基于凉山彝族性别关系变迁考察》，民族出版社 2013 年版。

［20］［美］迈克尔·金梅尔、迈克尔·梅斯纳主编：《心理学：关于男性》，上海人民出版社 2012 年第 8 版。

［21］谭兢嫦、信春鹰主编：《英汉妇女与法律词汇释义》，中国对外出版翻译公司 1995 年版。

［22］王沪宁：《中国村落家族文化——对中国现代化的一项探索》，上海人民出版社 1991 年版。

［23］王斯福：《中国风水：历史与文化》，载王铭铭、潘忠党《象征与社会：中国民间文化的探讨》，天津人民出版社 1997 年版。

［24］王晓毅：《血缘与地缘》，浙江人民出版社 1993 年版。

［25］魏开琼：《中国：与女性主义亲密接触》，九州出版社 2004 年版。

［26］笑冬：《最后一代传统婆婆?》，《社会学研究》2002 年第 3 期。

［27］阎云翔：《家庭政治中的金钱与道义：北方农村分家模式的人类学分析》，《社会学研究》1998 年第 6 期。

［28］杨懋春：《中国的家族主义与国民性格》，载刘志琴《文化危机与展望——台港学者论中国文化》，中国青年出版社 1989 年版。

［29］杨善华主编：《当代西方社会学理论》，北京大学出版社 1999 年版。

［30］于光君：《婚居模式与性别文化的互构关系》，《中国妇女报》2015 年 7 月 14 日第 B02 版。

［31］于光君：《农村城镇化改变传统"根"文化》，《中国人口报》2015 年 3 月 9 日第 003 版。

［32］于光君：《农村婚居模式与性别偏好》，《湘潭大学学报》（哲学社会科学版）2014 年第 4 期。

英文部分

［1］ Huang Philip, C. C. , *The Peasant Economy and Social Change in North China* , Stanford University Press, 1985.

［2］ Mead Cain, "Women's Status and Fertility in Developing Countries, Son Perference and Economic Security", The word Bank, Washington, D. C. USA, 1984.

［3］ Skinner G. William, *1964 – 1965　Marketing and Social Structure in Rural China* , Journal of Asian Studies.